Cordula Nussbaum

Organisieren Sie noch oder leben Sie schon?

Zeitmanagement für kreative Chaoten

Campus Verlag
Frankfurt/New York

FSC
www.fsc.org
MIX
Papier aus verantwortungsvollen Quellen
FSC® C008492

ISBN 978-3-593-39618-7

Umschlaggestaltung: total italic, Amsterdam und Berlin
Umschlagfoto: © Rick Burger
Satz: Fotosatz L. Huhn, Linsengericht
Gesetzt aus: Minion Pro und The Sans
Druck und Bindung: Beltz Druckpartner, Hemsbach
Printed in Germany

Dieses Buch ist auch als E-Book erschienen.
www.campus.de

Inhalt

Vorwort 7

Teil 1
Dem chaotischen Ich auf der Spur 11

Kreative Chaoten, seid stolz auf euch! 13

Die Stärken der kreativen Chaoten 13

Warum wir so sind, wie wir sind –
und was das für unser Zeitmanagement bedeutet 26

Der Selbst-Check: Wie chaotisch sind Sie wirklich? 31

Kreativer Chaot und logischer Ordner –
die Stärken auf einen Blick 43

Das eigene Ich – Dreh- und Angelpunkt für Zeit,
Energie und Freude 47

Anders mit der Zeit haushalten: Was ist Ihr Gewinn? 47

Entlarven Sie Ihre eigenen Stressquellen 50

Ihre Leitsterne finden, Ziele formulieren und erreichen 72

Teil 2
Der Werkzeugkoffer für ein erfolgreiches
Zeitmanagement 93

Fünf Strategien für kreative Chaoten 95

Strategie 1: Mit Konzepten spontan und flexibel werden . . . 96

Strategie 2: Prioritäten setzen und sich auf das wirklich
Wichtige konzentrieren 134

Strategie 3: Durch Aufräumen optische Ruhe schaffen und freie Zeit gewinnen 169
Strategie 4: Wie Delegieren leichtfällt und effizienter macht . . 202
Strategie 5: Nein sagen. Entdecken Sie das wertvollste Wort der Welt für mehr Zeit und Zufriedenheit 216

Teil 3
Auf dem Weg zum genialen Querdenker 237

Ihr ganzes Potenzial nutzen 239
Zehn Ideen, um die systematische Gehirnhälfte zu stärken . . 243
Zehn Ideen, um die kreative Gehirnhälfte zu stärken 244
Zu guter Letzt – ein Ende gibt es nicht 245

Danke an 247

Buch- und Webtipps 248

Anmerkungen 250

Register 254

Vorwort

Liebe Leserin, lieber Leser,

herzliches Lachen, das war die erste Reaktion der meisten Menschen, denen ich von diesem Buch erzählte. »Zeitmanagement für Chaoten? Das ist ja ein Widerspruch in sich«, sagten viele – und auf den ersten Blick haben sie recht. Denn das Zeitmanagement, wie wir es üblicherweise kennen, hat viel mit Disziplin, Routinen, Strukturen, Ordnung und Listen zu tun. Und das sind Dinge, um die ein flexibler und spontaner Mensch am liebsten einen großen Bogen macht.

Ich auch.

Es riecht nach stupidem Listen-Abarbeiten, nach Lebensfreude-kaputt-Machen, nach einengendem Korsett. Und es steht so komplett im Widerspruch zu den Werten, die den eher chaotisch veranlagten Menschen wichtig sind: Freiheit, Flexibilität, Neues ausprobieren, für andere Menschen da sein, sich kümmern, spontan sein.

Dennoch knechten sich viele flexible Menschen mit herkömmlichen Tools. Sie zwingen sich, detaillierte To-do-Listen und akkurate Terminplaner zu führen oder auf Biegen und Brechen ihren Schreibtisch leer zu bekommen. Das kostet sie viel Energie und meist stellen sie nach drei Wochen fest: Der alte Schlendrian ist zurück. Dann sind sie nicht nur von ihren Aufgaben und Terminen gestresst, sondern erleben zusätzlich das schale Gefühl, einfach »zu doof« zu sein, um sich zu organisieren.

Schluss damit. Dieses Buch zeigt Ihnen Wege auf, wie Sie Ihre Stärken ausleben und sich damit mehr Zeit für die wirklich wichtigen Dinge und Menschen im Leben freischaufeln. Ja, Sie haben richtig gelesen: Ihre Stärken. In der Regel hadern die Chaoten nämlich ständig mit sich und sehen ihre Eigenheiten als Schwächen, die es auszumerzen gilt. Sie sehen bei anderen Menschen, wie die sich »problemlos« organisieren, und wollen es ihnen gleichtun. Lösen Sie sich von der Vorstellung, wie »man« zu sein habe. Entdecken Sie lieber, welche Möglichkeiten in Ihnen schlummern.

Dieses Buch ist von einer ausgewiesenen Chaotin geschrieben, die voller Grauen detaillierte Zeitprotokolle, mehrschichtige To-do-Listen und stringente Planung als Mittel zu »mehr Zeit« kennengelernt – und verweigert hat. Und ich habe mich gefragt: Wie können wir die Ansätze des klassischen Zeitmanagements, die ja im Kern ein gutes Mittel sind, um Stress zu reduzieren, so ändern, dass auch chaotische Menschen damit erfolgreich ihren Alltag gestalten können?

In den vergangenen Jahren entwickelte ich deshalb den Ansatz »Zeitmanagement für kreative Querdenker«, der mittlerweile das Leben von Tausenden Lesern, Vortragsgästen, Coaching-Klienten und Seminarteilnehmern verändert hat.

Tauchen Sie ein in die vielfältige Welt der kreativen Methoden. Profitieren Sie von den Erfahrungen der Männer und Frauen, denen Sie in diesem Buch begegnen. Holen Sie sich Anregungen, um Ihren beruflichen und privaten Alltag entspannter zu meistern – und um das Miteinander von Chaoten und Systematikern zu entkrampfen.

Auch bereits sehr organisierte Menschen profitieren von diesem Buch. Immerhin treffen sie im Alltag ständig auf Chaoten: Menschen, die zu Meetings zu spät kommen, die schier endlos nach wichtigen Unterlagen kramen oder die in Sitzungen unrealistische Ideen spinnen, anstatt Nägel mit Köpfen zu machen. Holen Sie sich wertvolles Know-how, wie Sie im Team Ihre Stärken und die Stärken der Chaoten so einsetzen, dass Sie Ihre gemeinsamen Ziele mit Leichtigkeit erreichen.

In diesem Buch spreche ich von kreativen Chaoten und von logischen Ordnern. Beiden Typen bringe ich eine große Wertschätzung entgegen. Besonders der Begriff »Chaot« ist in vielen Köpfen negativ besetzt. Lassen Sie uns das ändern. Ein Anfang ist gemacht: Immer mehr Menschen sagen voller Stolz: »Ja, ich bin ein Chaot.« Das heißt nicht, dass sie ständig unpünktlich oder unordentlich sind, sondern dass sie sich bewusst sind, wie sie an die Dinge herangehen und nicht mehr dagegen ankämpfen. Sie nutzen ihre Eigenheiten als Kraftquelle, um ihren Alltag entspannter zu gestalten. Mein Wunsch ist es, dass mehr Menschen die Kraftquelle von »Chaos« entdecken und ihre Stärken selbstbewusst leben.

Dass *Organisieren Sie noch oder leben Sie schon?* wirklich dazu beitragen kann, fand auch die Stiftung Warentest, die das Buch zum besten aktuellen Zeitmanagement-Ratgeber kürte. Testsieger! Als ich das hörte, fühlte ich mich stolz, stolz, stolz! Für mich und alle anderen kreativen Chaoten ein Ritterschlag und ein Zeichen dafür, dass wir auf dem richtigen Weg sind. Für die nun vorliegende 2. Auflage habe ich das Buch komplett aktualisiert und viele weitere Beipiele aufgenommen, die mir seither von Lesern, Coachingklienten und Seminarteilnehmern erzählt wurden.

Ich wünsche Ihnen viel Spaß beim Lesen, beim Ideenfinden und viel Erfolg bei der Umsetzung. Und hoffe, dass Sie schon bald sagen: »Ich bin chaotisch! Logisch!«

Alles Gute wünscht Ihnen Ihre
Cordula Nussbaum
www.Kreative-Chaoten.com

Unter www.Kreative-Chaoten.com finden Sie ein Erfolgsjournal als Begleiter zu diesem Buch mit vielen Übungen und Platz für Ihre Notizen. Ihr Passwort dafür lautet: **ruhe**.

Teil 1

Dem chaotischen Ich auf der Spur

Freiheit bedeutet nicht,
zu tun, was man will,
Freiheit bedeutet,
ohne Probleme das zu lassen,
was man tun könnte.

1

Kreative Chaoten, seid stolz auf euch!

Die Stärken der kreativen Chaoten

In den meisten Industriestaaten herrscht die einhellige Meinung: Chaos ist nicht erwünscht. Chaoten gelten als unordentlich, unpünktlich und unorganisiert. Man kann mit ihnen nicht richtig planen, weil man nie weiß, wann Chaoten zu Terminen erscheinen oder wozu sie in drei Wochen Lust haben. So schieben die Chaoten viele Dinge an, aber verlieren unterwegs die Lust, das Ganze zu Ende zu bringen. Chaoten bauen Luftschlösser, sie sind immer in Bewegung und es fehlt ihnen am nötigen Ernst. Chaoten taugen nicht als Führungskraft, denn wer nicht mal sich selbst führen kann, der kann auch keine anderen Menschen führen.

Diese Meinung vertreten viele strukturierte Menschen. Und da wir in einer sehr strukturierten Kultur leben, in der lineares Denken und mechanische Perfektion dominieren, ecken Chaoten so oft an.

Im Job ärgern sie den gut organisierten Kollegen, weil sie zwar die letzte Druckerpatrone aus dem Fach nehmen, aber nicht ans Nachbestellen denken (»Das wäre doch ein Klacks!«). Sie nerven die anderen, weil sie zu spät in Meetings auftauchen und sich mit dem lockeren Spruch »Ich hatte gerade noch eine Idee, die ich ausprobieren musste« entschuldigen. Auch im privaten Alltag sorgen sie für Zoff. Dann nämlich, wenn Ehepartner, Eltern, Freunde und Bekannte eher zu den wohlüberlegten Planern zählen und der sprunghafte Chaot es nie schafft, pünktlich fertig zu sein. Oder weil er permanent fragt: »Schatz, wo ist denn … (die Butter, der Schuhlöffel, mein Fahrradhelm).« Und ein Unding ist natürlich, dass er sich für den nächsten Urlaubsort erst ganz spontan kurz vor der Abreise entscheiden will.

Häufig führt der Dauer-Clinch zwischen Chaoten und Systematikern dazu, dass viele eher chaotisch veranlagte Menschen meinen, sich ändern zu müssen und sich zu Pünktlichkeit, Ordnung und Organisation zwingen. Sie lesen Zeitmanagement-Bücher oder besuchen ein Seminar. Voller Tatendrang wollen sie im Alltag dann alles »besser machen«. Sie schaufeln Zeit frei, um ihre Tage und Woche zu planen und aufzuräumen.

Doch nach wenigen Wochen stapeln sich wie gehabt die unerledigten Papiere im extra angelegten (und beschrifteten) Posteingangskörbchen, der neue Terminplaner liegt in der Schreibtischschublade und der Weg zum Schreibtisch gestaltet sich zum Slalom zwischen kniehohen Stapeln ungelesener Selbstmanagement-Zeitschriften.

Kaum wird es hektisch im Büro – und der strukturierte Kollege arbeitet seine To-do-Liste stoisch ab –, findet sich der hilfsbereite Kreative in der Teeküche wieder und hört sich geduldig die Beziehungsprobleme einer Kollegin an. Wohl wissend, dass er wieder nicht rechtzeitig vor Feierabend mit seinen Aufgaben fertig wird.

Mit gemischten Gefühlen schauen die Chaoten dann (durch ihre Papierberge hindurch) auf den leeren Schreibtisch des Kollegen, bewundern dessen akkurat geführten Terminplaner und den Umstand, dass er in den säuberlich beschrifteten Ordnern immer alles findet. Sie fühlen sich zunehmend gestresst von der Einschätzung, sie selbst seien offensichtlich unfähig, sich zu organisieren. Noch dazu müssen sie sich es ja oft genug anhören von ihren – top organisierten – Mitmenschen.

Doch immer mehr Menschen entwickeln derzeit ein neues Selbstbewusstsein. Statt zu hadern und sich ändern zu wollen, beginnen sie, stolz auf ihr Anderssein hinzuweisen, in Situationen, wo es problemlos geht, ihren Stil auszuleben und sogar ihre vermeintlichen Macken zu kultivieren. Besonders wenn zwei Chaoten unter sich sind (also kein logischer Ordner in der Nähe ist), kommen sie ganz schnell auf die Vorteile ihrer Denkweise und freuen sich, welches Potenzial im Chaos steckt.

Was ist Chaos überhaupt? Chaos bedeutet »leerer Raum«.

Und was gibt es Schöneres als Leere?

Wie oft sehnen wir uns nach gedanklicher Leere, weil wir wissen: wer den Kopf nicht frei bekommt, der leidet permanent unter Stress. Wer hingegen innere Ruhe spürt, kann neue Pfade auf dem Weg zu seinen Lebenszielen entdecken. Und wer innerlich ruhig ist, der hat den Kopf frei für seine Mitmenschen. Deshalb gelten Chaoten auch so oft als warmherzige und liebenswürdige Zeitgenossen.

Entdecken Sie also Ihre Talente und bauen Sie sie aus. Nutzen Sie die Kraft der Kreativität und der Gefühle, um Ihren Alltag zu entspannen. Und seien Sie stolz darauf, ein kreativer Chaot zu sein!

Neun Gründe, warum kreative Chaoten stolz sein dürfen

1. Kreative Köpfe bringen uns voran Ohne kreative Ideen und Luftschlösser ist Stillstand vorprogrammiert. Was passiert beispielsweise in einem Unternehmen, in dem lauter top strukturierte Leute arbeiten? Sie stellen etwas in gleichmäßiger Qualität her, sind immer pünktlich fertig und die Zahlen stimmen auch. Doch nach einigen Jahren stellen sie fest, dass sie wichtige Innovationen verschlafen haben und auf der Stelle treten. Spätestens dann schlägt die Stunde der Kreativen. Quasi über Nacht sollen sie Visionen entwerfen und mit Hightech-Pfannen, multifunktionalen Handys oder weltraumerprobten Antischweißsocken die Kunden wieder begeistern.

In der Teamforschung ist es längst bewiesen: Die erfolgreichsten Firmen und Teams sind diejenigen, in denen kreative Innovatoren – oftmals abgesondert vom Alltagsgeschäft in Think-Tanks – Ideen spinnen, die dann von den strukturierten Kollegen übernommen und realisiert werden.

Weitsichtige Unternehmen lassen ihre Belegschaft bewusst frei experimentieren und an eigenen Projekten arbeiten, um dem kreativen Schub nachzuhelfen. Beim Technologieunternehmen 3M (unter anderem Entwickler der Post-it-Haftnotizzettel) sind 15 Prozent der Arbeitszeit für freies Ideenspinnen eingeplant. Auch bei Google dürfen Mitarbeiter im Job an privaten Spin-offs arbeiten. Dabei muss das kreative Potenzial nicht auf die »üblichen verdächtigen« Abteilungen wie Marketing oder Forschung begrenzt werden. Jeder Mensch ist in der Lage, kreativ zu denken. Er braucht dafür lediglich ein gutes Fachwissen auf seinem Gebiet und die Aufgeschlossenheit, neue Gedanken zu formen und durchzusetzen. Führungskräfte aller Bereiche sollten deshalb Kreativität zulassen – denn auch ein Buchhalter kann kreative Wege finden, wie er seine Arbeit noch besser organisieren kann oder die Finanzen legal so kreativ regelt, dass es für das Unternehmern am besten ist.

2. Spontane und flexible Menschen leben erfolgreich Was haben der britische Unternehmer Richard Branson (Virgin Group) sowie die Top-Köchin Sarah Wiener gemeinsam? Sie sind offen für Neues, experimentieren gerne und greifen zu, wenn sich ihnen Chancen bieten.

Branson wird in seinem bunten Multikonzern (unter anderem Schallplatten, Handys, Zeichentrickfilme, Hochzeitskleider, Bücher, Comics, Flugzeuge, Züge, Weltraumfahrten) von den Mitarbeitern als »Dr. Yes« bezeichnet. Der Grund: Prinzipiell ist Branson immer von der Machbarkeit einer Sache überzeugt. Er sagt eher »Ja« als »Nein« und sein Motto lautet: »Geht nicht gibt's nicht!« Seit seinen ersten Tagen als Unternehmer – als Jugendlicher brachte er eine Zeitschrift heraus – bis heute, da er mit »Virgin Galactic« die ersten Weltraum-Urlaubsfahrten anbietet, ist der Brite ein Ausprobierer und Experimentierer.[1]

»Ich bin Chaot und denke nicht darüber nach, was mir nützlich sein könnte«, sagt Sarah Wiener, die als »Mamsell« in der Zeitreisen-Serie *Abenteuer 1900 – Leben im Gutshaus* entdeckt wurde.[2] Heute ist die ehemalige Sozialhilfeempfängerin und alleinerziehende Mutter eine bekannte Köchin, Unternehmerin (die Autodidaktin führt mehrere Restaurants und ein Catering-Unternehmen), Fernsehstar und Kochbuchautorin.

Ich stelle die Behauptung auf, dass kreative Chaoten beruflich erfolgreicher sind, weil sie mehrere Dinge parallel machen und damit in kürzerer Zeit mehr Erfahrung, Wissen und Fähigkeiten sammeln und mehrere Ziele gleichzeitig erreichen können.

3. Chaoten sind die besten Auftragsbeschaffer Ein wichtiges Markenzeichen vieler desorganisierter Menschen ist ihr Händchen im Umgang mit anderen Menschen und die Lust, sich unters Volk zu mischen. Viele Chaoten sind ausgezeichnete Netzwerker, die quasi nebenbei neue Geschäftskontakte schließen und beim Vergnügen die besten Abschlüsse tätigen.

Harry und Dieter führen gemeinsam eine Steuerberatungskanzlei. Dieter sitzt oft Tag und Nacht im Büro, bucht Geschäftsvorfälle, erstellt Bilanzen und hält die Mitarbeiter in Bewegung. Harry ist nur selten in der Kanzlei. Lieber fährt er auf Kongresse oder zum Golfspielen. Einer Freundin der beiden fällt das auf und sie sagt zu Dieter, dass es doch total ungerecht sei, dass beide gleichberechtigte Partner seien und nur er – Dieter – die ganze Arbeit mache. Dieters Antwort: »Ich liebe es, im Büro zu sein und meine Sachen abzuarbeiten. Und wenn Harry unterwegs ist, schleppt er immer mindestens zwei neue Kunden an, die uns so viel Gewinn bringen, dass die Kanzlei richtig gut leben kann. Wenn ich versuche zu akquirieren, dann ziehe ich höchstens mal einen kleinen Fisch an Land, der uns viel Arbeit und wenig Profit bringt. Deshalb sind wir ein prima Team, denn keiner könnte ohne den anderen eine Kanzlei betreiben.«

4. Chaos ist die Quelle von Innovation Chaos und Unordnung sind Schwestern des Zufalls. Viele Innovationen wären bei klinisch reiner Ordnung nicht möglich geworden.

Vermutlich hätte der schottische Bakteriologe Alexander Fleming das Penizillin nicht entdeckt, hätte er aufgeräumt, als er Ende August 1928 in Urlaub ging. Wacklige Stapel von Petrischalen, kreuz und quer liegende Reagenzgläser, Notizzettel, aufgeschlagene Bücher und Zigaretten zierten die Regale und Labortische. Als er am 3. September zurückkam, fiel Fleming in einer mit Bakterienkulturen versehenen Petrischale ein kleiner Schimmelkreis auf. Und er merkte, dass dieser Pilz bestimmte Bakterien abtötete. Die Schimmelpilze waren wohl durch das geöffnete Fenster von einem Labor im Stockwerk darunter hereingeweht und hatten dann schön Zeit, sich zu vermehren und ihre Wirkung zu entfalten. Fleming forschte weiter und schuf mit dem Penizillin das erste Mittel gegen lebensgefährliche Erkrankungen wie Hirnhautentzündung und Diphtherie.[3]

Auch das Eis am Stiel entstand über Nacht und aus Versehen – nur weil jemand nicht richtig aufräumte. 1905 rührte sich der damals elfjährige Amerikaner Frank Epperson in Kalifornien eine Limonade an und vergaß sein Getränk samt Rührstäbchen auf der Veranda. Nachts fiel die Temperatur auf unter null Grad Celsius, und als Epperson am nächsten Morgen das Stäbchen nahm, hielt er das erste Eis am Stiel in der Hand. 1923 stellte Epperson sein »gefrorenes Getränk am Stiel« der Öffentlichkeit vor, meldete es 1924 zum Patent an und verkaufte die Marke »Popsicle« schließlich an die Joe Lowe Company in New York.[4]

5. Kreative Chaoten lernen und lehren leichter Wie geht es Ihnen, wenn Sie lernen wollen? Können Sie sich Zahlen und Fakten gut merken? In der Regel lernen kreative Chaoten sehr leicht. Zumindest wenn sie nicht »pauken«, sondern bewusst die Stärke ihrer (sowieso bevorzugten) rechten Gehirnhälfte nutzen. Diese ist nämlich für das bildhafte Denken und für Kreativität zuständig.

Bekannte Merktechniken wie die Mnemo-Technik oder die Loci-Methode, aber auch die gute alte »Eselsbrücke« verknüpfen Fakten mit Bildern und bleiben damit besser im Gedächtnis haften. Eine große Stärke der Chaoten ist ihr bildhaftes Denken – also haben Sie den Schlüssel zu einem schnellen und einfachen Lernen schon in der Hand. Schön, oder?

Wenden Sie diese Begabung auch an, wenn Sie anderen Menschen etwas beibringen. Zwar arbeiten viele Menschen in unserer Kultur in stark logisch-sachlich orientierten Berufswelten, in denen Zahlen und Fakten eine übergeordnete Rolle spielen. Doch auch die Logiker behalten Inhalte besser, die ihnen mithilfe von Bildern vermittelt werden.

6. Kreative Chaoten wohnen gemütlicher Räumen Sie noch oder leben Sie schon? Während die Strukturierten noch damit beschäftigt sind, ihre Wohnungen auf Hochglanz zu polieren, leben die meisten kreativen Chaoten längst. Und das ist gut so, denn die Erfahrung zeigt, dass eine gewisse Unordnung Wohnungen lebendig und warm macht. Aber Achtung: Wir reden hier nicht von verlotterten Wohnungen, Messie-Höhlen oder verdreckten Behausungen, sondern davon, dass es schön ist, in einer Wohnung auch zu sehen, dass dort jemand lebt – und man sich nicht in einer Möbelausstellung befindet. Dies hat jüngst die Autorin und Fotografin Mary Randolph Carter in ihrem Buch *A Perfectly Kept House is the Sign of A Misspent Life* (»Ein ein perfekt gepflegtes Haus ist das Indiz eines vergeudeten Lebens«) wunderbar auf den Punkt gebracht.[5] Sie zeigt, wie Künstler und andere Kreative ihr (teilweise chaotisches) Leben und ihr Zuhause kreativ in Einklang bringen (vgl. dazu auch das Kapitel »Optische Ruhe schaffen«). Rücken Sie also Ihre Unordnung gedanklich in ein anderes Licht – Chaoten haben es einfach gemütlicher in ihren vier Wänden.

7. Kreative Chaoten haben mehr Lebensfreude Chaoten wirken auf systematische Menschen oftmals oberflächlich heiter. Die Wahrheit ist: Die meisten Chaoten haben einfach ein optimistisches Weltbild. Egal was passiert, der Chaot findet immer eine positive Seite daran.

BEISPIEL

Ute hat auf den letzten Drücker den ICE von Hamburg nach München erwischt und ist am Zugende hineingesprungen. Sie geht, während der Zug anrollt, durch die Waggons auf der Suche nach ihrem reservierten Platz. Unterwegs kommt sie an einem komplett leeren Abteil vorbei – und bleibt spontan dort sitzen. Sechs Stunden lang freut sie sich, dass sie alleine ist. Wäre sie pünktlich am Zug gewesen, dann wäre sie schnurstracks vom Bahnsteig in den richtigen Waggon eingestiegen – und hätte nicht den Komfort des Einzelabteils genießen können. »Gut, dass mein Mann nicht dabei war, denn er hätte endlos gemosert, dass wir so spät dran waren und hätte darauf bestanden, zum reservierten Platz zu gehen, weil ›man‹ das einfach nicht tut, sich auf einen anderen Platz setzen.«

Chaoten haben die Begabung, sich wie kleine Kinder an kleinen Dingen zu freuen: ein Strauß bunter Wiesenblumen, selbst gebastelte Büro-Accessoires. Deshalb machen sich Chaoten mit Kleinigkeiten das Leben einfach schöner – und strukturierte Menschen schlagen ob dieser »kindlichen Albernheit« die Hände über dem Kopf zusammen.

Herbert fasst es nicht. »Meine Kollegin spinnt. Jetzt hat sie, um sich zu belohnen, dass sie den Schreibtisch aufgeräumt hat, für 3 Euro eine Rose gekauft und hingestellt. Ein aufgeräumter Schreibtisch ist doch Belohnung genug.« Silvina hingegen strahlt. »Die Rose macht mir Freude und motiviert mich, die Ordnung auch zu halten und nicht gleich alles wieder zuzumüllen.«

8. Polychrone Aufgaben verlangen chaotisches Verhalten Wir leben in unserer westlichen Kultur in einer sehr durchstrukturierten, monochronen Welt, in der Dinge Schritt für Schritt abgearbeitet werden und in der die meisten Menschen ihre Aufgaben (weit) im Voraus planen und sich streng an ihren Zeitplan halten wollen. Die Uhr ist die Messgröße, nach der sich alles richtet, und als guter Zeitmanager gilt, wer termingerecht, zügig und vorhersehbar arbeitet und alles erledigt. Dass Aufgaben (pünktlich) erledigt werden, zählt mehr als die Pflege persönlicher Beziehungen. In der Wahrnehmung monochroner Kulturen gibt es nur eine Zeit, die häufig straff organisiert ist.

Demgegenüber leben andere Kulturkreise, wie beispielsweise Südamerika, eher polychron, wie der US-amerikanische Anthropologe Edward T. Hall herausfand.[6] In polychronen Kulturen gilt das Erledigen mehrerer paralleler Handlungen als normal. Der Zeitplan ist ein »Kann«, aber kein »Muss«. Man ist flexibler und setzt die Priorität auf persönliche Beziehungen, die Erledigung einer Aufgabe ist eher nachrangig. Verspätungen beispielsweise im öffentlichen Nahverkehr sind kein Thema, über das man redet.

Vor Kurzem hielt ich ein firmeninternes Seminar in Freiburg. Abends teilte ich mit einem anderen Besucher der Niederlassung, einem jungen Mann aus Dubai, das Taxi zum Bahnhof und wir plauderten. Plötzlich zog er sein Handy aus der Tasche und zeigte mir ein Foto. »Das habe ich gestern am Bahnhof in Frankfurt gemacht und habe es an alle meine Freunde geschickt. Ist das nicht total kurios, was die da angeschrieben haben? Ich habe so gelacht!« Das Foto zeigte die Anzeigetafel im Hauptbahnhof mit der Meldung, dass sein Zug zehn Minuten Verspätung habe. »Bei mir zu Hause würden sie nicht mal hinschreiben, wenn der Zug drei Stunden Verspätung hätte.«

Klar, dass es zu Konflikten kommt, wenn polychrone Denkweisen auf monochrone stoßen. Das spürten schon die Missionare in Afrika und Polynesien im 16. Jahrhundert. Aber auch hierzulande fühlen sich viele polychron veranlagte Menschen in ihren monochronen Kulturen einfach nicht zu Hause. Sie ecken mit ihrer »laxen« Zeitvorstellung permanent an.

Doch auch in unserer westeuropäischen monochronen Kultur gibt es viele Tätigkeiten, bei denen die Orientierung an einer Uhr sinnlos ist. Versetzen Sie sich mal in folgende Rollen: Mitarbeiter führen, Medien- und Öffentlichkeitsarbeit machen, Eltern sein, anderen Menschen etwas beibringen (Lehrer, Trainer), Ideen generieren, Menschen überzeugen, Kunden beraten. Was haben diese Verantwortlichkeiten gemeinsam? Sie sind eindeutig polychron, das heißt, Sie können sie nur gut erfüllen, wenn Sie mehrere Dinge gleichzeitig erledigen und schnell zum gleichen Zeitpunkt auf verschiedene Anforderungen eingehen. So kann ein Lehrer zwar seinen Lehrplan als Unterrichtsstruktur nutzen, doch muss er Tag für Tag flexibel sein. Das, was er schaffen kann, hängt davon ab, wie fit die Kinder in seiner Klasse insgesamt sind, wie ihre Tagesform ist, wer alles krank ist, ob es hitzefrei gibt, er muss mit Störern umgehen und Konflikte beilegen. Auch als Führungskraft können Sie zum Beispiel Mitarbeitergespräche nicht mit der Stoppuhr führen und exakt voraussagen, wie lange es dauert, bis alle wichtigen Punkte angesprochen und erledigt sind. Und als Familienmanager gehört das Unvorhersehbare schon derart vorhersehbar zum alltäglichen Wahnsinn, dass unflexible Menschen ganz schnell an ihre Grenzen stoßen. Besonders das Leben mit Kindern ist stark von Gleichzeitigkeit und Spontaneität geprägt, sodass das Thema »Planen« eine ganz neue Bedeutung erhält.

Leider gelten Menschen, die solche polychronen Verantwortungen haben, häufig als schlechte Zeitmanager. Problematisch wird es vor allem dann, wenn ein eher monochron eingestellter Chef die polychrone Arbeit eines Mitarbeiters beurteilen soll oder der monochrone Ehepartner sich über das Chaos des Familienmanagers aufregt. Dabei tragen sie nur die Verantwortung für Aufgaben, die sich nicht in ein Uhrenschema pressen lassen. Aber weil in der Regel alles über einen Kamm geschoren wird – und messbar gemacht werden soll –, werten viele Menschen diese Art von Tätigkeiten ab.

Machen Sie sich klar, welche Art von Verantwortung Sie tragen – und mühen Sie sich nicht, diese in ein Zeitraster zu pressen. Seien Sie stolz darauf, diesen Drahtseilakt der gleichzeitigen Aufgaben mit Bravour zu meistern. Denn dies sind meist Tätigkeiten, bei denen strukturierte Menschen ganz schnell das Handtuch werfen würden, weil sie die »Planlosigkeit« derart stresst und sie keine messbaren Erfolge vorweisen können. Gleichen Sie ab, ob Sie eher polychrone oder monochrone Tätigkeiten zu erfüllen haben in Ihrem Beruf und Ihrem Privatleben. Und verändern Sie unter Umständen etwas in Ihrem Leben, damit Sie Ihre Präferenzen ausleben können (hierzu mehr im Abschnitt »Folgen Sie Ihren Präferenzen«).

9. Das Zeitalter der kreativen Chaoten bricht an Wir befinden uns auf dem Weg in ein neues Zeitalter, das jenseits des Informationszeitalters liegt: das Ideen- und Kreativzeitalter. Immer mehr Unternehmen und Regierungen wird klar, dass es heute nicht mehr in erster Linie auf Wissen und lineares Denken ankommt, sondern auf Kreativität, Erfindungsreichtum, Empathie und das Verständnis von Zusammenhängen.

Unsere Gesellschaft erlebt einen durchgreifenden ökonomischen und gesellschaftlichen Wandel – von der industriellen zur kreativen Wirtschaft. Seit 1990 hat sich Ideenreichtum zum Motor entwickelt, der kreative Sektor ist geradezu explodiert: Rund 30 Prozent der Erwerbstätigen arbeiten heute in entwickelten Industrienationen wie den Niederlanden, Finnland und Belgien in der »Creative Economy«. Sei es als Wissenschaftler, Ingenieure, Forscher und Entwickler oder in technologiegestützten Industrien als Software-Programmierer und Spiele-Erfinder. Sie arbeiten auch in verschiedenen Tätigkeiten im Kunst-, Musik- oder Kulturbereich, prägen die Ästhetik- und Designbranche und optimieren das Wissensmanagement von der Gesundheitswirtschaft bis hin zu Finanzwesen und Recht. In den USA wird heute bereits die Hälfte aller Erwerbseinkommen im kreativen Wirtschaftssektor verdient – so viel wie in Industrie und Dienstleistungen zusammen, stellte Richard Florida, Professor für wirtschaftliche Entwicklung an der Carnegie Mellon University, fest.[7]

Doch wir hinken hinterher! Auch wenn wir uns bemühen und wie 2006 die Initiative »Land der Ideen« ins Leben riefen, laut Floridas Forschungen und nach Aussage des »Europäischen Kreativitätsindex« zählt Deutschland in puncto Kreativität und Förderung des entsprechenden Nachwuchses zu den Absteigern und Österreich zu den Nachzüglern.[8]

Es gilt, frühzeitig in kreative Köpfe und Querdenker zu investieren und Raum für »Spinner« zu schaffen. Wir müssen stark und gezielt eine Lanze brechen für die kreativen Chaoten, die Andere-Wege-Geher und Querdenker. Denn Gesellschaften und Unternehmen brauchen diese Vordenker und Visionäre dringender denn je. Da sind sind sich Zukunftsforscher und Ökonomen einig.

»Kein ernsthafter Ökonom zweifelt heute daran, dass Ideen und Kreativität das wichtigste Wirtschaftsgut des 21. Jahrhunderts sein werden«, schrieb das Wirtschaftsmagazin *Brand Eins*.[9] Und auch Bestseller-Autor Dan Pink bricht in seinem Buch *Unsere kreative Zukunft. Warum und wie wir unser Rechtshirnpotenzial entwickeln müssen* die Zukunft auf sechs Säulen herunter. Seiner – und meiner – Meinung nach zählen künftig Design (statt Funktion), Geschichten (statt Argumente und Fakten), eine ganzheitliche Sichtweise (statt Fokus auf Details), Empathie (statt Logik), Spiel (statt Ernsthaftigkeit) sowie Sinn (statt Akkumulation von materiellen Gütern).[10]

Den kreativen Chaoten gehört die Zukunft!

Den kreativen Chaoten gehört die Zukunft – lassen wir uns darauf ein. Im Zeitalter der Kreativität haben wir gegenüber anderen Menschen die Nase vorne. Plötzlich brauchen uns die anderen und sie werden unsere farbigen Post-it-Landschaften, Papierstapel und Spielereien tolerieren. Was sie allerdings nicht tolerieren werden, sind unerwünschte Nebenwirkungen der kreativen Chaoten: unsere Unpünktlichkeit, unsere Überempfindlichkeit und zeitraubende Unordnung.

Das kann einer fulminanten Karriere im Wege stehen, denn als »gesellschaftlich nicht herzeigbarer Chaot« werden andere Sie nicht fördern, weil sie Ihnen keine Management- und Führungsaufgaben zutrauen. Sie werden gegen Vorurteile ankämpfen und weniger Geld verdienen, weil die Systematiker glauben, ein unordentlicher Schreibtisch verweise auf eine unordentlich erledigte Arbeit. Sie werden anecken, weil Sie anders sind als die anderen.

Schade, aber es ist nicht zu leugnen: Noch immer sind es überwiegend die Systematiker, die uns vorschreiben, wie alles zu sein hat, und die uns ihre Sicht als die einzig wahre und richtige aufdrücken.

Wie das kommt? Jahrhundertelang prägten die Systematiker das Weltbild und bestimmten, was »richtig« sei. Schon im Mittelalter machte die Kirche uns Angst, wenn wir faul seien oder das Leben zu sehr genießen, würden wir im Fegefeuer landen. Nur Menschen mit einer Mischung aus immerwährenden Fleiß und einer bescheidenen Lebensführung konnten auf ein bequemes Leben im Jenseits hoffen. Schon damals galten Tugenden wie Pünktlichkeit, Fleiß und Reinlichkeit – zumindest für das niedere Volk, denn die, die es predigten, labten sich ja, wie reichlich überliefert, oftmals an einem ausschweifenden Lebenswandel.

Die Geburtsstunde des »systematischen Zeitmangements« – mit der Grundidee, innerhalb kurzer Zeit viel zu schaffen – fällt wohl ins frühe 20. Jahrhundert und in die Zeit der Automatisierung. Das Ford Model T avancierte zum ersten Massenfahrzeug, nachdem Hersteller Henry Ford die Fertigung rationalisiert und 1914 das Fließband eingeführt hatte. Statt zwölfeinhalb Stunden am Chassis zu schrauben, rollte dank Fließband in den 20er-Jahren alle 93 Minuten ein fertiger Wagen aus der Halle. Statt 850 Dollar im ersten Jahr kostete der Wagen nur noch 370 Dollar.[11]

In den 50er-Jahren etablierte sich zur Unternehmensführung erfolgreich das Managementkonzept »Führung durch Zielvereinbarung« (Management by objectives)[12] und es dauerte nur kurze Zeit, bis diese Idee auf den einzelnen Mitarbeiter überschwappte. In den 60er-Jahren hatten sich nun auch alle Büroarbeiter entsprechend zielorientiert und rationell zu verhalten.

Werte wie Ordnung, Fleiß und Pünktlichkeit erhielten ihren erneuten Ritterschlag und Methoden aus dem Militär (!), wie das Eisenhower-Prinzip, wurden auf das persönliche Zeitmanagement umgemünzt (siehe Abschnitt »Den Aufgabendschungel lichten«).

Seit den frühen 80er-Jahren boomen How-to-do-Zeitmanagement-Ratgeber, die von sehr systematischen Menschen geschrieben wurden, die dieser uralten systematischen Denke unisono folgen.[13]

Leider sind wir Menschen keine rationellen Wesen, auch keine Maschinen, und die Maxime »Mehr Output in kürzerer Zeit« führt schnell zum Verschleiß unserer Arbeitskraft. Kreative Chaoten nehmen diese Ansprüche wahr und finden sie äußerst befremdlich. Und doch bekommen sie immer wieder vorgehalten, sie seien unfähig, sich zu organisieren, und disziplinlos. Viele Menschen und Unternehmen ließen lange Zeit ihre »bunten Vögel« allenfalls in unwichtigen Gefilden unbehelligt, sodass viele kreative Chaoten sich als Künstler, Aussteiger, Freiberufler oder Taxifahrer über Wasser hielten.

Warum haben sie sich nicht gewehrt? »Wer sich wehren und etwas durchsetzen will, muss sich organisieren. Das ist Chaoten fremd. Deshalb haben sie keine Lobby«, schreibt Hermann Rühle 2011 in seinem Drehbuch für ein chaotisches Zeitmanagement.[14] Während die »Ordentlichen« es geschafft hätten, ihr Weltbild zum Maßstab für die ganze Menschheit zu machen (»Schule, Universität, Wirtschaft, Verwaltung, Kirche und Militär sind davon durchdrungen«), hätten sie den »Drang, andere zu missionieren. Chaoten ruhen in sich selbst, sie funktionieren, wie sie funktionieren, und lassen ihre Mitmenschen in Ruhe«, so Rühle, der nach eigener Aussage selbst ein »Ordentlicher« sei, sich aber als echter Kenner der kreativen Chaoten erweist und sich wünscht, mehr zu sein wie diese.

Schluss mit dieser falschen Mission! Kreative Chaoten brauchen keine veralteten Zeitmanagement-Strategien, sie brauchen sich nicht mehr in die falschen Seminare schicken lassen oder die falschen Bücher lesen.

Sie machen es nämlich schon richtig gut.

Auf ihre Art.

Wichtig: Es geht nicht darum zu sagen, die anderen Methoden seien falsch. Nein, für sehr systematische Menschen in einem systematischen Umfeld sind sie genau richtig und können perfekt umgesetzt werden. Es geht darum, dass jeder die Freiheit haben sollte, sich und seine Aufgaben so zu organisieren, wie es ihm am besten hilft. Es geht darum, sich und die anderen in ihrer ganz eigenen Art wertzuschätzen und jeden so sein zu lassen, wie er ist.

Ich will Sie nicht ändern und ich werde nie sagen, dass Sie diese wundervollen Eigenschaften, die Sie als kreativer Chaot haben, ablegen sollen. Im Gegenteil: Ich zeige Ihnen Wege, wie Sie Ihre kreativen Stärken so ausleben können, dass Sie in unserer eher strukturierten Kultur Ihren Stress in den Griff bekommen und jeden Tag eine Menge Spaß und Anerkennung erhalten. Und sei es einfach, weil Sie künftig ordentliche Stapel machen. Weil Sie mit witzigem Krimskrams Ihren Alltag freudvoll organisieren und plötzlich pünktlich sein können. Weil Sie Mitbewerber überholen und Narrenfreiheit genießen, die Sie unempfindlich gegen Kritik macht. Spielen Sie das Spiel der Systematiker und logischen Ordner mit – nach Ihren eigenen Regeln.

Warum wir so sind, wie wir sind – und was das für unser Zeitmanagement bedeutet

Fragen Sie sich manchmal, warum Sie Ihren Partner, Ihre Partnerin einfach nicht verstehen? Warum Ihnen einige Kollegen auf Anhieb sympathisch sind, während bei anderen »die Chemie« nicht stimmt?

Kommen Sie mit auf einen Ausflug in Ihre grauen Zellen, die gar nicht so grau sind, und gehen Sie dieser Frage auf den Grund.

Willkommen bei Familie Ideenreich-Herzlich und Familie Ordentlich-Logisch

BEISPIEL

Familie Ideenreich-Herzlich und Familie Ordentlich-Logisch sind glücklich. Sie haben ein Doppelhaus gekauft und leben nun Wand an Wand: Rechts wohnen die Ideenreich-Herzlichs, links die Ordentlich-Logischs.

Kaum sind die Möbelpacker weg, da hat Igor Ideenreich schon hundert Ideen, wie sich das Heim verschönern ließe: Auf den Umzugskartons zeichnet er einen Entwurf für einen Wintergarten, fährt schnell zum Baumarkt, um Farbe zu kaufen und die Küche sonnengelb zu streichen, und bringt zudem einen Tisch mit, den er zufällig bei der Wertstoffbörse gesehen hat und der super in das neue Wohnzimmer passt. Seine Frau, Hanni Herzlich, dreht derweil eine Runde in der Straße, um sich bei den Nachbarn vorzustellen, tröstet am Telefon einen Freund, der Liebeskummer hat, und schafft ein gemütliches Gästezimmer, damit spontaner Besuch jederzeit bleiben kann.

Nachbar Ottmar Ordentlich bringt den Umzug in Ruhe über die Bühne. Sorgfältig räumt er alle Umzugskartons aus, verstaut jeden Gegenstand an einem vor dem Umzug bereits festgelegten Platz und erledigt dann Punkt um Punkt seine Checkliste »Umziehen leicht gemacht« (genormte Klingelschilder fertigen lassen, Auto ummelden etc.). Seine Frau Annaliese Logisch, rechnet derweil – am pünktlich vom Möbelhaus gelieferten Wohnzimmertisch (Sparaktion mit 12 Prozent Rabatt) – die Finanzierung des Kredites nochmals durch und erstellt eine Entscheidungsmatrix, bei welchem Heizöllieferanten sie die besten Konditionen bekommt.

Rund 1,3 Kilogramm unseres Körpers entscheiden, was die restlichen Kilogramm machen. Je nach Körperstatur ist unser Gehirn größer oder kleiner. Es ist ein Bollwerk an Möglichkeiten: Mit 100 Millionen Metern Länge würden unsere Nervenleitbahnen 2,5-mal um den Erdball reichen. Würden wir die äußere Hirnrinde ausbreiten, so würde die Masse eine zwei Quadratmeter große Fläche bedecken. Ob wir spontan und voller Ideen sind, ob wir andere Menschen in den Mittelpunkt unseres Lebens rücken, ob wir Schritt für Schritt Aufgaben abarbeiten oder ob uns Fakten und Logik am wichtigsten sind – den Impuls dazu sendet unser Gehirn.[15]

Schaltzentrale dafür ist das Großhirn. Es besteht aus zwei Hälften, die jeweils überwiegend unterschiedliche Funktionen erfüllen. In der linken Hälfte findet vorrangig das logische, analytische und strukturierte Denken statt. Sie steuert offensichtlich bei fast allen Wirbeltieren (also auch den Menschen) das Alltagsverhalten mit all seinen Routinen und ist für unser aus eigenem Antrieb heraus geplantes Verhalten zuständig. In der rechten Hälfte haben eher das bildhafte Denken, emotionale Verknüpfungen, flexible, ideenreiche und zwischenmenschliche Gedanken ihren Platz. Sie ist mehr auf die Wahrnehmung unseres Umfelds gepolt und steuert unsere spontanen Reaktionen auf äußere Erlebnisse. Mittlerweile wissen wir dank bildgebender Verfahren wie beispielsweise der Magnetresonanztomografie (MRT) oder des neueren Diffusionstensors (DTI), dass es in unserem Oberstübchen natürlich wesentlich komplexer zugeht, als diese grobe Zweiteilung es zeigt. Dennoch sind in Experimenten Tendenzen der jeweiligen Aktivitäten in den Hirnarealen deutlich zu erkennen.[16]

Verbunden sind die rechte und linke Gehirnhälfte durch einen Balken (Corpus callosum), dank dem wir auf beide Gehirnhälften zugreifen, wenn wir denken, sprechen, lernen oder spielen. Bei Frauen ist diese Verbindung stärker ausgeprägt als bei Männern – weshalb Frauen die besseren Multitasker sind, also Aufgaben gut parallel erledigen können.

Jeder Mensch nutzt zum Denken, Arbeiten und Leben immer beide Gehirnhälften. Doch bestimmte Areale in den beiden Gehirnhälften dominieren. Das heißt, wenn wir eine Aufgabe gestellt bekommen, dann springen entweder sofort Areale unserer rechten *oder* unserer linken Gehirnhälfte verstärkt an, um diese zu lösen. Erst später holen wir unter Umständen die Areale der anderen Gehirnhälfte zu Hilfe.

Entsprechend ist unser bevorzugter Denkstil dafür verantwortlich, wie wir uns verhalten, welche Tätigkeiten uns Energie bringen, welche uns Energie rauben und was uns *wirklich* interessiert.

Angeboren oder erworben?

Wie wir ticken, ist uns ein Stück weit in die Wiege gelegt. »Die Gene bestimmen zwischen 20 und 50 Prozent der Persönlichkeit eines Menschen«, erklärt Hirnforscher Gerhard Roth. »Aber auch das, was eine Frau während der Schwangerschaft erlebt, entscheidet mit über das Temperament eines Kindes: Ob es offen oder ängstlich sein wird, ein stabiles oder ein zaghaftes Ego entwickelt, ob es pedantisch ist oder lässig. Diese Weichen stellt das limbische System, eine Art Schaltzentrale der Gefühle, das ab der sechsten Schwangerschaftswoche entsteht. In dieser Zeit erlebt das Ungeborene die ersten emotionalen Konditionierungen, die sein Gehirn für sein ganzes Leben prägen.«[17]

Schon in der Persönlichkeitsursuppe, die mit der Zeugung angerührt wird, liegen also die Grundlagen, ob ein Mensch eher der logische Ordner (»Pedant«) oder der kreative Chaot (der »Lässige«) wird. Und obwohl sich Kinder bis zum sechsten Lebensjahr eher »rechtshirnig« verhalten – wie Familie Ideenreich-Herzlich spontan, spielerisch und gefühlsbetont –, können Eltern bereits hier erkennen, ob ihr Nachwuchs die Spielsachen penibel nach Farben ordnet oder einfach alles in eine Kiste wirft.

Schule und Eltern fördern und fordern allerdings eher analytische Fähigkeiten. Und die Kinder lernen Ordnung, Pünktlichkeit, Disziplin und Logik. Kindlichkeit und »Unreife« werden getadelt, Fähigkeiten, die eher aus der linkshemispärischen Welt stammen, ernten Lob und Anerkennung. So festigen sich im Verlauf der Kindheit viele Dominanzen in eher »systematisch-analytisch« oder in »ausgewogen« (die Fähigkeiten beider Gehirnhälften werden gleich gut genutzt), während andere Menschen sich ihre kreative und chaotische Ader erhalten. Bei Erwachsenen bleibt der Denkstil relativ stabil. Er ändert sich nur, wenn gravierende emotionale Ereignisse uns aus der gewohnten Bahn werfen oder wenn wir eine Änderung gezielt über viele Jahre trainieren. Wir können uns entwickeln.

In Zentraleuropa verteilen sich laut einer Denkstil-Analyse des Beratungsunternehmens Herrman International die Hirndominanzen bei Berufstätigen wie folgt:[18]

- Rund 41 Prozent der Erwachsenen sind rechts-hemisphärisch. Sie begegnen uns in diesem Buch als die kreativen Chaoten.
- 34 Prozent sind »ausgewogen«.
- 25 Prozent der Erwachsenen sind links-hemisphärisch. Sie begegnen uns in diesem Buch als die logischen Ordner.

In einer Datenbankauswertung des Campus für Kreative Chaoten von 2011 zeigte sich, dass sogar rund 60 Prozent der befragten deutschsprachigen Erwachsenen eher zu den kreativen Chaoten gehören.[19]

Alle sind anders, alle sind gut

BEISPIEL

Bei Familie Ideenreich-Herzlich und Familie Ordentlich-Logisch hängt der Haussegen schief. Ottmar Ordentlich ist sauer, weil die Ideenreich-Herzlichs noch immer nicht die genormten Klingelschilder an der Gartentür haben, sich die leeren Umzugskartons seit drei Wochen im Carport stapeln und man einen freien Blick in die gardinenlose Küche hat (die, aber das würde Annaliese Logisch nie zugeben, wirklich sehr hübsch mit den gelben Wänden ist). Jeden Tag betrachten sie mit säuerlicher Miene diese Missstände und schimpfen über die »Chaoten«. Hanni und Igor lästern derweil über die pingeligen Ordentlich-Logischs, die jetzt – mitten im Hochsommer – ihren Heizöltank bereits füllen lassen wollen, amüsieren sich, dass die »logischen Ordner« schon das neue Autokennzeichen haben, und witzeln über den akkurat gepflegten und beschrifteten Kräutergarten (Hanni hätte auch mal gerne so eine schön übersichtliche Kräuterquelle für ihre Küchenkünste, aber das würde sie nie zugeben).

Unsere »Macken« mögen wir manchmal selbst nicht so gerne und ärgern uns vielleicht, dass wir zwar viele Ideen haben, aber nie etwas zu Ende bringen. Besonders herrlich können wir uns aber über die Marotten der anderen aufregen.

Wenn kreative Chaoten auf logische Ordner treffen, dann fliegen häufig die Fetzen. Egal ob im Job oder im Privatleben: Da ärgert sich der eine über das »Chaos« des anderen, während dieser umgekehrt über die Pedanterie des anderen schimpft. Witzigerweise kommen häufig in Partnerschaften explosive »Misch-Verhältnisse« von kreativen Chaoten und logischen Ordnern vor. Im Prinzip wäre das perfekt, weil sich die beiden super ergänzen würden. Doch solange jeder nur über den anderen lästert, kann kein Dream-Team entstehen.

Lernen Sie also die »Macken« der anderen als Stärken zu begreifen, fangen Sie an, sich gegenseitig mit Ihren Präferenzen wertzuschätzen und die persönlichen Stärken gezielt einzusetzen.

Anstatt zu hadern und Ihre vermeintlichen Schwächen zu bekämpfen, entdecken Sie die Stärken Ihres Denkens. Verbessern Sie damit gezielt Ihre Selbstorganisation und das Miteinander im Team. Machen Sie sich klar: Es gibt kein »besseres« oder »schlechteres« Denken. Beide Gehirnhälften leisten einen wertvollen Beitrag zu dem, was Sie tun und wer Sie sind. Und beide Denkstile brauchen wir, wenn wir außergewöhnliche Ergebnisse erzielen wollen.

BEISPIEL

Hanni, Annaliese, Igor und Ottmar sitzen gemütlich auf der Terrasse, stoßen mit Prosecco an und freuen sich über die Ereignisse des heutigen Tages. Jeder ist stolz, was sie heute alles mit Spaß und voller Energie geschafft haben. Igor hat in künstlerischer Kleinarbeit die Küche von Annaliese in einem zarten Lila und mit vielen Rosenranken verziert, während Annaliese einen bezaubernden Kräutergarten für Hanni angelegt hat (mit detaillierter Pflegeanleitung auf kleinen Schildchen). Ottmar hat die Klingelschilder mitbestellt, die Umzugskartons entsorgt und das Auto der Ideenreich-Herzlichs umgemeldet, während Hanni mit angepackt hat, wo es gerade nötig war. Zudem hat der Heizöllieferant gleich beide Tanks gefüllt (was beiden Familien einige Euro gespart hat). »Wir haben einfach aufgehört, über die Macken der anderen zu lästern und lassen nun jeden so gut es geht seine Stärken ausleben.«

Der Selbst-Check: Wie chaotisch sind Sie wirklich?

Vereinfachen Sie Ihren Alltag, indem Sie Ihre Stärken gezielt entdecken. Die folgende Schnellanalyse zeigt Ihnen, welches Ihrer Talente Ihr Denken und Ihr Tun hauptsächlich bestimmt. Natürlich ist diese Analyse eine starke Vereinfachung und zeigt nicht die komplexen Eigenheiten, die Sie zu der Persönlichkeit machen, die Sie sind. Die Schnellanalyse soll Ihnen helfen, einen Eindruck von Ihrer Denkweise zu bekommen, aber keinesfalls zu »Schubladendenken« verführen. Jeder Mensch besitzt und nutzt viele Talente. Verstehen Sie die Typeneinteilung bitte als vereinfachendes Konstrukt, das uns hilft, bestimmte Persönlichkeitsmerkmale besser einzuordnen und Strategien zu entwickeln. Sehen Sie diese Analyse als Anhaltspunkt, sich und die anderen Menschen ein Stück weit besser kennenzulernen und zu verstehen.[20]

Lesen Sie bitte pro Punkt die jeweiligen Antworten komplett durch und entscheiden Sie sich dann für die Antwort, die am meisten auf Sie zutrifft oder die in Ihnen ein gutes Gefühl hervorruft. Bitte jeweils nur eine Aussage ankreuzen!

Der Selbst-Check

1. Auf welche Art eignen Sie sich Wissen lieber an?

- ◆ mit Lehrbüchern, Fachtexten, faktenbasierten Vorträgen (◇) . . . . ☐
- ◆ mit Arbeitsblättern und schrittweisem Einüben . . . . ☐
- ● mit Simulationen oder bildhaften Vorstellungen (Eselsbrücken, Metaphern) . . . . ☐
- ● in Workshops, Rollenspielen und eigener Aktivität (○) . . . . ☐

2. Wenn Sie andere Menschen über etwas informieren, dann ist es Ihnen wichtig,

- ◆ detaillierte, präzise Informationen und Fakten zu geben (◇) . . . . ☐
- ● in groben Zügen einen Überblick zu vermitteln, ohne sich in Details zu verlieren . . . . ☐
- ● die Meinung des anderen dazu gleich zu hören (○) . . . . . . ☐
- ◆ vor allem die nächsten Schritte sowie einen konkreten Zeit- und Maßnahmenplan zu nennen . . . . ☐

3. **Wenn Sie ein Projekt oder eine Arbeit planen,**

- ● dann tun Sie das eher in groben Zügen, bestimmen lediglich die mögliche Marschrichtung . . . . ▢
- ◆ dann tun Sie das bis ins kleinste Detail und überlassen nichts / wenig dem Zufall (◇) . . . . ▢
- ◆ besorgen Sie sich zunächst alle verfügbaren Informationen, die einen Einfluss auf die Arbeit haben könnten . . . . ▢
- ● besprechen Sie das Vorgehen am liebsten mit anderen Menschen, um im Team eine möglichst gute Lösung zu finden (○) . . . . ▢

4. **Im Umgang mit anderen sind Sie am liebsten eher**

- ● feinfühlig (○) . . . . ▢
- ◆ logisch (◇) . . . . ▢
- ◆ pragmatisch . . . . ▢
- ● idealistisch . . . . ▢

5. **Wenn Sie von Erlebnissen oder von anderen Menschen erzählen,**

- ◆ dann nennen Sie meist Zahlen und Fakten (◇) . . . . ▢
- ● dann schildern Sie Gefühle, Gerüche, Eindrücke (○) . . . . . . ▢
- ● dann malen Sie künftige Entwicklungen und Erwartungen aus . . . . ▢
- ◆ betonen Sie die Qualität und Solidität . . . . ▢

6. **Andere Menschen haben mir schon mal gesagt, ich sei ...**

- ◆ kalkulierend, kurzsichtig, kalt oder ständig am Beweisen (◇) . . . . ▢
- ◆ langweilig oder in Routinen gefangen oder recht-haberisch . . . . ▢
- ● unfokussiert, sprunghaft oder ewig zu spät oder ab-schweifend . . . . ▢
- ● übersensibel oder nicht belastbar oder zu nett (○) . . . . ▢

7. Wenn Sie aufräumen oder Unterlagen sortieren,

- ◆ dann achten Sie genau auf die richtige Reihenfolge und den richtigen Platz der Dinge ☐
- ● dann ist »Fertigwerden« wichtiger, als wie es im Detail gemacht ist ☐
- ● achten Sie darauf, dass auch andere Menschen mit dieser Ordnung klarkommen (○) ☐
- ◆ dann folgen Sie logischen Kriterien (◇) ☐

8. Was tun Sie am liebsten?

- ◆ Situationen analysieren (◇) ☐
- ◆ Dinge realisieren ☐
- ● neue Ideen entwickeln ☐
- ● mit anderen kommunizieren (○) ☐

9. Stellen Sie sich vor, Sie haben ein mangelhaftes Produkt reklamiert. Welche Antwort des Herstellers gefällt Ihnen am besten?

- ◆ Ihre Kritik hat Erfolg. Hier ist die korrigierte Version. (◇) ☐
- ● Ihre Anregungen sind Grund genug für uns, alles auf den Kopf zu stellen. Sehen Sie selbst ... ☐
- ● Ihre Sorgen können wir gut nachempfinden. Gewinnen Sie anbei einen Eindruck, wie gut wir uns Ihre Wünsche zu Herzen genommen haben. (○) ☐
- ◆ Ihre Bedenken können wir nachvollziehen. Sie erhalten anbei einen geprüften und zuverlässigen Apparat. ☐

10. Wenn Sie eine wichtige Entscheidung treffen, dann

- ● haben Sie ein Gesamtkonzept im Auge ☐
- ◆ sammeln Sie Fakten und Argumente, berücksichtigen so viele Faktoren wie möglich, wägen ab, denken gründlich nach (◇) ☐
- ● handeln Sie oft spontan, aus dem Bauch heraus (○)
- ◆ schauen Sie, wie es sich früher bewährt hat ☐

11. Wie möchten Sie Arbeitsanweisungen gerne erhalten?

- ● Ich wünsche mir einen groben Rahmen mit den zu erreichenden Zielen und dann die Freiheit, selbst zu entscheiden, wie ich diese Ziele erreiche. . . . . ☐
- ◆ Ich wünsche mir präzise Angaben, übersichtliche Daten und Fakten sowie konkrete Messgrößen darüber, was ich zu erreichen habe (◇) . . . . ☐
- ◆ Ich wünsche mir einen konkreten Zeit- und Maßnahmenplan, den ich abarbeiten kann, gerne zum Beispiel auch Checklisten. . . . . ☐
- ● Ich wünsche mir eine klare Rollenverteilung und jederzeit die Möglichkeit für Rückfragen. (○) . . . . ☐

12. Ich

- ● spiele gerne und bin offen für Neues und Spaß . . . . ☐
- ● will gerne zuhören und alles verstehen (○) . . . . ☐
- ◆ suche gerne Hintergrundinformationen und Garantien . . . ☐
- ◆ lege großen Wert auf formale Genauigkeit (◇) . . . . ☐

13. Welche Tätigkeiten lieben Sie?

- ◆ Projekte zum Laufen bringen . . . . ☐
- ● Veränderungen bewirken . . . . ☐
- ● funktionierende Teams aufbauen (○) . . . . ☐
- ◆ verantwortlich sein (◇) . . . . ☐

14. Sie sind eher

- ◆ sachlich (◇) . . . . ☐
- ● risikobereit . . . . ☐
- ◆ absichernd . . . . ☐
- ● unterstützend (○) . . . . ☐

15. Bei neuen Projekten ist mir wichtig, dass ...

- ◆ sie sich rechnen (◇) . . . . ☐
- ● wir daran wachsen und uns entwickeln können . . . . ☐
- ◆ wir auf bewährtes Wissen zurückgreifen . . . . ☐
- ● wir ein starkes, harmonisches Team bilden (○) . . . . ☐

Auswertung

Bitte zählen Sie zusammen, wie viele Rauten ◆ und wie viele Kreise ● Sie jeweils angekreuzt haben:

◆ ______________ ● ______________

Übertragen Sie Ihre Werte bitte in die folgende Skala und lesen Sie in der Zeile darunter ab, wie chaotisch (oder systematisch) Sie wirklich sind:

0	1	2	3	4	5	6	7	8	9	10	11	12	13	14	15
●	●	●	●	●	●	●	●	●	●	●	●	●	●	●	●
☐	☐	☐	☐	☐	☐	☐	☐	☐	☐	☐	☐	☐	☐	☐	☐
◆	◆	◆	◆	◆	◆	◆	◆	◆	◆	◆	◆	◆	◆	◆	◆
15	14	13	12	11	10	9	8	7	6	5	4	3	2	1	0

Ich bin links-hemisphärisch = **Logischer Ordner**	Ich bin zu circa 50% links und 50% rechts = **Ganzhirner**	Ich bin rechts-hemisphärisch = **Kreativer Chaot**

Im Folgenden können Sie nachlesen, für welche Stärken und Denkweisen Ihr Auswertungsergebnis spricht und was diese für Ihr Zeitmanagement bedeuten. In einem zweiten Auswertungsschritt erfahren Sie, zu welcher Ausprägung Ihres jeweiligen Typs Sie tendieren.

Logische Ordner

Als logischer Ordner werden Sie überwiegend von Ihren sogenannten »linkshirnigen« Anlagen dominiert. Sie vertrauen auf Fakten, Daten und praktischen Nutzen. Sie arbeiten gerne in einer aufgeräumten Umgebung und schaffen es auch, mit relativ wenig Energieaufwand diese Ordnung selbst herzustellen und zu halten. Sie lieben Listen und Pläne und arbeiten Aufgaben gewissenhaft und mit Spaß nach Prioritäten Schritt für Schritt ab. Sie tun sich leicht, Routinen aufzustellen und einzuhalten, und Sie sind in der Regel pünktlich bei Verabredungen und Abgabeterminen. Im Alltag planen Sie vermutlich bereits mit Tages- und Wochenplänen und bleiben dabei einem System über lange Zeit treu.

Sie stehen mit beiden Beinen auf der Erde, reagieren überlegt, haben eher wenig Sinn für Romantik und Träumereien. Sobald Gefühle oder Intuition ins Spiel kommen, steigen Sie innerlich aus. Sie vertrauen nur dem, was man beweisen und nachvollziehen kann.

Da Sie gerne sehr systematisch agieren, wenden Sie Kniffe aus dem klassischen Zeitmanagement mit Leichtigkeit an und setzen sie mit Spaß und Erfolg um – vorausgesetzt, Ihr Umfeld und Ihre Arbeitsbedingungen sind ebenfalls so systematisch und planbar. Ist dies nicht der Fall – wie in unserer immer schneller werdenden Zeit mit zahlreichen rapiden Veränderungen –, dann hadern Sie, dass das Leben nicht immer en détail planbar ist. Und unvorhergesehene Störungen bringen Ihr sorgfältiges Planungskonstrukt ins Wanken oder sogar zum Einstürzen. Doch Vorsicht: Viele logische Ordner denken, je besser sie sich organisieren, desto weniger Stress werden sie haben. Doch das Gegenteil ist häufig der Fall. Denn wenn Sie einen Alltag haben oder eine berufliche Situation, in der das Unplanbare der Kern der Tätigkeit ist (Familie, Tätigkeiten bei denen Sie viel mit Menschen zu tun haben oder Notfälle lösen müssen), dann verursacht eine penible Planung sogar noch mehr Stress. Erkennen Sie, wann Sie ein gesundes Maß an

Planung und Routinen überschreiten. Zu viel Planung kann Sie hemmen – und das kostet wertvolle Lebenszeit. Befreien Sie sich von der Diktatur Ihrer Vorgaben. Lassen Sie sich Zeit und entzerren Sie Ihren Alltag mit Puffern. Üben Sie Entspannungstechniken und genießen Sie Ihre Freizeit.

Auswertung Schritt 2: Tendenz Logiker oder Ordner

Bitte betrachten Sie nochmals Ihre Analyse. Hinter einigen Antworten finden Sie folgendes Zeichen (◇). Bitte zählen Sie, wie viele Ihrer ◆ -Antworten zusätzlich ein (◇) tragen:

1. Ich habe insgesamt .... Antworten mit (◆) markiert.
2. Davon haben .... Antworten zusätzlich ein (◇).
3. Entsprechend haben .... Antworten nur ein (◆).

Es gibt zwei unterschiedliche Tendenzen bei den logischen Ordnern: die *Logiker* (mehr ◇ als ◆) und die *Ordner* (mehr ◆ als ◇).

Beispiel:

1. Sie haben 13 ◆ -Antworten (= 76 Prozent logischer Ordner).
2. Davon sind 4 zusätzlich mit (◇) gekennzeichnet.
3. Sie haben entsprechend 9 Antworten mit nur ◆ .

Dann sind Sie überwiegend der *Ordner*.

Logischer Ordner, Tendenz zum Logiker Sie lieben Details. Das führt gelegentlich dazu, dass Sie sich in Dinge verrennen, zu akribisch ein Ziel verfolgen oder zu viel Zeit in Kleinigkeiten investieren. Sie nehmen es sachlich und formal sehr genau. Als Logiker (in unserem Beispiel: Annaliese Logisch) haben Sie jederzeit den Überblick über finanzielle Dinge und umfassend recherchierte Hintergrundinformationen. Es fällt Ihnen leicht, Aufgaben in Teilaufgaben zu zerlegen, den Zeitaufwand zu berechnen, Prioritäten zu vergeben und entsprechend die

Aufgaben zu erledigen. Ihr Motto: Zeit ist Geld. Zeit ist ein Produktionsfaktor, den man messen und einteilen kann.

Logischer Ordner, Tendenz zum Ordner Ihre höchsten Werte sind Zuverlässigkeit, Genauigkeit und Pünktlichkeit, die Sie von sich selbst und auch von Ihren Mitmenschen immerzu erwarten. Effizienz schreiben Sie ganz groß. Am liebsten arbeiten Sie deshalb so, dass Sie sichtbare und messbare Ergebnisse erzielen. Als Ordner (im Beispiel: Ottmar Ordentlich) verlassen Sie sich gerne auf bewährte Verfahren und sind Neuem gegenüber eher misstrauisch. (»Warum etwas neu erfinden, wenn das andere brauchbar ist!«)

Wie profitieren logische Ordner von diesem Buch? In einem Team oder einer Familie sind meist alle Denkstile vertreten. Das ist Grund für viel Streit – und damit für verlorene Zeit. Tauchen Sie ein in die Welt der kreativen Chaoten. Holen Sie sich aus diesem Buch Tipps, mit denen Sie das Miteinander vereinfachen. Sie wollen ja auch entspannter mit Ihrer Zeit und Ihren Aufgaben umgehen. Und jede Minute, die Sie sich nicht mehr mit den Chaoten »abmühen« müssen, bedeutet für Sie mehr freie Zeit. Lernen Sie die Chaoten besser verstehen und probieren Sie ruhig den einen oder anderen Tipp selbst aus. Das ist gutes Gehirnjogging und hilft Ihrer Persönlichkeit, zu wachsen. Wir können uns immer entwickeln!

Kreativer Chaot

Als kreativer Chaot dominieren bei Ihnen überwiegend die sogenannten rechtshemisphärischen Talente. Sie vertrauen oft auf Ihren Instinkt und legen sich nicht gerne fest. Im Alltag besteht Ihre »Planung« aus gefühlsmäßigen Eingebungen und kreativen Ansätzen. Zeit- und Lebenspläne machen Sie selten mit Zettel und Stift, lieber erinnert eine bunte Collage diverser Post-it-Zettelchen an Termine, Aktivitäten und Erledigungen. Aber eigentlich schreiben Sie Ihre Aufgaben und Termine ohnehin am liebsten gar nicht auf – denn sonst verlieren Sie den Zettel und vergessen den Termin erst recht.

Sie reagieren sehr emotional und sehen Leben und Gesundheit als ganzheitliche Schöpfung. Für Details interessieren Sie sich weniger, was dazu führen kann, dass Sie sich im Wirrwarr Ihrer Pläne verlieren und ein Ziel nicht erreichen. Sie arbeiten am liebsten an mehreren Aufgaben gleichzeitig und können schlecht Prioritäten setzen. Menschen sind Ihnen grundsätzlich wichtiger als Ergebnisse.

Kreative Chaoten beißen sich am klassischen Zeitmanagement die Zähne aus. Dieser systematische und analytische Ansatz ist zu starr, um ihnen wirklich zu helfen. Deshalb sträuben sich die meisten »Chaoten« – zu Recht – gegen Selbst- und Zeitmanagement.

Die gute Nachricht: Zeitmanagement kann Spaß machen! Setzen Sie ihre Stärken – Kreativität und Kommunikation – bewusst ein und leben Sie die Abwechslung. Bringen Sie Ordnung in Ihr Leben – auf eine spielerische und kreative Art. Das geht nicht zulasten Ihrer idealistischen und künstlerischen Ader. Im Gegenteil.

Auswertung Schritt 2: Unterstützer oder Ideen-Sprudler

Bitte betrachten Sie nochmals Ihre Analyse. Hinter einigen Antworten finden Sie folgendes Zeichen (○). Bitte zählen Sie, wie viele Ihrer ●-Antworten zusätzlich ein (○) tragen:

1. Ich habe insgesamt .... Antworten mit (●) markiert.
2. Davon haben .... Antworten zusätzlich ein (○).
3. Entsprechend haben .... Antworten nur ein (●).

Es gibt zwei unterschiedliche Tendenzen bei den kreativen Chaoten: die *Unterstützer* (mehr ○ als ●) und die *Ideen-Sprudler* (mehr ● als ○).

Beispiel:

1. Sie haben 13 ●-Antworten (= 76 Prozent Rechtshirner).
2. Davon sind 4 zusätzlich mit (○) gekennzeichnet.
3. Sie haben entsprechend 9 Antworten mit nur ●.

Dann sind Sie überwiegend der Ideen-Sprudler.

Kreativer Chaot, Tendenz Unterstützer Als Unterstützer (in unserem Beispiel: Hanni Herzlich) fühlen Sie sich gut in andere Menschen ein und leben auf, wenn Sie andere Menschen mit Rat und Tat unterstützen können. Menschen haben bei Ihnen Vorrang vor Projekten oder Ihren Aufgaben. Für Kollegen lassen Sie alles stehen und liegen – und arbeiten dann nachts, wenn es im Büro ruhig wird.

Für Sie besteht die Wirklichkeit nicht aus messbaren Größen, sondern aus Stimmungen, Gefühlen und den Bedürfnissen der anderen. Sie nutzen Sprache nicht, um etwas zu definieren und zu präzisieren (wie die logischen Ordner), sondern um Kontakt zu anderen Menschen aufzunehmen. Sie sind ein Meister im Wahrnehmen von Zwischentönen in der Stimme und in der Körpersprache anderer. Sie nehmen die »innere Uhr« eher wahr als die Uhr am Handgelenk.

Kreativer Chaot, Tendenz Ideen-Sprudler Als Ideen-Sprudler (im Beispiel: Igor Ideenreich) arbeiten Sie am liebsten kreativ. Neue Ideen sind Ihnen wichtiger als sichtbare Ergebnisse, Sie denken ganzheitlich und suchen die Synthese. Sie sind spontan, intuitiv, experimentierfreudig und innovativ. Daten, Fakten sowie Details interessieren Sie dabei weniger. Sie erfinden lieber neue Abläufe, als sich an die alten zu halten. Vor lauter Visionen können Sie dabei aber auch das Zwischenmenschliche aus dem Auge verlieren. Sie lieben es, viele Dinge anzufangen und auzuprobieren, »dranbleiben« langweilt Sie hingegen schnell.

Sie sind sehr visuell veranlagt, das heißt, Sie können und wollen Dinge vor allem sehen (hören und fühlen sind Ihnen nicht so wichtig). Sie haben eine ausgeprägte Intuition und lieben das Konzeptionelle bis hin zum Träumerischen. In Ihrem Kopf laufen häufig Filme ab und oftmals ist Ihnen der Kontakt zu anderen Menschen eher unwichtig. Als Ideen-Sprudler nehmen Sie Zeit nicht in der Form von Beginn, Ende und einer Zeitmenge dazwischen wahr (wie der logische Ordner), sondern leben in der Zeitqualität – in der gefühlten Zeit.

Wie profitieren kreative Chaoten von diesem Buch? Tauchen Sie in die kreative Welt dieses Buches ein. Holen Sie sich Anregungen, um Ihren beruflichen und privaten Alltag entspannter zu meistern – und um das Miteinander mit den »pedantischen« logischen Ordnern zu entkrampfen. In einigen Kapiteln dieses Buches wird darauf geachtet, ob Sie eher Ideen-Sprudler oder Unterstützer sind. Es ist nämlich ein Unterschied, ob Sie Arbeiten nicht pünktlich liefern, weil Sie sich in tausend Ideen verzettelt haben, oder ob Sie vor lauter Hilfsbereitschaft die eigene Arbeit liegen lassen.

Ganzhirner

Sie haben relativ gleich viele ● und ◇ (weniger als zwei Punkte Unterschied)? Dann sind Sie ein Ganzhirn-Typ. Ganzhirner sind häufig unauffällig, da sie nicht die extremen Ausprägungen, die hervortretenden charakteristischen Eigenschaften der starken Hirnhälftenbetonung haben. Sie wirken auf Ihr Umfeld ausgeglichen und Ihnen gelingt es, die Vorteile beider Hemisphären miteinander zu kombinieren. Sie vereinen Ordnung und Logik der linken Hemisphäre mit Kreativität und Intuition der rechten Gehirnhälfte und können so die optimale Lösung für alle Beteiligten finden. Darin liegen viele Chancen, aber auch viel Zündstoff, weil sich manchmal die widerstreitenden Talente gegenseitig das Leben schwer machen. Nach dem Motto: Wen lasse ich jetzt bestimmen? Den lockeren Chaoten, der zu spät kommen darf? Oder den Systematiker, der mich auf Pünktlichkeit trimmt?

Genies nutzen häufig beide Talentwelten und greifen bewusst nach Bedarf auf die jeweils geeignete Stärke für eine Aufgabe zu. Machen Sie sich die Stärken Ihrer Hemisphären klar und nutzen Sie jeweils die Talente daraus, die Ihnen den größeren Nutzen versprechen. Trainieren Sie die Fertigkeiten beider Denkwelten und verbessern Sie das Zusammenspiel.

Mischtypen

Natürlich brauchen auch Mischtypen eigene Strategien. Denn es kann sein, dass Sie zum Beispiel überwiegend die Tendenz zum Unterstützer

als kreativer Chaot, aber zugleich auch einen hohen Anteil des Ordners haben. Das kommt beispielsweise häufig bei Assistenten, Event-Managern, Personalverantwortlichen, Führungskräften im sozialen Bereich, Kundenservice-Mitarbeitern, Lehrern oder auch Verkäufern vor.
Diese Menschen wirken sehr organisiert und haben ein top aufgeräumtes Büro und Zuhause. Sie fühlen sich dennoch gestresst, weil sie sich schlecht abgrenzen und Nein sagen können. Achten Sie also auf Ihre Präferenzen und mischen Sie sich auf diese Weise Ihren persönlichen Tipp-Cocktail für mehr Zeit und Zufriedenheit.
Und auch der Mischtyp Ideen-Sprudler mit einer starken Tendenz zum Logiker kämpft im Alltag erheblich gegen sein Chaos an. Hin- und hergerissen zwischen seinen Ideen einerseits und seinem Tüfteln an Details andererseits, wirken diese Menschen oftmals wie zerstreute Professoren, die in Gedanken vertieft einige Meter über dem Boden schweben. Sie haben einen brillanten Geist und chaotische Büros.

Kreativer Chaot und logischer Ordner – die Stärken auf einen Blick

Logischer Ordner (Linkshirner)	**Kreativer Chaot** (Rechtshirner)
• erledigt eine Sache nach der anderen	• erledigt viele Dinge gleichzeitig
• plant	• macht es gleich
• nimmt Zeitvorgaben ernst	• Zeitvorgaben gelten als Ziel, das es nach Möglichkeit zu erreichen gilt
• kann gut priorisieren	• findet alles spannend
• sucht eine einzige korrekte Antwort	• sucht möglichst viele Antworten
• liebt vorhersehbare Abläufe	• liebt Überraschungen und plötzliche Probleme (= neue Herausforderung)

• verlässt sich gerne auf Bewährtes	• liebt Experimente
• bevorzugt Daten und Fakten	• bevorzugt Vermutungen und Ahnungen
• achtet auf Details	• achtet auf das Gesamtbild
• braucht kurze, klare und präzise Informationen	• braucht einen schnellen Überblick
• lebt im Heute (Machen)	• lebt im Morgen (Visionen)
• engagiert sich für die Arbeit und messbare Ergebnisse	• engagiert sich für Menschen und Beziehungen
• zieht Motivation aus seinen Arbeitsergebnissen	• braucht viel Lob und Anerkennung
• hält sich gewissenhaft an Pläne und Absprachen	• wirft Pläne und Absprachen schnell über den Haufen
• ist effizient	• Werte und Gefühle sind wichtiger als Messbares
• liebt Sicherheit und Gleichförmigkeit	• liebt Freiräume und Abwechslung
• gilt als berechenbar und verlässlich	• gilt als sprunghaft
• wirkt manchmal ruppig und »kalt«, weil er oft nur auf das Timing oder die Sache achtet	• ist ein guter Zuhörer, wirkt hilfsbereit und sensibel
• gilt als engstirning	• gilt als zerfahren und schusselig
• entscheidet nach logischen Kriterien	• entscheidet intuitiv
• ist auditiv/verbal und wortstark	• ist visuell und bildstark
• tut sich leicht, Wörter und Texte zu lesen	• tut sich leicht, Bilder zu lesen
• bekommt Energie durch Ordnen	• investiert Energie in das Ordnen
• findet Spielen überflüssig	• bekommt Energie durch Spielen
• hält sich an Regeln	• übertritt gerne Regeln

Packen Sie es an!

Ja, wir dürfen stolz sein auf unsere Stärken. Besonders dann, wenn wir sie gezielt einsetzen, um uns und den anderen den Alltag zu erleichtern. Es geht also nicht darum, künftig zu sagen »Ich bin eben ein Chaot, darum …« und mit dieser Ausrede im zeitlichen oder dinglichen Chaos zu versacken.

Denn dann wird Unstrukturiertheit zum echten Stress und Sie zahlen einen hohen Preis für Ihre »Freiheit«. Auch wenn viele Menschen sagen, sie hätten ihr kreatives Chaos im Griff und sie seien gerne spontan und flexibel, erkennen sie in manchen Situationen die Nachteile des Chaotentums.

- Wie oft haben Sie Klebstoff, Shampoo oder Fensterwischtücher fürs Auto neu gekauft, nur weil Sie nicht wussten, wo der Vorrat deponiert ist oder dass Sie ihn überhaupt besitzen?
- Wie viel Geld haben Ihre städtischen Taxifahrer schon mit Ihnen verdient, weil Sie mit öffentlichen Verkehrsmitteln nicht mehr rechtzeitig zu Terminen gekommen wären?
- Wie viele Monate hängen Sie mit einem überteuerten Handy-Tarif fest, weil Sie die Kündigungsfrist übersehen haben?
- Wie oft müssen Sie Ersatz für Ihr Briefpapier, Ihre Glückwunschkarten oder Klarsichthüllen kaufen, nur weil diese in voll gestopften Schränken oder Schubladen unansehnlich wurden?
- Wie viele Zeitschriften zahlen Sie und werfen sie ungelesen ins Altpapier, nur weil Sie das Probe-Abo nicht rechtzeitig gekündigt haben und nun für ein Jahr »festgenagelt« sind?
- Wie vielen verpassten Geschäftschancen trauern Sie nach, weil Sie einen wichtigen Termin verschwitzt haben oder unter Zeitdruck schlampige Arbeit geliefert und deshalb einen Kunden verloren haben?
- Wie viel Zeit vertun Sie täglich damit, unter Ihren Stapeln an Papier den Taschenrechner, einen wichtigen Artikel oder Ihren Kalender zu suchen?
- Wie viel Geld haben Sie bereits zum Fenster hinausgeworfen, weil

Lebensmittel im Kühlschrank verfaulten und Vorräte jenseits des Mindesthaltbarkeitsdatums Füße bekommen haben?

- Wie oft haben Sie Gutscheine für einen Restaurantbesuch, einen Brunch oder einen Gratis-Haarschnitt verfallen lassen?
- Welche Urlaube gingen Ihnen durch die Lappen, weil Sie eine Steuerrückerstattung wegen »Fristüberschreitung« verpasst haben? Wie viele Mahngelder haben Sie dem Fiskus schon in den Rachen geworfen?

Chaos führt in vielen Fällen nicht nur zu Stress, sondern auch zu empfindlichen Geld- und Zeitverlusten. Und das nervt die Chaoten. Auch wenn Sie vieles sehr locker nehmen und als Improvisationsweltmeister auf den letzten Drücker tolle Lösungen finden – wenn es Ihnen doch manchmal zu nervig ist und Sie sich nach mehr Ruhe und Gelassenheit in Ihrem Leben sehnen, dann legen Sie los.

Vielleicht wiegen Sie sich schon lange in der Hoffnung, »irgendwann wird es auch wieder ruhiger«. Aber gerade bei kreativen Chaoten wird das nicht passieren. Denn für sie gibt es immer irgendwo irgendetwas Spannendes, bei dem sie mitmischen wollen.

Also: Tun Sie heute den ersten Schritt für einen entspannten Alltag. Es lohnt sich!

2

Das eigene Ich – Dreh- und Angelpunkt für Zeit, Energie und Freude

Bevor Sie jetzt voller Tatendrang darangehen, Ihren Alltag auf den Kopf zu stellen, gönnen Sie sich eine kleine Verschnaufpause. Nutzen Sie die folgenden Seiten, um nachzudenken und um genauere Kenntnis über Ihren persönlichen Umgang mit Zeit und Ihren Aufgaben zu gewinnen. Entdecken Sie in vier Schritten, wie Sie persönlich am schnellsten Stress abbauen und Zeit für die wirklich wichtigen Menschen und Aufgaben in Ihrem Leben finden.

- Schritt 1: Machen Sie sich zunächst Ihren Gewinn klar, wenn Sie sich künftig besser organisieren.
- Schritt 2: Entlarven Sie Ihre eigenen Stressquellen.
- Schritt 3: Entdecken Sie Ihre Energiequellen.
- Schritt 4: Entdecken Sie, wie alleine das Wissen um Ihre persönlichen Werte, Präferenzen und Lebensziele fast schon automatisch eine Schneise in Ihren Aufgabendschungel schlägt.

TIPP

Sie können die folgenden Übungen mit ausreichend Platz zum Ausfüllen auf der Website zum Buch www.Kreative-Chaoten.com kostenlos runterladen. Oder kaufen Sie sich ein schönes Notizbuch, das Sie während der Buchlektüre und auch danach in Ihrem Alltag als Erfolgsjournal begleitet.

Anders mit der Zeit haushalten: Was ist Ihr Gewinn?

Als ersten Schritt dürfen Sie sich klarmachen, was Ihr Gewinn ist, wenn Sie künftig anders mit sich und Ihren Aktivitäten umgehen.

Denn nur wenn es sich für Sie wirklich lohnt, werden Sie voller Lust und mit Ausdauer in Ihrem Alltag, Ihrem Verhalten und an Ihrer Einstellung etwas ändern.

Manche Menschen wollen auf Biegen und Brechen Zeit sparen (vielleicht weil »man« das heute doch tun muss) und wissen überhaupt nicht, was sie mit der »gewonnenen« Zeit machen wollen. Doch Zeit zu sparen um des Zeitsparens willen ist Nonsens. Erst wenn Sie ein wirklich motivierendes Ziel vor Augen haben, für das es lohnt, sich zu ändern, und für das Sie Ihre Stunden und Minuten sinnvoll verwenden, macht es Sinn, das Projekt in Angriff zu nehmen. Sie wären nicht der oder die Erste, die voller Elan ihr Selbst- und Zeitmanagement verändert, nur um dann festzustellen, dass es überhaupt nichts gebracht hat. Oder die im Gegenteil noch für ihre bessere Organisation »bestraft« werden, weil andere Menschen die freigeschaufelte Zeit gleich wieder okkupieren. (»Du bist schon fertig mit deinem Projekt? Kannst du dann bitte diese Kundenanfrage für mich beantworten?«)

Beantworten Sie bitte folgende Fragen:

1. Warum möchte ich an meinem Alltag etwas ändern?

   ....

   ....

   ....

   (Mögliche Antworten: Habe das Gefühl, nur noch zu funktionieren, schaffe nicht mehr das, was ich schaffen will, bin müde ...)

2. Wie viel »mehr« Zeit (zur freien Verfügung) wünsche ich mir pro Tag und pro Woche?

   ....

   ....

   ....

3. Was mache ich mit und in dieser gewonnenen Zeit?

....

....

....

4. Welche Auswirkungen hat ein neuer Umgang mit meinen Aufgaben?

....

....

....

(Mögliche Antworten: Ich bin besser gelaunt, Rückenschmerzen sind weg, habe mehr Zeit für die Kinder ...)

5. Wer könnte meine Bemühungen boykottieren? Was kann ich dann tun?

....

....

....

6. Wer wird meine Veränderungen unterstützen?

....

....

....

7. Wenn Sie die geschenkte Zeit in Ihrem Sinne nutzen, welche Veränderungen werden in Ihrem Umfeld (Kollegen, Familie ...) zu erleben sein?

....

....

....

(Mögliche Antworten: Die Kinder sind nicht mehr so quengelig, Kollegin Müller lernt eigenverantwortliches Arbeiten und wird selbstbewusster ...)

Entlarven Sie Ihre eigenen Stressquellen

Freuen Sie sich: es gibt keine einfache Patentlösung, wie man Stress und Termindruck abbauen kann. Schließlich stresst jeden Menschen etwas anderes. Der eine freut sich auf seinen ersten Präsentationsauftritt vor der versammelten Belegschaft, dem anderen schlottern beim bloßen Gedanken daran die Knie. Der Kämpfertyp legt sich gerne mit dem Chef an, der Harmoniemensch dagegen schluckt allen Ärger, lässt sich alles aufbürden – und geht mit Rückenschmerzen zur Krankengymnastik. Die berufstätige Mutter kommt ins Schleudern, wenn immer wieder die Kinderbetreuung ausfällt, den Manager zermürbt das Übermaß an beruflichen und privaten Aktivitäten, während ein hohes Lebenstempo den Kollegen völlig kalt lässt.

Am häufigsten nervt uns, wenn wir Aufgaben, die wir eigentlich schaffen wollten, nicht fertig bekommen oder Dinge tun müssen, in denen wir keinen Sinn sehen. Und den meisten kreativen Chaoten graut es davor, wenn an manchen Tagen jede Minute verplant ist.

Außerdem sind jedem von uns andere Aktivitäten, Werte oder Menschen wichtig. Auch hier gibt es wieder keine »normale«, sondern nur Ihre ganz eigene Sicht der Dinge. So mag es sein, dass Sie objektiv gemessen nicht besonders viel Zeit mit Hausarbeit oder mit dem Job verbringen. Wenn in Ihnen allerdings die Wut kocht, dass »alles im Haushalt (Büro) an mir hängen bleibt«, dann können auch objektiv wenige Stunden enorm viel Zeit (= Energie) kosten und damit Lebensfreude. Oder wenn ständig an Ihnen das schlechte Gewissen nagt, »zu wenig Zeit für die Familie zu haben«, dann raubt Ihnen das Ihre Motivation und Kraft.

Warum Stress und Zeitnot eine Frage der Einstellung sind

Stressforscher wie der Endokrinologe Sepp Porta der Universität Graz haben herausgefunden, dass Stress in unserem Kopf entsteht. Primär seien es nicht die äußeren Einflüsse, die uns stressen und unseren Körper die Stresshormone Cortisol, Noradreanlin und Adrenalin ausschütten lassen. Unsere innere Einstellung, unsere inneren Bilder und auch unsere Erfahrungen bewirken, ob der Puls rast oder wir entspannt das Pensum erfüllen. Steht der Löwenbändiger Auge in Auge einer Großkatze gegenüber, so erhöht sich sein Pulsschlag nur leicht, der Popcorn-Verkäufer an seiner Stelle gerät vermutlich in Panik.

Neu ist dabei die Erkenntnis, dass es in puncto Belastung für unseren Körper keinen »guten« und »schlechten« Stress gibt. Laut Stressforscher Porta werden nämlich bei einer hohen Belastung (Stress) die zuständigen Hormone munter im Nebennierenmark immer weiter produziert und nicht – wie im Vergleich dazu die Sexualhormone – einfach zurückgeregelt, egal ob wir »guten Stress« erleben (Eustress, zum Beispiel beim Klettern oder Bungee-Springen) oder negativen Stress (Disstress, zum Beispiel aufgrund hohen Termindrucks). Es ist die Dauer, in der die Stresshormone auf uns einwirken, die sie schädlich macht.

Das bedeutet für uns, dass wir im Alltag viel achtsamer mit uns umgehen und die feine Grenze zwischen Forderung und Überforderung wahrnehmen sollten. Und wenn es sein muss, sollten wir rechtzeitig eine Pause einlegen. Diese kann die krank machende Auswirkung von Dauerbelastungen verhindern, also den sogenannten oxidativen Stress. Dieser schlägt zu, weil unser unter Stress auf Hochtouren laufender Stoffwechsel freie Radikale produziert, die – vereinfacht gesprochen – gesunde Zellen zerstören, sogar Schäden im Erbgut anrichten, den Körper schneller altern lassen und im schlimmsten Fall sogar Krebs auslösen können.[21]

Ein Balanceakt. Denn einerseits ist zwar der objektiv messbare Stress am Arbeitsplatz EU-weit gestiegen.[22] Dies vor allem in Form von mehr Druck, mehr zwischenmenschlichen Konflikten, stärkerer Konkurrenz und Angst vor Arbeitsverlust. Wir ziehen dahin, wo wir Arbeit finden, und müssen uns als Jobnomaden privat und im Beruf häufig neu organisieren. Die Anforderungen an den Einzelnen im Beruf steigen, denn immer weniger Menschen erledigen mehr Arbeit. Und auch das Lebenstempo hat mit Smartphones, Telefon-Flats, mobilem Internet und Billig-Flugpreisen angezogen.

Gleichzeitig haben wir aber so viele freie Zeit wie nie zuvor. Mit durchschnittlich acht Stunden arbeiten wir deutlich kürzer als unsere Vorfahren, wir schlafen mit sieben Stunden und vierzehn Minuten pro Nacht 45 Minuten weniger als noch vor 20 Jahren[23], das Internet erspart uns viele Wege (Online-Shopping) und auch im Haushalt gehen Kochen, Putzen, Waschen dank Mikrowelle, Fertiggerichten, Wäschetrockner oder Spülmaschine deutlich schneller.

Der Knackpunkt aber ist: In der freien Zeit kämpfen wir dann mit dem »Freizeitstress« und Stress in der Familie. Und wer jetzt noch denkt, Stress zu haben gehört sich einfach (was heutzutage ja fast schon die zwanghafte Antwort auf die Frage »Wie geht es Ihnen?« ist), der spürt tatsächlich mehr Stress. Wie die Galeerenarbeiter meinen wir, dem Takt und dem »Vorbild« der anderen hinterherhetzen zu müssen, und sicherlich sind Ihnen schon Zeitgenossen begegnet, die »so was von im Stress« waren – obwohl sie objektiv gesehen viel weniger Dinge zu tun haben als Sie.

Durchschauen Sie diesen Dschungel an möglichen Stressquellen, sowohl die äußeren Stressoren als auch die inneren, nämlich Ihre eigenen Ansprüche. Und lenken Sie immer wieder – gerade an Tagen und Wochen, in denen Sie Druck haben oder Deadlines, die Ihnen im Nacken sitzen – den Blick auf die Fülle der Zeit, die jeden Tag vor Ihnen liegt.

Probieren Sie Folgendes aus: Sagen Sie zu sich: »Ich bin heute total im Stress und *muss* noch dringend im Büro den Projektbericht (den Biotechnik-Artikel, das Mitarbeiterzeugnis …) fertigstellen.« Oder: »Ich habe heute mal wieder überhaupt keine Zeit zum Frühstücken und stürze jetzt nur noch schnell einen Kaffee runter!«

Wie fühlen Sie sich dabei?

Und jetzt sagen Sie: »Ich möchte heute im Büro gerne den Projektbericht (den Biotechnik-Artikel, das Mitarbeiterzeugnis …) fertigstellen und nehme mir dazu in Ruhe Zeit.« »Ich trinke jetzt noch drei Minuten lang in Ruhe und mit Genuss meinen Kaffee.«

Die meisten Menschen fühlen sich bei den zweiten Sätzen gleich deutlich ruhiger und entspannter. Sie sagen sich, dass sie Ruhe und Zeit haben, und ihr Körper glaubt das – toll, oder? Mit dieser Herangehensweise schüttet der Körper nicht schon von vornherein das Stresshormon Cortisol aus und versetzt uns in Stress, bevor dieser überhaupt losgeht.

Nehmen Sie folgenden Tipp für sich mit: Stress entsteht im Kopf. Mit einer positiven Einstellung und einer positiven Sprache verliert

Stress deutlich an Schrecken. Entzerren Sie viele Ihrer stressigen Situationen einfach mit einer neuen Sichtweise und einer bewusst positiven Sprache. Packen Sie anschließend den Druck, der sich nicht »wegdenken« oder »wegreden« lässt, bei der Wurzel.

Mit dem Adlerflug die Zeitnot bei der Wurzel packen

Überlegen Sie, wobei Sie Stress empfinden. Lösen Sie sich von dem, was andere Menschen stresst. Es geht um Sie. Machen Sie es wie ein Adler, erheben Sie sich über den alltäglichen Kleinkram und betrachten Sie Ihre private und berufliche Situation aus der Vogelperspektive.

Keine Angst – das geht ganz schnell. Die meisten kreativen Chaoten mögen keine langatmigen Analysen – und die brauchen Sie hier auch nicht. Ich stelle Ihnen hier vier Möglichkeiten für einen »Adlerflug« vor. Suchen Sie sich *eine* davon aus oder erfinden Sie Ihre eigene Methode. Wie Sie Ihren Adlerflug machen, ist unerheblich, aber machen Sie ihn.

Sobald Sie Ihre nervigsten Stresssituationen schwarz auf weiß sehen, können Sie diese unmittelbar gezielt angehen. Damit arbeiten Sie nur an den Baustellen, bei denen es sich für Sie wirklich lohnt.

- Sie sparen Zeit und Energie, an vielen (unsinnigen) Stellen etwas zu ändern oder gar sich zu verzetteln.
- Sie entdecken Ihre kleinen Widersacher und Saboteure, die einen kompetenten Umgang mit Ihren Aufgaben torpedieren.
- Sie sehen, welche Lebensbereiche auf der Strecke bleiben.
- Sie können konzentriert vorgehen und erleben schnell große Verbesserungen.
- Sie packen die Ursache von Stress und Unmut an der Wurzel.

Adlerflug-Idee Nummer 1: Kurzprotokoll in Tabellenform Aus dem klassischen Zeitmanagement kennen Sie vielleicht Zeitprotokolle in Tabellenform. Ich habe diese »chaotentauglich« gemacht. Unsere Kurzprotokolle sind nicht zu detailliert, bieten lediglich eine kleine Struktur und sie richten den Fokus vor allem auf Ihre Gefühle.

Drucken Sie sich diese Vorlage im Erfolgsjournal unter www.Kreative-Chaoten.com aus oder schaffen Sie Ihre eigene Struktur. Beobachten Sie sich ein oder zwei Wochen lang, notieren Sie in Stichpunkten, was Sie jeweils tun, welche Störungen/Zeitdiebe auftauchen und wie Sie sich fühlen. Anschließend können Sie Ihren Zeitaufwand je Tätigkeit ausrechnen.

BEISPIEL

Frank, Landschaftsgärtner mit eigener Gartenbaufirma, verheiratet, zwei Kinder, hat eine Woche lang seinen Tagesablauf in Stichpunkten notiert und diese anschließend nach Tätigkeiten und dem jeweiligen Zeitaufwand pro Woche ausgewertet.

Uhrzeit	Tätigkeit	Störungen /Zeitdiebe	Ich fühle mich ...
10.00 10.15 10.30 10.45	Will Rechnungen schreiben (die ich nicht ausdrucken kann, weil der Drucker spinnt). Gehe heim zu Lea, trinke einen Kaffee, wir streiten wegen Autoinspektion, weil ich den Termin verbummelt habe.	Permanent klingelt das Telefon: Lieferanten, Kunden, freie Mitarbeiter – was ist heute denn los?	Genervt Total gereizt
12.00 12.15 12.30 12.45	Wieder im Büro, will Angebote einholen Drucker in Gang bringen	Telefon, Handy, Telefon klingeln in einer Tour.	grrrrrr Dreifach grrrrrr
13.00 13.15 13.30 13.45	Auto zur Werkstatt fahren wegen Inspektion Zu Fuß heim	Normalerweise haben die einen Heimbring-Service, aber der ist heute krank.	 Na klasse ...
14.00 14.15 14.20 14.45	Habe vergessen, die Kinder an der Schule abzuholen, Lea sauer, ich sauer, die Kinder heulen. Wir streiten immer noch.	Streit und ohnmächtiges Gefühl, ich kann doch nicht immer an alles denken !!!	Ich glaube, ich wandere aus ...

Sein Fazit: »Ich war entsetzt, wie oft und wie lange Lea und ich streiten. Sechs Stunden pro Woche gingen dafür drauf. Ich liebe meine Frau und als erste Maßnahme habe ich mit ihr darüber gesprochen, wie wir der Streiterei ein Ende machen können. Ergebnis: Lea mangelte es an Anerkennung für ihre Rolle als Mutter und Hausfrau, ich fühlte mich ausschließlich als »Ernährer«, der für nichts mehr in der Familie zuständig, sondern mehr der »Befehlsempfänger« war. Jetzt loben wir uns mehr, zollen uns mehr Respekt und Wertschätzung – und Streit gehört (nahezu) der Vergangenheit an.«

Adlerflug-Idee Nummer 2: Tagebuch schreiben Sie möchten gerne mehr Raum für Ihre Notizen haben? Dann kaufen Sie sich ein schönes Heft oder eine Kladde und schreiben Sie Tagebuch. Notieren Sie mehrmals im Laufe des Tages oder einmal zu einer Ihnen angenehmen Tageszeit, was Sie alles erlebt haben, garniert mit Uhrzeiten, Störungen und Ihren Gefühlen. So ein Tagebuch können Sie zwar nicht auf die genaue Zeitverteilung hin auswerten, aber alleine diese Notizen werden Ihnen bereits die Augen öffnen.

»Mir war nicht klar, dass ich meine Tage so vollpacke und überhaupt keine Erholzeiten habe. Ich hatte zwar halbherzig welche geplant, aber diese ständig für ›wichtigere‹ Dinge oder meine zahlreichen Ehrenämter sausen lassen. Kein Wunder, dass ich mich müde und leer fühle. Meine Batterien konnten sich ja überhaupt nicht mehr aufladen«, erkannte Margit, 46, Hochschuldozentin aufgrund ihrer Tagebucheinträge. Sie passte ihre Aktivitäten ihrem Lebensrhythmus an und lebt nun nach dem Motto: Weniger ist mehr.

Adlerflug-Idee Nummer 3: Stresslandkarte zeichnen Nehmen Sie ein großes Blatt Papier (DIN A3) und schreiben Sie in die Mitte des Blattes Ihren eigenen Namen. Notieren (oder skizzieren) Sie um Ihren Namen herum alle Bereiche, Personen, Themen, Aktivitäten und Aufgaben, die in Ihrem Leben eine Rolle spielen. Dicht an Ihren Namen schreiben Sie, wer und was Ihnen nahesteht. Je weiter nach außen zum Blattrand Sie kommen, desto weniger berühren diese Dinge und Personen Sie.

Bewerten Sie anschließend jeden Eintrag (Bereich, Aufgabe, Person …) mit 0 bis 5 Punkten. Dabei stehen 5 Punkte für einen hohen Stressfaktor, 0 Punkte für keinen Stress. Markieren Sie mit einem Minus- beziehungsweise Pluszeichen, ob Sie jeweils Kraft in den entsprechenden Bereich investieren müssen (–) oder ob Sie Kraft daraus schöpfen (+).

Diese Zeichnung verschafft Ihnen einen guten Überblick über Ihre größten Kraftfresser und zeigt Ihnen wie eine Landkarte, wo für Sie der richtige Weg für mehr Energie und Zufriedenheit liegt.

Adlerflug-Idee Nummer 4: Gezielte Fragen stellen Einen schnellen Überblick gewinnen Sie, wenn Sie die folgenden Fragen schriftlich beantworten:

- Was kommt meistens zu kurz?
- Womit vertue ich im Alltag am meisten Zeit?
- Wo könnte ich am ehesten Zeit einsparen?
- Wo fühle ich mich fremdbestimmt?

Diese Fragen stelle ich auch in meinen Selbstmanagement-Seminaren. Die häufigsten Antworten finden Sie in den folgenden Kästen:

Zu kurz kommt meist	Am meisten Zeit vertue ich mit
• Ehemann, Ehefrau und Kinder • Hausarbeit • Hobbys und Sport • soziale Kontakte • Freunde • kreative Projektumsetzung • Zeit zum Nichtstun • »Ich« • Lachen • Entspannung • die Freude an der Arbeit • Essen • Spontaneität • Networking • eigene Karriere- und private Lebensplanung • Ablage • die tatsächlich zu erledigenden Dinge	• Stau! • überflüssigen Telefonaten und Meetings • Sucherei • Störungen (»kleine Gefallen«) • Verzetteln bei »unwichtigen« Abläufen • Kümmerer-Tätigkeit • Essen unter der Woche / am Schreibtisch • Internet / Newsletter • morgens in die Gänge kommen • mich um Dinge kümmern, die mich nichts angehen (»helfen«) • langsamer Computer – langsames Tippen • E-Mails sortieren / sichten / beantworten • nicht Nein sagen können • Ärgern, dass delegierte Aufgaben nicht sorgfältig erledigt werden und dann von mir selbst erledigt werden müssen

Am ehesten könnte ich Zeit sparen,wenn ich ...	Ich fühle mich fremdbestimmt von ...
• nur Leute treffe, die ich treffen will • privaten »Orga-Aufwand« reduziere • einen schnelleren PC hätte • besser im Team zusammenarbeite • immer alle erreichen würde • eine Putzfrau einstelle • Prioritäten setze • Dinge sofort mache, nicht aufschiebe • E-Mails und Telefonate in Blöcken bearbeite • Dinge sofort wegräume/abhefte • Nein sage • weniger perfekt, dafür schneller fertig werde • schneller entscheide • schneller zum Punkt komme • mich und andere besser vorbereite • es mache, nicht darüber rede	• Familie und Partner • Pflichtbewusstsein • Tagesstimmung (persönlich / im Büro) • Verkehr auf der Autobahn • Ladenöffnungszeiten • Schubladendenken (alte Strukturen; das wird erwartet, weil ...) • Technik, Technikversagen • Hunger • Machtmenschen • Timelines für Berichte und Projekte • Verwaltungsarbeit • Besuchern (»... nur mal kurz ...«) • Anrufen / E-Mails / Post / SMS / Voice-Nachrichten • festen Terminen (die genau dann schlecht passen)

Stress erkannt – Gefahr gebannt?

Manchmal genügen diese Adlerflüge schon, um weniger Stress zu empfinden. Einfach weil wir aufgrund der Beobachterrolle bewusster mit Zeit und Aufgaben umgehen und beispielsweise bei Anfragen plötzlich selbstbewusster entscheiden, ob wir Ja oder Nein sagen wollen. Damit legen wir das Gefühl der Fremdbestimmung (ein hoher Stressfaktor!) ab. Manchmal merken wir auch beim Adlerflug, dass wir total viel schaffen und der Eindruck »Ich bekomme nichts auf die Reihe« sich als falsch herausstellt.

Obwohl wir uns nicht mit anderen Menschen vergleichen sollen, kann der Adlerflug auch Sicherheit geben, dass wir mit unseren Problemen nicht alleine sind, und dadurch entlastend wirken.

BEISPIEL

»Es tut gut zu sehen, dass ich mit einigen Stressfaktoren nicht alleine bin und dass die Kollegen beispielsweise von der Unart, Mails per CC-Funktion zu verschicken, oder von endlosen Meetings genauso genervt sind wie ich«, berichtet Sabine, 36, Sachbearbeiterin bei einer Versicherung. »Ich dachte immer, nur ich käme mit der E-Mail-Flut nicht klar, und es erleichtert mich, dass es nicht so ist.«

Die Adlerflüge sind darüber hinaus eine solide Basis, um den Stress anzupacken. Sabines Firma hat beispielsweise nach dem Seminar eine Arbeitsgruppe gebildet, die einen E-Mail-Knigge auf den Weg brachte.

»Die anderen sind schuld«

Erleben Sie den meisten Stress, weil alle um Sie herum immer nur jammern oder Ihnen das Leben schwer machen? Nehmen Sie die Dinge in die Hand und ändern Sie etwas. Warten Sie nicht darauf, dass die anderen Menschen sich ändern – das werden sie nicht. Und Sie können sie auch nicht ändern. In jeder Stresssituation haben Sie drei Möglichkeiten:

1. Leave it Verlassen Sie diese Situation (Job kündigen, Scheidung einreichen, Ehrenämter aufgeben), auch wenn dies eine einschneidende Veränderung bedeutet.

2. Change it Verändern Sie, was Sie verändern können. Fragen Sie sich: »Was kann ich tun, damit es zumindest ein kleines bisschen besser wird?« Und gehen Sie diesen kleinen Schritt.

BEISPIEL

Eine Software-Unternehmerin aus Leipzig verhängte ein »Mecker-Verbot« und nahm dies in die Arbeitsverträge ihrer 15 Mitarbeiter auf. Nörgeln darf nur noch, wer zugleich einen konstruktiven Vorschlag äußert. Statt über »ahnungslose Kunden« zu schimpfen, die behaupteten, ihr Drucker funktioniere nicht wegen der Leipziger Virenschutz-Programme, gilt heute, dass Kunden keine Ahnung haben müssen. »Sonst könnten sie sich schließlich selbst um ihren Virenschutz kümmern – und wir hätten keine Kunden«, sagt die Unternehmerin, die inzwischen Anti-Ärger-Trainings bei Porsche, der Deutschen Bank und anderen Firmen leitet.[24]

Denken Sie quer, spinnen Sie Beispiele mit anderen Menschen oder Ideen weiter. Es ist völlig egal, was Ihnen hilft, gelassener zu werden und mit Ihrer Zeit und Ihren Aufgaben besser klarzukommen. Hauptsache ist, dass es hilft.

3. Love it! Sie können wirklich nichts ändern? Dann freunden Sie sich mit dieser bislang unangenehmen Situation an. Rücken Sie sie in ein positives Licht. Tricksen Sie Ihr Unterbewusstsein ein wenig aus: Wenn Sie so tun, als ob Sie diesen Umstand lieben, dann wird Ihr Kopf es Ihnen glauben und Ihr Stress verschwindet.

Kleine Schritte bitte!

Viele Menschen sind nach dem Adlerflug voller Tatendrang und wollen am liebsten alles auf einmal ändern. Vor allem kreative Chaoten leben häufig nach dem Motto: »Alles oder nichts!«

Tun Sie es nicht. Denn wenn Sie in Ihrem Alltag etwas verändern wollen, dann investieren Sie natürlich Zeit und Energie. Und die fehlt Ihnen dann für Ihren »normalen« Alltag. Zudem besteht die Gefahr, sich zu verzetteln und letztendlich keine einzige Verbesserungsbaustelle abzuschließen.

Suchen Sie sich daher zunächst maximal die drei wichtigsten Themen aus, bei denen Sie so schnell wie möglich eine Veränderung erreichen möchten. Und suchen Sie dann aus dem Werkzeugkasten im zweiten Teil dieses Buches die dazu tauglichen Strategien.

- Sie finden keine Zeit für die wichtigen Dinge oder Menschen im Leben? Die Strategie 1, »Konzepte«, hilft.
- Sie verzetteln sich in zu vielen Aktivitäten? Dann ist das Kapitel »Ihre Leitsterne finden« und Strategie 2 »Prioritäten setzen« richtig für Sie.

- Sie ärgern sich über Ihre ständige Sucherei? Tauchen Sie ein in den Abschnitt »Durch Aufräumen optische Ruhe und freie Zeit gewinnen« (Strategie 3).
- Sie müssen zu viele Aufgaben alleine stemmen? Freuen Sie sich auf Strategie 4 zum »Delegieren«.
- Sie brauchen dauerhaft mehr Freiraum und Ruhe? Lernen Sie die magische Wirkung des Wortes »Nein« kennen (Strategie 5).

Lassen Sie sich inspirieren von den Anregungen und Beispielen und setzen Sie die Strategien in kleinen Schritten um. Auf diese Weise erleben Sie viele Teilerfolge und sind dadurch noch motivierter, langfristig am Ball zu bleiben.

Entdecken Sie Ihre Energiequellen

Wer das Ziel kennt, kann entscheiden.
Wer entscheidet, findet Ruhe.
Wer Ruhe findet, ist sicher.
Wer sicher ist, kann überlegen.
Wer überlegt, kann verbessern.
Konfuzius

Stress entsteht häufig, weil wir nicht das tun dürfen, was wir wirklich wollen. Zwar haben wir uns die Aufgaben oftmals selbst ausgesucht, doch wir spüren: Die Lust – der beste Motor für großartige Ergebnisse – ist irgendwie verflogen.

Da bringt es auch nichts, schneller zu arbeiten, besser aufzuräumen oder Aufgaben zu delegieren. Das ist wie mit einem Segelschiff. Sie können eine tolle 30-Meter-Jacht haben, top gepflegt und ausgestattet mit den besten Instrumenten. Doch wenn Sie nicht wissen, wohin Sie damit segeln wollen, dann unternehmen Sie vielleicht halbherzige Tagesausflüge (»Der Kahn muss ja bewegt werden«), aber echte Begeisterung werden Sie nicht verspüren.

Kreative Chaoten sprudeln meist über vor Ideen, was sie alles tun könnten, welche Unternehmen sie gründen und welchen Hobbys sie nachgehen könnten. An Visionen scheint es ihnen wahrlich nicht zu mangeln.

Aus zwei Gründen liegt es genau an dieser Vielfalt von Ideen und Visionen, wenn sie ihre wirklichen Ziele nicht erreichen.

1. Weil alle Ideen gleich gut klingen und spannend sind, kann sich der kreative Chaot nicht entscheiden, womit er anfangen soll – und bleibt hadernd im sicheren Hafen, anstatt sich auf eine Reise zu machen.
2. Magisch angezogen vom Potenzial einer Idee segelt der kreative Chaot los – doch schon nach wenigen Tagen, Wochen oder Monaten hat die Idee ihren Reiz verloren, der Segler dreht ab und kehrt zurück. Mit an Bord: das blöde Gefühl, mal wieder nicht bei der Sache geblieben zu sein und nichts wirklich umsetzen zu können.

Kreative Chaoten sind schnell Feuer und Flamme – das ist eines ihrer wichtigsten Persönlichkeitsmerkmale. Und das macht sie zu mitreißenden Führungskräften, motivierenden Rednern und charismatischen Persönlichkeiten.

Kreative Chaoten sind neugierig, sie wollen die Welt begreifen und suchen immer wieder die Herausforderung. Deshalb ist es eine logische Konsequenz, dass kreative Chaoten niemals stillstehen und dass sie niemals über Jahre die gleichen Tätigkeiten, ja sogar Berufe ausüben werden. Denn sonst würden sie in der Routine ersticken.

Für logische Ordner ist das nur schwer zu begreifen. Denn für sie ist Stetigkeit, Tradition und Zuverlässigkeit (im Sinne von »Alles bleibt beim Alten«) wichtig.

Daher passiert es, dass kreative Chaoten, die in einem eher linkshemisphärischgeprägten Umfeld aufwachsen, sich entweder unterordnen und sich dazu zwingen, bei der Stange zu bleiben, oder aber ihre Stärken ausleben und sich von den logischen Ordnern mit Vorwürfen bombardieren lassen müssen: Du hast kein Durchhaltevermögen. Du wirfst Geld zum Fenster hinaus und dann langweilt es dich doch! Oder noch schlimmer: Du bist ein Versager, weil du nie das erreichst, was du dir vornimmst.

Vergleichen Sie sich nicht mit logischen Ordnern!

Logische Ordner wägen lange ab, bevor sie etwas Neues beginnen. Sie sondieren die Fakten, befragen ihre Vernunft und heraus kommt eine wohlüberlegte Entscheidung, die mit der Stärke verbunden ist, dann auch dranzubleiben. Überspitzt gesagt sind das die Menschen und Familien, die seit 20 Jahren den Jahresurlaub in dem gleichen Hotel in den Bergen verbringen, die vor 25 Jahren mit Tennis angefangen haben und nach wie vor jeden Donnerstag von 20 Uhr bis 21 Uhr spielen. Abwechslung oder Neugier auf anderes? Fehlanzeige. Sie brauchen diese unbedingte Konstanz. Und sie verbeißen sich häufig in ihren Zielen. Sie entscheiden beispielsweise einmal, dass sie mit 50 Jahren ein Haus auf Mallorca haben wollen. Und sie halten daran fest, auch wenn sie ein viel schöneres Haus auf Sizilien entdecken.

Aber was passiert, wenn kreative Chaoten – vor lauter vorauseilendem schlechtem Gewissen, mal wieder nicht am Ball zu bleiben – das Neue nicht ausprobieren? Sie fühlen sich auch schlecht! Weil sie ja Lust hätten, aber die Vernunft siegt. Nehmen Sie sich an, wie Sie sind. Kreative Chaoten brauchen die Abwechslung wie die Luft zum Atmen.

Machen Sie sich klar, dass für kreative Chaoten Ziele nicht in Stein gemeißelt sind. Sie dürfen sie jederzeit wieder ändern, optimieren oder sich von ihnen verabschieden. Lebensziele zu haben heißt nämlich nicht, akribisch alles bis ins letzte Detail zu planen und das sklavisch umzusetzen. Es heißt auch nicht, gedanklich ständig in der Zukunft zu leben nach dem Motto »Wenn ich mal, dann …«. Lebensziele zu formulieren heißt, einen Leitstern am Horizont zu haben, der Ihnen Ihre Richtung weist. Und wenn Sie unterwegs etwas Schönes finden – dann greifen Sie zu. Eine Anleitung, wie Sie Ihre eigenen Leitsterne finden und Ziele formulieren, lesen Sie im Kapitel »Ihre Leitsterne«.

Spielen Sie Ihre eigene Lebensmelodie

Stellen Sie sich Ihr Leben wie eine Glasorgel vor, auf der Sie Ihre persönliche Melodie spielen. Ihre Glasorgel hat sechs Stimmkörper – für

jeden wichtigen Lebensbereich einen. Und jedes Glas ist mit ein wenig Wasser gefüllt.

Jeden Tag erhalten Sie einen kleinen Krug mit weiterem Wasser zur Verfügung, das Sie in jedes der Gläser gießen und es so weit (nach) füllen dürfen, wie Sie für diesen Bereich wollen.

Bedenken Sie: Sie haben jeden Tag nur die Menge an Wasser, die in dem Krug ist, und es geht nicht darum, alle Gläser vollzumachen – also allen Bereichen in Ihrem Leben die gleiche Aufmerksamkeit und Zeit zu widmen. Wägen Sie gut ab und füllen Sie jedes Glas mit der Menge an Zeit und Aufmerksamkeit, wie Sie für Ihre ganz persönliche Melodie brauchen.

Sie möchten viel Zeit für Ihre Kernfamilie haben? Dann machen Sie dieses Glas voller. Sie möchten mehr Zeit in Ihre Gesundheit investieren? Dann füllen Sie hier nach.

Sie sind unzufrieden mit allem, obwohl Sie beruflich und privat als sehr erfolgreich gelten? Anhand der Glasorgel sehen Sie jetzt, dass Sie darunter leiden, wenig echte Freunde zu haben? Dann füllen Sie in diesem Glas nach!

Probieren Sie aus, in welcher Mischung für Sie die richtige Melodie entsteht. Ist ein Glas zu leer, wird die Melodie schief. Ist eines zu voll – bekommt also zu viel Zeit und Aufmerksamkeit von Ihnen –, dann ist die Melodie ebenfalls schief. Sorgen Sie dafür, dass alle Bereiche Ihres

Lebens zu ihrem Recht kommen und Sie angemessen Zeit in die Ihnen wichtigen Bereiche investieren.

Die Anteile der investierten Zeit werden sich im Laufe der einzelnen Tage, Wochen, Monate und Jahre verschieben – von einem Glas in das nächste. Gestehen Sie sich diese Veränderungen zu – auch Melodien gehen mit der Zeit!

BEISPIEL

Helga lebt mit Mann und vier Kindern in einem Häuschen in Bremen, direkt neben den Eltern. »Anhand der Glasorgel stellte ich fest, dass ich zwar sehr viel (schöne) Zeit mit meinen Eltern und Schwiegereltern verbringe, aber dabei die Kontakte zu unseren Freunden auf der Strecke bleiben. Denn immer wenn die am Wochenende was mit uns unternehmen wollten, waren wir schon innerfamiliär verplant. Es war mir davor nicht bewusst, dass mich das stört, aber nun sagen wir bewusst häufiger Termine mit den Eltern ab und treffen lieber unsere Freunde.«

Work-Life-Balance? Kein Problem!

Bedenken Sie, dass die Gläser miteinander in direktem Zusammenhang stehen. Und je voller das eine ist, desto leerer muss das andere sein.

Warum? Sie haben nur den einen Krug Wasser – das heißt nur 24 Stunden Zeit pro Tag zur Verfügung. Diese gilt es auf all die Bereiche aufzuteilen, die Ihnen wichtig sind. In vielen Managementbüchern ist häufig die Rede davon, Berufs- und Privatleben in Einklang zu bringen und dass man alles erreichen kann, was man will.

Im Prinzip stimme ich dem zu. Besonders kreative Chaoten sind höchst erfinderisch, wie sie möglichst viel parallel tun und auf einmal erreichen können. Kreative Chaoten leben gern unkonventionell und schaffen es oftmals, gut zu verdienen und trotzdem die Freuden des Lebens und ihrer Familie zu genießen. Geschickte kreative Chaoten suchen sich Tätigkeiten und Karrieren, bei denen ein gewisser luxuriöser Lebensstil (teure Hotels, Business-Class-Flüge) von den Auftraggebern bezahlt wird und sie dafür weniger »echtes« Geld verdienen.

Viele kreative Chaoten unterscheiden überhaupt nicht zwischen »Arbeit« und »Freizeit« oder gar zwischen »Arbeit« und »Leben«. Ihnen macht die Arbeit so viel Spaß, dass es sich für sie immer wie freie Zeit anfühlt. Und in der freien Zeit stört es sie auch nicht, über die Arbeit nachzudenken. Zudem arbeiten viele kreative Chaoten in Berufen, in denen es auf ihren Ideenreichtum ankommt – und unser Hirn schalten wir eben nicht um 17 Uhr einfach aus. Gute Ideen lauern überall.

Und auch die Vereinbarkeit von Beruf und Familie ist für viele kreative Chaoten zunächst kein Problem. Dann nämlich, wenn sie als Freiberufler oder Selbstständige arbeiten oder in einem Unternehmen angestellt sind, in dem sowieso unkonventionelle Zeitmodelle gelebt werden. Anders trifft es die, die in eher starren Strukturen stecken oder die – aufgrund ihres hohen Hanni-Herzlich-Anteils – immerzu ein schlechtes Gewissen haben: Sind sie bei der Arbeit, halten sie sich für »Rabenmütter« (oder Rabenväter), sind sie bei der Familie, halten sie sich für »unengagierte Berufstätige«.

In diesen Fällen werden Sie immer Kompromisse eingehen. »Ich reibe mich zwischen Beruf und Kindern auf.« Diese Klage war lange Zeit reine Frauensache. Doch nun zerreiben sich auch immer mehr Männer zwischen »Kind oder Karriere«. Während früher die Väter eindeutig die Patriarchen und Ernährer waren und die Mütter die Erzieherinnen, so sehen sich bereits seit rund zehn Jahren etwa zwei Drittel der Männer auch als Erzieher.[25] Die Folge: Immer mehr Väter wünschen sich mehr Zeit für die Kleinen und jonglieren mit ihren Aufgaben zwischen Büro und Babybett. Doch nur einer von vier werdenden Vätern nimmt Elterngeld wenigstens für die zwei »Partnermonate« in Anspruch. Zwar gönnen sich heute mehr Männer als vor Einführung des Elterngeldes im Jahr 2007 eine Babypause – doch oft nur sehr kurz und mit großen Bauchschmerzen aus Angst vor Edeka – Ende der Karriere. 3,4 Monate betrug die durchschnittliche »Bezugszeit« für Väter bei der letzten Erhebung; Frauen blieben im Schnitt 11,7 Monate beim Kind. Und das, obwohl sie »nur« 648 Euro Elterngeld bekamen, während ihre Partner 1045 Euro kassierten.[26]

Kommt die Familie oder der Job zu kurz, leiden Männer und Frauen unter diesem Konflikt gleichermaßen stark. Für besonders hart getroffene Väter gibt es seit einigen Jahren sogar einen Namen dafür: das Atlas-Syndrom. Experten am Londoner Priory-Institut haben sich auf diese neue Depressionserkrankung spezialisiert, von der Männer betroffen sind, die sich neben dem Job um Kindererziehung und Haushalt kümmern. [27]

Was also bedeutet es, Beruf und Privatleben gut miteinander zu vereinen? Es heißt, dass wir uns immer wieder klarmachen müssen, was für uns momentan wichtig ist und sich richtig anfühlt. Natürlich kann ich eine Führungsfunktion mit Verantwortung für 30 Mitarbeiter haben und für meine Kinder da sein und Sport treiben und einen perfekten Haushalt führen. Aber wie viel Zeit meine ich, wenn ich sage: »Ich bin für meine Kinder da«? Sind es 30 Minuten pro Tag? Das halte ich für machbar. Wenn ich aber sage, ich will drei Stunden oder mehr täglich mit den Kleinen verbringen, dann wird es schon haarig und ich muss grundlegend an meinem Tagesablauf und meiner Arbeitssituation arbeiten. Beispielsweise muss ich meine Mitarbeiter besser schulen, damit sie mir halbtags in meiner Abwesenheit den Rücken frei halten. Wer den perfekten Haushalt selbst schmeißen will (und keine Haushälterin einstellen mag), der muss an anderer Stelle kürzer treten. Schließlich können wir uns nicht klonen.

Verlassen Sie alte Denkautobahnen, denken Sie quer, reißen Sie Barrieren im Kopf ein – und entdecken Sie neue Lösungen. Viele bislang hartgesottene Karrieristen schalten mittlerweile einen Gang zurück nach dem Motto: Wer weniger arbeitet, lebt besser. Downshifting nennen Experten diesen Neubeginn mit reduzierter Arbeitszeit und weniger Verantwortung, der auch im Privatleben Früchte trägt: Weniger Zeug, weniger Rechnungen, weniger Konsum und stattdessen mehr Erlebnisse und mehr Zeit mit anderen Menschen und sinnerfüllenden Tätigkeiten.[28]

»Neue Lösung«, denken Sie jetzt vielleicht? Für Sie nicht, denn »Downshifting« ist eine Geisteshaltung, die viele kreative Chaoten schon lange genussvoll leben. Schon immer waren ihnen andere Werte wichtiger als den typischerweise als »Erfolgsmenschen« bezeichneten Zeitgenossen. Und statt das Reihenhäuschen abzubezahlen, investierten sie lieber ihr Einkommen in Rucksackreisen durch die Welt. Gut, dass es jetzt von mehreren Seiten Unterstützung gibt, den Lebensmodellen der kreativen Chaoten zu mehr Anerkennung zu verhelfen. Lösen Sie sich also davon, wie »man« zu leben hat. Entscheiden Sie für sich ganz bewusst, was Ihnen im Leben momentan wichtig ist. Akzeptieren Sie, dass andere Bereiche (zumindest eine Zeit lang) zu kurz kommen, und machen Sie sich klar, dass es nicht zulasten anderer Menschen (Ihrer Familie oder Kollegen) gehen muss, wenn Sie Ihre Leitsterne ansteuern.

Rücken Sie sich im Alltag bewusst an die erste Stelle. Machen Sie zuerst Ihren Kaffee fertig und trinken Sie die ersten Schlucke, bevor Sie die Frühstücksbrote der anderen streichen. Suchen Sie Ihren Lieblingskäse zuerst aus dem Kühlregal. Sie fühlen sich kraftvoller, weil Sie sich selbst Aufmerksamkeit schenken – und dennoch für die anderen sorgen.

Folgen Sie Ihren Präferenzen

Im Selbst-Check des ersten Kapitels haben Sie entdeckt, ob Sie eher der kreative Chaot oder der logische Ordner sind. Das zeigt Ihnen auch, bei welchen Tätigkeiten Sie in der Regel aufblühen. Achten Sie bei künftigen Projekten, Aufträgen oder Jobs darauf, dass Sie überwiegend Aufgaben ausführen, die Ihren Präferenzen entsprechen.

Wenn Sie eine Arbeit machen, bei der Sie aufblühen:

- Dann haben Sie mehr Spaß und die Zeit vergeht schneller.
- Dann schüttet Ihr Körper Endorphine aus – Glückshormone –, die Sie nicht nur glücklich machen, sondern Sie in Ihrer Leistung auch noch anfeuern. Und so erledigen Sie Ihre Aufgaben mit einem Hochgefühl und gewinnen Energie – anstatt Energie zu verlieren in einem ungeliebten Job.

- Dann lernen Sie leichter und werden immer besser. Je besser Sie werden, desto mehr Geld sind Sie wert. Damit steigt Ihr Verdienst pro Zeiteinheit. Je besser Sie werden, desto schneller erledigen Sie Ihre Arbeit. Resultat: Um Ihren Lebensstandard zu halten, müssen Sie weniger Stunden arbeiten und haben mehr Zeit für andere Dinge.

Hier sein passendes »Nest« zu finden ist für mich die Grundlage eines zufriedenen, selbstbestimmten Lebens. Wer einen Beruf hat, in dem er seine Talente ausleben kann, der hat die allerbeste Grundlage für sein »Zeitmanagement« geschaffen. Denn damit haben Sie viele Quellen von Stress von vornherein beseitigt und können die Methoden aus diesem Buch als »Sahnehäubchen« für Ihr Feintuning verwenden. [29]

Sie können Ihre Präferenzen ausleben, unabhängig davon, welchen Beruf Sie konkret ausüben. Die Präferenzen haben einen Einfluss darauf, *wie* Sie Ihre Aufgaben ausgestalten, und hier lassen alle Berufe einen Spielraum zu. Es ist also möglich, in jedem Beruf richtig gut zu sein, auch wenn er auf den ersten Blick nicht Ihren Präferenzen entspricht.

BEISPIEL

Beate ist Chefsekretärin. Und sie ist kreative Chaotin, Tendenz Visionärin. »Von einer Sekretärin erwarten die meisten in erster Linie systematisches und ordnendes Arbeiten. Das kann ich und mache es auch. Da in unserem Konzern aber wahrlich chaotische Verhältnisse herrschen (ständige Umstrukturierungen, viele Personalwechsel), stemme ich den Alltag nur, weil mich Veränderungen nicht erschüttern, weil ich gerne flexibel und unkonventionell arbeite. Zudem ist mein Chef ebenfalls kreativer Chaot und ich kann ihm mit kreativen Tools den Alltag erleichtern.«

Achten Sie darauf, welche Tätigkeiten auf einer bestimmten Stelle überwiegend zu erledigen sind. Und sagen Sie einen Job, auf dem Sie sich zu sehr verbiegen müssten, lieber ab.

Der logische Ordner liebt Tätigkeiten	Der kreative Chaot liebt Tätigkeiten
• bei denen Zahlen und Fakten im Vordergrund stehen	• bei denen Ideen und Visionen im Vordergrund stehen
• bei denen Ergebnisse messbar nachvollzogen werden können	• bei denen Menschen und Gefühle wichtig sind
• die beim Thema bleiben, keine Ausschweifungen zulassen	• die Platz für kreative Ausschweifungen lassen
• die Schritt für Schritt abgearbeitet werden	• die sprunghaft, in spontaner Reihenfolge abgearbeitet werden können
• die auf Bewährtes (erprobte Regeln und Prozesse) zurückgreifen	• die Raum zum Experimentieren und für neue Erfindungen zulassen
• denen ein konkreter Zeit- und Maßnahmenplan zugrunde liegt	• die nur eine ungefähre Zeitvorgabe haben
• die formal korrekt sind die er detailliert erledigen kann	• bei denen es nicht so auf Genauigkeit ankommt
	• die er in groben Zügen erledigen kann

Die 70:30-Zufriedenheitsregel

Finden Sie heraus, welches in Ihrem Beruf Ihre Lustbringer-Tätigkeiten sind. Sorgen Sie dafür, dass Sie auf Ihre gesamte Arbeitszeit gesehen rund 70 Prozent der Zeit Ihre Präferenzen ausleben können. Erledigen Sie den kleineren Teil an Tätigkeiten, die Sie nicht so gerne mögen, einfach leidenschaftslos ohne Hadern und Nachdenken. Oder sehen Sie ihn als Herausforderung, Ihre Persönlichkeit weiterzuentwickeln.

Drehen Sie bei Bedarf oder bei einzelnen Projekten die Zufriedenheitsregel um. Ist beispielsweise kein 70-prozentiger Anteil an Kreativität gefragt oder wird dieses Ausmaß vom Arbeit- oder Auftraggeber nicht honoriert, dann liefern Sie ruhigen Blutes 70 Prozent an »Bewährtem« und fügen Sie nur einen Schuss an Kreativität hinzu. Das hilft Ihnen, den Spaß an der Arbeit zu erhalten, und Sie können sich mit dem Ergebnis trotzdem wohlfühlen und stolz auf sich sein.

Achten Sie auch darauf, dass Sie in Ihrem Beruf und Ihrem Alltag Ihre Talente und Werte ausleben können.[30] Viele Menschen stellen niemals bewusst die Weichen für die eigene Zukunft, sondern folgen einem unbewussten Druck: Der Sohn absolviert die Hotelfachschule, um später das Hotel der Eltern führen zu können. Die Tochter studiert BWL, weil der Vater in seinem Beruf als Buchhalter »nie an die wirklich interessanten Aufgaben herankam«, oder sie wird Sekretärin, weil das die Freundinnen auch machen.

Oftmals sind auch äußere Zwänge die Weichensteller: Viele Abiturienten lassen sich vom Numerus clausus ihres Lieblingsfaches abschrecken und machen etwas, das mit ihren Noten sofort geht. Das rächt sich später, wenn sie in »falschen« Berufen unglücklich sind.

Ist das nicht idiotisch?

Da quälen wir uns den ganzen Tag (und oftmals die halbe Nacht) mit einem »falschen« Beruf herum und vergeuden wertvolle Lebenszeit. Wer hingegen seine Talente, seine Neigung, ausleben kann, der erlebt jeden Tag, welche Energie das bringt, und das Thema Zeitmanagement wird fast schon überflüssig.

Viele Menschen halten aber an einem vermeintlich sicheren Beruf fest aus Angst, in einem neuen nicht Fuß fassen zu können, oder weil sie die Durststrecke einer Umschulung scheuen.

Wenn Sie sich aber nur zur Arbeit schleppen, Dienst nach Vorschrift schieben oder sich möglichst unauffällig verhalten, damit Sie bei der nächsten Kündigungswelle »übersehen« werden, dann schneiden Sie sich zweifach ins eigene Fleisch. Zum einen erhöht es das Risiko, doch gefeuert zu werden, und zum anderen senkt es gravierend Ihre eigene Zufriedenheit. Doch Sie haben nur dieses eine Leben!

Wie es V. W. Burroughs ausdrückte: »Es ist eine der traurigsten Erfahrungen, die ein Mensch machen kann, wenn er sich mit grauen Haaren und Falten im Gesicht am Ende einer unproduktiven Karriere der Tatsache bewusst wird, dass er nur einen kleinen Teil seiner selbst genutzt hat.«[31]

Die gute Nachricht: Sie müssen meist nicht alles umkrempeln, was

Sie bislang aufgebaut haben, um diese Zufriedenheit erleben zu können. Zwei Menschen mit gleichen Talenten und Arbeitspräferenzen können ihre Neigungen, Berufe und Funktionen ganz unterschiedlich ausleben, je nachdem, welche Werte sie in sich tragen.

Dagmar ist PR-Redakteurin bei einem Lifestyle-Sender. Die Arbeit an sich macht ihr Spaß, aber sie ist dennoch unglücklich, weil sie den ihr sehr wichtigen Wert »Gerechtigkeit« nicht ausleben kann. Sie entscheidet sich, als PR-Fachfrau zu einer gemeinnützigen Stiftung zu wechseln, bei der sie zwar weniger verdient, aber das Gefühl hat, einen sinnvollen Beitrag zum Wohl der Menschheit zu leisten. Gregor hat das gleiche Profil wie Dagmar, seine Werte heißen aber »Macht«, »Abenteuer«, »Freiheit«. Er entscheidet, sich als PR-Berater selbstständig zu machen, und berät überwiegend Konzernbosse zum Thema Medienauftritte.

Werte sind die Grundströmung, die unser Denken und Tun lenkt. Sie sind die Lebensmotive, die uns in der Früh aus dem Bett treiben und die uns glücklich machen, wenn wir nach ihnen leben. Können wir sie ausleben, dann empfinden wir unser Tun als sinnvoll. Müssen wir aber gegen unsere Werte und Motive arbeiten, dann können wir zwar fachlich einen hervorragenden Job erledigen – aber wir werden auf Dauer total unzufrieden sein.

Natürlich ist es oftmals nicht so leicht, grundlegend etwas in seinem Leben zu ändern, und ein Kurswechsel oder Neuanfang kostet Mut. Aber Sie schaffen das! Gehen Sie kleine Schritte, besonders wenn Sie Ihren Drang nach Freiheit und Unabhängigkeit in der Selbstständigkeit ausleben wollen. Starten Sie neue Aktivitäten nebenberuflich und reduzieren Sie Ihre bisherige Arbeitszeit. Das sichert ein finanzielles Polster und eine Rückzugsmöglichkeit, wenn der Traum doch nicht aufgeht, und gibt Ihnen das gute Gefühl eines doppelten Bodens.

Sich bei Bewährtem ausruhen

Kreative Chaoten haben Spaß daran, ständig etwas Neues zu machen und »das Rad neu zu erfinden«. Auf die Dauer kostet das aber viel Energie. Gönnen Sie sich zwischendurch »Nullrunden«, in denen Sie Ihrer Kreativität bewusst eine Auszeit geben und Energie tanken. Sie müssen nicht immer Neues bringen!

Theo ist Sänger und Chef einer bekannten Band. Er komponiert selbst und geht regelmäßig mit seiner Band auf Europatournee. Viele Leute sprechen ihn auf sein kreatives und abwechslungsreiches Leben an. Doch Theo fühlt sich durch die Routine fast erdrückt. »Im Prinzip müssen Stars logische Macher sein. Du stehst jeden Abend auf einer Bühne, singst exakt die gleichen Lieder in Folge ab, klopfst die gleichen Sprüche für das Publikum, ziehst die gleiche Show ab. Raum für spontane Ideen haben wir bei der Bekanntheit und Größe unsere Band und Show keine mehr. Und selbst das Komponieren geschieht bei uns fast schon nach Schema F. Die Fans lieben unsere Art der Musik und dem Sound müssen wir treu bleiben. Ich hatte einen Durchhänger, bis mir klar wurde, dass mir einfach nur das Spontane und Neue bei meiner Arbeit mittlerweile fehlt. Um das auszugleichen, treffe ich mich außerhalb der Tourneezeit mit anderen Künstlern zu Gigs und wir improvisieren. Zudem tanke ich Energie, indem ich während der Tournee auf ›Tun‹ umschalte, meine Kreativität bewusst Urlaub machen darf und ich mich auf ›Neu‹ im Anschluss freue.«

Ihre Leitsterne finden, Ziele formulieren und erreichen

Sten Nadolny schreibt in seinem Buch *Die Entdeckung der Langsamkeit*: »Je näher John dem Ziel kam, desto mehr spürte er, dass er es gar nicht mehr brauchte. Das Ziel war wichtig gewesen, um den Weg zu erreichen. Den hatte er nun und auf dem ging er.«[32]

Ja, suchen Sie sich Ziele, um sich auf einen Weg zu machen. Am liebsten spreche ich dabei allerdings lieber von »Leitsternen« als von »Zielen«. Denn »Ziel« klingt schon so konkret, so definitiv – und das ist etwas, das kreative Chaoten nicht so gerne mögen. Aber Leitsterne, die attraktiv am Horizont funkeln, die beleuchten einen breiten Korridor, der Ihnen die grobe Richtung weist, Ihnen aber ansonsten alle Freiheiten lässt, sich links und rechts des Weges nach neuen Chancen zu bücken oder den Korridor für einen interessanten Nebenpfad zu verlassen.

Denken Sie über Ihre Leitsterne nach, weil Sie dann bewusst die grobe Richtung einschlagen können, in der Sie Sinn erleben, Spaß haben, »Ich« sein können, genießen können, zufrieden sind und auch noch genug Geld für Ihre schönen Projekte verdienen.

Sie werden sehen: Wenn Sie sich dann auch noch die Freiheit der Abwechslung zugestehen, müssen Sie dabei gar nicht ständig einen kompletten Kurswechsel hinlegen. Denn alleine schon die Erlaubnis, sich jederzeit verändern zu dürfen, nimmt Ihnen die Ruhelosigkeit.

Leitsterne finden

Machen Sie sich nun daran, Ihre Leitsterne zu finden. Nehmen Sie sich auch hierfür eine ruhige Stunde. Machen Sie es sich auf Ihrer Couch bequem oder – noch besser – fahren Sie irgendwohin, wo Sie Abstand von Ihrem Alltag haben. Hoch auf einen Berg oder auf einen Turm, an einen See, einen Fluss oder an einen Wasserfall. Oder nutzen Sie einen organisierten Dream-Day, um unter Anleitung eines Coach in Ruhe zu arbeiten. Nehmen Sie Ihr Erfolgsjournal oder ein Blatt Papier zur Hand – und beginnen Sie Ihre Traumreise.

Machen Sie in die Mitte der Seite einen Kreis und schreiben Sie »Es wäre genial, wenn ...« hinein. Sammeln Sie um den Kreis herum wie Sonnenstrahlen alles, was Sie wollen, und zwar für verschiedene Zeithorizonte von sechs Monaten, einem Jahr sowie von drei bis fünf Jahren.

Durchdenken Sie die Stimmkörper Ihrer Glasorgel (siehe Abschnitt »Spielen Sie Ihre eigene Lebensmelodie«):

- Beruf und Karriere: Erfolg, Geld, Beziehungen, Fähigkeiten, Ehrenamt, Wohnsituation, Statussymbole
- Kernfamilie: Familie (Partnerschaft, Kinder)
- Freizeit und Hobbys: Aktivitäten, Menschen, Natur
- Freunde und Großfamilie: Beziehungen zu Eltern, Geschwistern und Freunden, Anerkennung, Zuwendung
- Gesundheit: Körper, Ernährung, Erholung, Fitness, Lebenserwartung, Urlaub
- Sinn und Werte: Religion, Liebe, Berufung, Selbstverwirklichung, Freiheit, soziales Engagement, etwas Sinnvolles tun etc.

Notieren Sie alle Ihre Einfälle entweder alle auf einem Blatt (zum Beispiel auch in verschiedenen Farben) oder nehmen Sie je Zeitraum oder je Lebensbereich ein Blatt … ganz wie es für Sie am schönsten ist.

Werfen Sie Ihren Ideengenerator an, lassen Sie die Wünsche sprudeln, vielleicht auch indem Sie sich fragen:

- Wie oder was will ich sein? (Finanziell unabhängig, fit, gesund, gelassen …)
- Was kann ich tun, damit ich so werde (oder so bleibe)?
- Was möchte ich haben? (Materielle Güter, Titel …)
- Wem möchte ich helfen?

Fangen Sie mit dem »Sein« an, gehen Sie über zum »Tun« und hin zum »Haben«. Zuletzt zum »Helfen«. Warum? Viele Menschen denken, sie seien glücklicher, wenn sie dies oder jenes hätten. Aber aus der Motivationsforschung wissen wir heute, dass Besitz nur sehr kurze Glücksmomente bringt. Geld, das wir in persönliche Erlebnisse oder in andere Menschen investieren, bedeutet hingegen einen lang anhaltenden persönlichen Gewinn, fand Thomas DeLeire von der University of Washington heraus.[33]

Warum steht das Helfen dann erst an vierter Stelle, fragen Sie sich jetzt vielleicht? Nun, kreative Chaoten sind häufig sehr hilfsbereite Menschen, vor allem wenn sie einen hohen »Hanni-Herzlich«-Anteil haben. Und da liegt es ihnen im Blut, sehr stark für andere Menschen da zu sein – was viele direkt in den Burn-out bringt, weil sie vor lauter

Kümmern um die anderen die eigenen Bedürfnisse vernachlässigen und so die eigene Kraft auf der Strecke bleibt. Aus diesem Grund dürfen kreative Chaoten – vor allem die »Unterstützer« – im ersten Schritt die eigenen Ressourcen stärken, denn damit haben sie auch viel Kraft, um für die anderen da zu sein.

Träumen Sie und schreiben Sie alles auf, was ihnen in den Sinn kommt. Sammeln Sie nach dem Motto »Geht nicht gibt's nicht«. Eine Coaching-Klientin von mir sammelte bei dieser Übung eine komplette Rolle Packpapier voller Ideen, die wir dann über Eck an ihre Wohnzimmerwand hefteten. Malen Sie sich Ihre Wünsche gedanklich aus: Es wäre genial, in fünf Jahren ein Haus im Grünen zu haben? Wie schaut es aus? Wie viele Zimmer hat es? Wie groß ist der Garten? Wo liegt es? Was könnte es kosten?

Und keine Angst: Das, was Sie jetzt aufschreiben, müssen Sie nicht erreichen. Sie halten hier lediglich fest, was für Sie momentan attraktiv scheint. Dies hilft Ihnen beim Sortieren und Ableiten weiterer Ideen. Solange alle Wünsche, Visionen, Möglichkeiten nur in Ihrem Kopf bestehen, blockieren Sie das freie Denken und Aufspüren von Wegen zum Leitstern.

Viele kreative Chaoten fühlen sich eher eingeengt, wenn sie einen »Schlachtplan« für die kommenden fünf Jahre machen sollen. Sie sagen zu Recht: »Was weiß ich, was mir in fünf Jahren wichtig ist.« Verkürzen Sie in diesem Fall den Zeitraum auf eine Frist, bei der Sie ein gutes Bauchgefühl haben. Und denken Sie daran: Diese Notizen sind nicht in Stein gemeißelt, sondern zeigen Ihnen wie ein Leitstern, in welche Richtung Sie in den kommenden Wochen, Monaten und Jahren aufbrechen könnten. Es sind nicht Dinge, die Sie tun müssen! Überraschungen gibt es immer auf dem Weg!

Gönnen Sie sich diese Traumreise und nehmen Sie sich dafür auch in den kommenden Jahren regelmäßig Zeit. Die meisten Menschen verbringen mehr Zeit damit, im Reisekatalog das nächste Ferienhotel auszusuchen, als die Richtung des eigenen Lebens zu bestimmen. Legen Sie mit Ihren Leitsternen den Grundstein zu einem selbstbestimmten Leben.

Ihre Mission auf dieser Erde

Viele Menschen suchen in diesem Zusammenhang auch ihren »Sinn des Lebens«. Welches ist meine Mission auf dieser Welt? Ich erinnere mich sehr gut an ein Seminar, an dem ich selbst vor vielen, vielen Jahren teilgenommen habe. Wir bekamen ein Übungsblatt mit der Frage »Wie lautet Ihre Mission?« »Hah«, dachte ich mir damals, »wenn ich das wüsste, dann wäre einiges viel einfacher für mich.« Ich konnte die Frage nicht beantworten. Erst Jahre später, als ich mich intensiv mit meinen eigenen (kreativ-chaotischen) Talenten sowie meinen Grundwerten (vgl. die Übung dazu im PDF-Workbook) beschäftigt hatte, konnte ich den Mega-Leitstern über meinen anderen Leitsternen erkennen.

Was könnte es bei Ihnen sein? Welche Spuren möchten Sie hinterlassen? Was soll von Ihnen bleiben? Finden Sie Ihren alles überstrahlenden Mega-Leitstern, der Ihnen die grobe Richtung und Ihre verschiedenen Zielkorridore beleuchtet. Entwickeln Sie Ihre ganz persönliche Vision und schreiben Sie auf, welche Mission Sie privat und in Ihrem Beruf auf dieser Erde erfüllen möchten.

Ihre Mission ist der Mega-Leitstern, nach dem sich alle Ihre Aktivitäten ausrichten. Sie ist eng verknüpft mit Ihren persönlichen Grundwerten und bringt diese in einen schönen, motivierenden Satz. Dabei müssen Sie Ihre Mission nicht erfinden, sondern lediglich – wie Ihre Werte und Talente – freischaufeln. Ziehen Sie sich dazu an Ihren Lieblingsplatz zurück, nehmen Sie ein Blatt Papier und sinnieren Sie, welches Ihre Mission auf dieser Erde ist. Formulieren Sie dann einen Satz, der persönlich, positiv, in der Gegenwartsform, nach Möglichkeit bildhaft und so emotional formuliert ist, dass er Sie berührt und stolz macht. Und Sie werden merken, dass die Umsetzung, das Leben Ihrer Mission, ganz einfach sein kann.

BEISPIEL

Sofia aus Bern sieht es als ihre Mission, das Leben der Menschen leichter und lebenswerter zu machen. »Als Finanzjournalistin erhalten die Leser von mir Informationen, die ihr Leben erleichtern. Als Ehefrau oder Freundin mache ich jeden Tag den anderen Menschen das Leben leichter und bringe mehr Licht in ihren Alltag. Ich lebe meine Mission und das macht mich glücklich.«

Ideen verfeinern mit der PIDEWaWa-Methode

Haben Sie das Gefühl, dass alles momentan Wichtige auf Ihrem Ideen-Blatt (Ihren Ideen-Blättern) versammelt ist? Dann suchen Sie sich die drei Ideen heraus, die Sie unbedingt und möglichst schnell umsetzen wollen. Bitte zunächst wirklich nur drei, nicht mehr. Warum? Ich weiß, kreative Chaoten möchten am liebsten immer alles tun, was spannend zu sein verspricht. Und sie sind oft auch Künstler, die viele Bälle in der Luft halten können. Wie viele Bälle jonglieren Sie zu diesem Zeitpunkt? Und wie oft haben Sie dazu noch zehn weitere Projekte in Angriff genommen und sind einfach nicht so weit gekommen, wie Sie es gerne gehabt hätten?

Halten Sie sich vor Augen: Wenn Sie drei Ideen rauspicken, heißt das nicht, dass die anderen unter den Tisch fallen. Nein, die sind dann als Nächstes dran. Ich suche mir meist sogar nur eine »große« Idee heraus und zwei, die eher »To dos« gleichen, also die mit einer oder zwei Aktionen zu erledigen sind. Denn diese (leicht verdienten) Erfolge motivieren mich ungemein

Verfeinern Sie diese Das-will-ich-schnell-anpacken-Wünsche mit der PIDEWaWa-Methode, um daraus echte Ziele zu formulieren:

- **P** – Positiv: Formulieren Sie positiv.
- **I** – Ist-Zustand: Formulieren Sie in der Gegenwart und klar.
- **D** – Detailliert: Formulieren Sie konkret und messbar.
- **E** – Erreichbar: Suchen Sie sich realistische Ziele.
- **Wa** – Wann: Legen Sie einen Zeitrahmen fest.
- **Wa** – Warum: Begründen Sie, warum Sie ein Ziel erreichen wollen.

P – Positiv: Formulieren Sie positiv Meist fällt uns zuerst auf, was wir nicht mehr wollen: nicht mehr so dick sein, nicht mehr diese alte Rostlaube fahren, nicht mehr so beengt wohnen, nicht mehr so herablassend behandelt werden. Wenn Sie dies jedoch als Ziel formulieren würden, dann käme der unerwünschte Zustand wie ein Bumerang zu Ihnen zurück. Das liegt daran, dass unser Unterbewusstsein das Wörtchen »nicht« nicht kennt. Es merkt sich nur das, was dahintersteht und was es sich bildhaft vorstellen kann. Raucher, die sich das Rauchen abgewöhnen wollen, kennen das. Der Vorsatz – wie ein Mantra ständig wiederholt – »Ich will nicht mehr rauchen« entzündet sofort im Kopf das Bild einer Zigarette und eine unbändige Lust darauf.

Außerdem sind negative Formulierungen nicht zielgerichtet und motivieren nicht zum Handeln. »Ich will keine Bücher lesen!« Ja, schön. Und nun? Fragen Sie sich in dieser Situation: »Was stattdessen?« Und notieren Sie das als Ihr Ziel: »Ich will Zeitungen lesen.« »Ich will mir Fachwissen in Seminaren aneignen!« Merken Sie den Unterschied? Bei positiven Aussagen ist der nächste Schritt ganz klar, bei einer Negativformulierung hingegen nicht.

I – Ist-Zustand: Formulieren Sie in der Gegenwart und klar »Ich werde …«, »Ich würde …«, »Ich versuche …« sind unsichere Formulierungen, die uns nicht zum Handeln motivieren. Sagen Sie lieber »Ich bin …«, »Ich tue …«, dann haben Sie das erreichte Ziel bereits vor Augen. Vermeiden Sie Einschränkungen wie »manchmal«, »vielleicht« oder »eigentlich«. Das sind Erfolgskiller, die sofort Ihre inneren Widersacher aktivieren.

D – Detailliert: Formulieren Sie konkret und messbar Zu vage Formulierungen bringen Sie nicht in die Gänge. »Ich möchte mehr Geld verdienen« ist zu schwammig, um konkrete erste Schritte zu erkennen, zu gehen und zu kontrollieren. Es zwingt Sie in die Passivität und macht Sie abhängig von den anderen. Bringen Sie mehr Schwung in Ihr Leben, indem Sie sich so konkret wie möglich ausdrücken und Ihr Ziel messbar machen.

Je genauer Sie sich vorstellen, was Sie wollen, und je konkreter Sie formulieren, desto genauer können Sie Ihre ersten Schritte planen und gehen. Desto gezielter können Sie auch andere Chancen wahrnehmen, die sich Ihnen bieten, und desto besser kann Ihr Unterbewusstsein die Suche für Sie übernehmen. Ein Beispiel für schwer und für gut erreichbare Ziele:

Schlecht: Ich versuche, öfter mal schwimmen zu gehen.

Besser: Ab Montag gehe ich jeden Montag ab 18 Uhr ins örtliche Hallenbad und schwimme zügig 30 Minuten. Ich steigere mich auf 60 Minuten bis Jahresende.

Schlecht: Ich würde gerne mehr für meine kulturelle Bildung tun.

Besser: Ich besorge mir kommende Woche ein Abo für das Theater.

Aber Vorsicht: Kreative Chaoten fühlen sich häufig eingeschränkt, wenn sie detailliert und messbar werden sollen. Ist dies bei Ihnen der Fall, dann suchen Sie sich den Grad an Detailliertheit, der eine sichtbare Marke setzt, aber Ihnen alle Freiheiten lässt. Manchmal kann es sogar besser sein, eher vage zu formulieren – die »klassischen Zielemanager« stöhnen jetzt empört auf. Aber ja, es stimmt! Stellen Sie sich vor, Sie nähmen sich vor: »Ich jogge jede Woche dreimal 30 Minuten.« Doch nach dem zweiten Lauf verstauchen Sie sich den Knöchel. Super, jetzt ist Ihr toller »Plan« hinfällig und Sie werden sich ärgern, dass Sie mal wieder nicht am Ball geblieben sind. Notieren Sie hingegen: »Ich bewege mich jede Woche dreimal 30 Minuten intensiv«, dann können Sie jetzt schwimmen gehen, im Fitness-Center Hanteln bewegen, Bodengymnastik machen und vieles mehr. Fragen Sie sich: Welches ist mein echter Leitstern hinter dem Joggen? Einen Marathon laufen, fitter werden, dünner werden … das macht das Ideensprudeln leichter.

E – Erreichbar: Suchen Sie sich realistische Ziele Theoretisch ist alles möglich auf der Welt. Und von vielen Dingen, die uns heute selbstverständlich sind, hieß es früher: »Geht nicht!« Gehen Sie einfach mal davon aus, dass alles, was Sie wirklich wollen, auch machbar ist.

Lösen Sie vermeintliche Probleme mit kreativen Ideen und Querdenken und suchen Sie Möglichkeiten, wie Sie es trotz aller Widersprüche schaffen können. Als kreativer Chaot ist das positive Denken ja Ihre Stärke – lassen Sie sich von Pessimisten nicht verwirren.

Sie mögen jetzt vielleicht einwenden, dass man eben nicht alles im Leben erreichen könne. Oder wie jüngst ein Vortragsteilnehmer in der dritten Reihe sagte: »Das Leben ist kein Wunschkonzert!« Klar, denn sich nur etwas wünschen und dann nichts zu tun, das klappt nicht.

Wir kommen später noch mal darauf zurück, warum ihre wahren Wünsche mit Sicherheit erreichbar sind.

WA – WANN: Legen Sie einen Zeitrahmen fest Bis wann Sie welches Ziel erreichen wollen, bestimmt maßgeblich, wie schnell und intensiv Sie Ihr Ziel in Angriff nehmen. »Ich will Bundeskanzler werden« – da ist alles offen: in zehn Jahren, 20, 30, 40 ...?

Schnell merkt unser innerer Schweinehund, dass nichts eilt, kuschelt sich gemütlich ein und lässt Sie Ihre Ziel-Deadline verschlafen.

Unterteilen Sie Ihre großen Ziele in kleine Teilziele, die Sie schnell erreichen können. Kleine Schritte sind enorm wichtig, damit Sie voller Selbstvertrauen Ihre Ziele überhaupt anpacken.

Außerdem bringen Zwischenschritte das Schönste im Leben: die Belohnung (in Form von Lob, Geschenken oder einem Fest). Gönnen Sie sich eine Deadline; sie gibt Ihnen die Chance, Ihren Erfolg voranzutreiben. Sie können nämlich gegen Ablauf der selbst gewählten Frist schauen, wie dicht Sie am Ziel sind. Und dann können Sie rechtzeitig agieren:

- Gas geben, um Ihr Ziel zu erreichen
- sich selbst eine Fristverlängerung gewähren
- sich vom Ziel verabschieden, wenn es nicht mehr wichtig ist
- frühzeitig feiern, wenn es schon vor der Deadline erreicht ist

WA – WARUM: Begründen Sie, warum Sie ein Ziel erreichen wollen Wer sich klargemacht hat, warum er bestimmte Dinge erreichen will, der spürt wesentlich mehr Kraft und Entschlossenheit. Laut dem amerikanischen Autor Charles Garfield entspringen 80 Prozent unserer Motivation dem Warum und nur 20 Prozent dem Was und Wie.

Dieses »Warum« ist für mich einer der wichtigsten Schlüssel zum Erfolg überhaupt. Denn spätestens an dieser Stelle können Sie sich von Zielen verabschieden, die Sie im Prinzip ja doch nicht erreichen wollen. Trennen Sie sich von Alibi-Zielen, die Sie sich nur vornehmen, »weil man doch Ziele braucht« (denken Sie an die Flops der Silvestervorsätze). Werfen Sie fremde Ziele über Bord, Ziele, die Ihnen Eltern, Partner, Kollegen oder die Gesellschaft ins Ohr geflüstert haben (»...weil man in meiner Position doch einen Porsche fahren muss«). Entlarven Sie 50:50-Ziele (»Es wäre nett, wenn ich Spanisch könnte, aber wenn ich es nicht kann, ist es auch nicht schlimm«) oder Ziele, mit denen Sie anderen Menschen etwas beweisen wollen. Hören Sie auf Ihre innere Stimme. Welches sind Ihre Bedürfnisse? Was tut Ihnen gut?

Die Frage nach dem »Warum« hat noch einen weiteren Vorteil: So kommen wir sehr häufig auf den eigentlichen Wunsch hinter dem Wunsch.

BEISPIEL

Eine Seminarteilnehmerin hatte notiert, sie würde gerne auf den Mond fliegen. Die anderen schüttelten gleich den Kopf. »Das geht doch nicht!« Warum nicht? »Kein Mensch fliegt heute mehr auf den Mond. Wie willst du da hinkommen?« Nun, wir hätten jetzt anfangen können, Ideen zu spinnen, wie es doch gehen könnte. Beispielsweise indem sie bei Virgin Galactic ein Weltraumfahrt-Ticket bucht für 200 000 US-Dollar und den Piloten bittet, einen kurzen Stoppover auf dem Mond zu machen. Doch ich fragte sie: »Warum willst du auf den Mond?« Sie überlegte und sagte: »Ich bin nicht überzeugt, dass die Amis wirklich da oben waren und eine Flagge aufgestellt haben. Ich will ganz sicher wissen, ob sie auf dem Mond waren oder nicht.« Und schon hatte sich die Ideensuche verlagert in Richtung »Wie kann sie Gewissheit bekommen?«. – Und das ist ein äußerst realistisches und machbares Ziel, oder nicht?

Ziele sichtbar machen

Noch sind Sie in einem Stadium, in dem Sie sagen können: »Gut, jetzt habe ich alles brav aufgeschrieben und Papier ist geduldig – aber werden diese Ziele Realität?« Nun, zum einen spüren Sie sicherlich schon, wie es in Ihren Händen und Füßen kribbelt, Ihre Projekte anzupacken. Nein? Das kann mehrere Gründe haben:

1. Sie haben Ihre echten Herzenswünsche noch nicht entdeckt. Dann machen Sie bitte Ihre Traumreise noch mal.

2. Vielleicht haben Sie auch schon während des Ausformulierens der Ideen gemerkt, dass vom ursprünglichen Kribbeln nichts mehr übrig blieb. In dem Moment, in dem Sie sich intensiv mit den Ideen auseinandergesetzt haben, haben sie ihren Glanz verloren. Prima, dann können Sie sich getrost von dieser Idee verabschieden – Sie haben ja noch eine Menge in der Hinterhand.
3. Vielleicht haben Sie gemerkt, dass es zwar ganz nett wäre, diesen Leitstern anzupeilen, aber wenn Sie das in 20 Jahren machen, ist es auch okay. Stellen Sie in diesem Fall die Idee zurück. Andere dürfen vorrücken, die momentan mehr Kribbeln verursachen.

Machen Sie Ihre Kribbel-Ziele verbindlicher und erhöhen Sie damit die Chance, sie wirklich zu erreichen.

Notieren Sie Ihre nach der PIDEWaWa-Methode ausformulierten Ziele auf einem Blatt Papier oder leben Sie Ihre kreative Ader aus:

- Malen Sie ein Bild mit Ihren Zielen oder ein Bild von sich selbst, auf dem Sie Ihre Ziele erreicht haben. (Ich stehe auf dem Balkon meines Hauses und blicke über den See. Ich reite auf einem Surfboard die Wellen vor Hawaii. Ich arbeite in der neuen Abteilung …)
- Basteln Sie eine Collage aus Bildern, die Ihre Ziele zeigen oder als Sinnbild dafür stehen.
- Besorgen Sie sich echte Gegenstände (Modelle) als Symbol für Ihre Ziele.

Platzieren Sie Ihre Ziele-Erinnerungswerke so, dass Sie sie täglich sehen. Das erinnert Sie, was Ihnen wirklich wichtig ist, und hilft im Hamsterrad des Alltags, auf Kurs zu bleiben. Außerdem hilft es auch beim Aussortieren vermeintlicher Herzenswünsche.

Cora hatte auf ihrer Ziel-Collage für das Jahr 2011 ein Haus mit Fernblick geklebt und betrachtete es jeden Tag neben ihrem Bett. In den Sommerferien mietete sie ein solches Haus mit Blick ins Tal und erlebte dort drei wunderbare Wochen mit ihrer Familie. Im Herbst sah eine Freundin die Collage und meinte: »Dein Haus mit Fernblick hast du dir doch aber anders gedacht als nur als Sommerziel. Du wolltest doch eigentlich immer so leben!« Und Cora meinte: »Das dachte ich auch lange Zeit. Aber als ich das Bild immer wieder angeschaut habe in den letzten Monaten, da merkte ich, dass ich in meiner jetzigen Wohnung total glücklich bin. Und wenn ich den Fernblick nur wenige Wochen im Jahr habe, ist das völlig in Ordnung.«

Erste konkrete Schritte erkennen und gehen

Überlegen Sie, welches der erste logische Schritt ist, damit Sie diesen Zielen ein Stückchen näher kommen. Zerlegen Sie Ihre Ziele in kleine Schritte und schaffen Sie sich Freiräume, in denen Sie – ungestört – diese Schritte gehen können.

Gehen Sie den ersten Schritt innerhalb der nächsten 72 Stunden. Denn was wir nicht innerhalb von drei Tagen anpacken, das packen wir gar nicht an.

Beginnen Sie beispielsweise, um sich selbst zu motivieren, morgens mit einer der »Drei goldenen Nüsse« (siehe Abschnitt »Vom Großen zum Kleinen denken«), mit einer Aufgabe, die Sie auf jeden Fall – schon bevor der tägliche Wahnsinn über Sie hereinbricht – weiterbringt.

Setzen Sie sich dafür am besten ein Zeitlimit. Denn ich weiß: Schnell sind Sie mit Feuereifer dabei, die Weichen für künftige Erfolge zu stellen, und verbringen dann den ganzen Tag mit Zukunftsmusik. Und die gegenwärtigen Tagesaufgaben bleiben liegen.

Probieren Sie aus, wann Ihre »Das bringt mich weiter«-Aufgaben am besten gehen. Fällt es Ihnen leichter, einen halben Tag in der Woche frei zu halten und an den restlichen vier Arbeitstagen sich auf das Tagesgeschäft zu konzentrieren, oder machen Sie lieber jeden Tag 30 Minuten etwas für sich? Finden Sie Ihren Rhythmus.

Logische Ordner erstellen an dieser Stelle gerne einen Maßnahmenplan mit exakten Schritten und einem Zeitplan, der ihnen eine dauerhafte und aktuell gehaltene Arbeitsgrundlage liefert. Viele kreative Chaoten lieben es ebenfalls, diesen Maßnahmenplan zu erstellen. Sie stürzen sich dafür auf eine neue Software oder basteln etwas in Excel, bis der Plan steht. Doch es bleibt häufig bei dieser einmaligen Aktion. Sie haben nämlich dann keine Lust mehr, den Plan zu aktualisieren, wenn sich Termine verschieben (und die werden sich verschieben!), und damit ist der Maßnahmenplan als Arbeitsgrundlage wertlos. Machen Sie lieber nur ein Gerüst, das ganz grob strukturiert, bis wann Sie was in etwa erledigen wollen – und kümmern Sie sich nicht um die Details. Es macht für Sie überhaupt keinen Sinn, so detailliert zu planen. Warum auch? Während die logischen Ordner stundenlang ihre Pläne aktualisieren, preschen Sie nämlich bereits voran und schöpfen die Möglichkeiten aus.

Sie werden Ihr Ziel erreichen, wenn Sie grob planen. Nur dann.

Das gibt Ihnen auch den Freiraum, neue »ungeplante« Chancen zu erkennen und in diese Richtung umzuschwenken. Kreative Chaoten sind Meister, ja Trüffelschweine, der Chancenerkennung und dazu brauchen sie einen freien Blick auf die Möglichkeiten, der nicht von (veralteten) Plänen limitiert wird.

Kreative Chaoten brauchen keine peniblen Pläne. Sie erreichen auch so mühelos viele ihrer anvisierten Ziele. Woher ich das weiß? Seit einigen Jahren veranstalte ich zwei Mal im Jahr einen Dream-Day, an dem wir in der Gruppe, jeder für sich, an unseren Wünschen, Zielen und möglichen Schritten arbeiten. Dabei basteln wir unter anderem immer eine große Ziele-Collage, die sich die Teilnehmer gerne zu Hause aufhängen. Bei einigen Zielen gehen wir weiter ins Detail: Die Teilnehmer beschäftigen sich intensiv mit ihren Ideen, spielen verschiedene Wege zum Ziel durch und machen sich deutlich, was sie noch brauchen, um das Ziel zu erreichen. Für ehemalige Teilnehmer gibt es später ein Follow-up. Und dort saßen jüngst drei Stammkunden und erzählten erstaunt, sie hätten jetzt ein Jahr nicht die Unterlagen geschaut. Und dennoch hatten sich 80 Prozent ihrer Ziele bereits erfüllt. Genial, oder? Schauen Sie also, wie konkret Ihre Schritte tatsächlich geplant sein sollten, damit Sie ins Tun kommen und im Tun bleiben. Wählen Sie dabei den Grad an »Planung«, der Ihnen persönlich am meisten Erfolg bringt.

Den inneren Schweinehund austricksen

Setzen Sie jetzt noch einen zusätzlichen Motivator obendrauf, damit Sie bei Ihren Herzenszielen wirklich am Ball bleiben. Am besten schaffen Sie das, wenn Sie ein bisschen Druck für sich selbst aufbauen. Holen Sie sich Unterstützung bei Leuten, die Ihnen liebevoll den Rücken stärken und Ihnen immer wieder versichern, dass es gut und zum Wohle aller ist, wenn Sie tun, was Sie tun wollen. Denn vor allem kreative Chaoten, Tendenz Unterstützer, planen zwar ihre Ziele; aus Angst jedoch, dass diese egoistisch sein könnten, ziehen sie sie oftmals nicht oder nur halbherzig durch.

Erzählen Sie anderen Personen, die Sie mögen und die Ihren Ideen wohlwollend gegenüberstehen (das ist wichtig!) von Ihren Zielen. Das alleine reicht oft schon, um sich ein wenig mehr in Zugzwang zu bringen. Falls nicht, dann bitten Sie sie, Ihnen bei Bedarf den berühmten Tritt in den Allerwertesten zu geben.

Überprüfen Sie, inwiefern Ihnen möglicherweise ein schlechtes Gewissen das Leben schwer macht und verhindert, dass Sie Ihre Ziele wirklich ausleben. Ich habe den Eindruck, dass wir eine »Generation des schlechten Gewissens« sind. Männer wie Frauen drückt das schlechte Gewissen, entweder eine Rabenmutter oder ein -vater zu sein oder im Job nicht alles geben zu können, zu viel zu essen oder zu selten gesund zu kochen, zu wenig Sport zu treiben oder mit dem Gläschen Wein am Abend bereits zu viel Alkohol zu trinken. Wir haben ein schlechtes Gewissen, weil wir mehr verdienen als unsere Eltern, häufig ausgehen und Kurzurlaube machen und damit einen Lebensstil pflegen, der bei ihnen undenkbar gewesen wäre.

Besonders Menschen, die ihr Hobby zum Beruf gemacht haben, kämpfen oftmals in ihrem Umfeld gegen Neid und das Vorurteil, sie würden aus ihrer Leidenschaft Kapital schlagen und sich einem »richtigen« Beruf verweigern. Immer nur Spaß haben zu wollen sei »unredlich« und »anstößig«. Kreative Chaoten haben deshalb häufig ein schlechtes Gewissen, denn ihre Arbeit sei ja keine richtige Arbeit, weil sie so viel Spaß dabei haben und auch noch gut verdienen. Doch Spaß an der Arbeit ist ein wesentlicher Faktor für Erfolg.[34]

Ganz nebenbei: Auch Leidenschaftsberufe fordern eine hohe Professionalität, um sich am Markt halten zu können. Sie beinhalten immer auch Routine und lästige Aufgaben. Die Unternehmerin, die ihren Kunden in einem eleganten Beautycenter die Nägel manikürt, muss natürlich auch an Buchhaltung und Einkauf denken. Und der Art-Director in der Werbeagentur muss die Grundsätze von Marketing und Verkauf verinnerlicht haben. Ohne solides Wissen geht gar nichts. Das wissen nur viele Menschen nicht.

Bedenkenträger ignorieren

Wer in seinem Leben etwas ändern will, dem werden viele Bedenkenträger versuchen, die Sache auszureden oder mieszumachen: Eltern sperren die monatliche Unterstützung, wenn die Tochter mitten im Studium das Fach wechselt, oder Freunde machen sich über den »Spinner« lustig, der seinen sicheren Job in den heutigen Zeiten freiwillig aufgeben will. Fakt ist: 83 Prozent der Menschen sind Bewahrer, nur 17 Prozent sind Veränderer.[35]

Hören Sie auf Ihre innere Stimme und beachten Sie nur solche Kritiker, die konstruktiv und lösungsorientiert kritisieren. Sprechen Sie über Ihre noch nicht ganz ausgereiften Pläne nur mit Menschen, die Ihnen liebevoll unterstützend nahestehen, und informieren Sie andere erst, wenn alles wirklich spruchreif ist.

Kleine Änderungen genügen manchmal

Machen Sie sich bewusst, dass Sie bereits viel erreichen können, ohne komplett alles in Ihrem Leben umzukrempeln. Viele Menschen können ihre Stärken ausleben, weil sie sich die zu ihren Präferenzen, Talenten und Werten passende Nische gesucht haben.

BEISPIEL

Peer arbeitet als Event-Manager in einer Agentur. Er ist gut, aber fühlt sich nicht richtig »erfüllt« von der Tätigkeit. In einer Selbsteinschätzung gibt er an, »ziemlich kreativ« zu sein. Später stellt sich heraus, dass er das gesagt hat, »weil man als Event-Manager doch kreativ sein muss, oder?«. Im Team-Workshop und der Denkstilanalyse zeigt sich, dass Peer einen sehr logischen und analytischen Denkstil hat und gerne mit Zahlen und Fakten arbeitet. Das hat er aber in den vergangenen Jahren immer unterdrückt.

Doch genau mit dieser Stärke im logischen Denken ist er für das Team Gold wert. Die Kollegen sind nämlich alle sehr kreativ, kommunikativ und strukturiert – also bestens geeignet, Events zu planen und umzusetzen. Peer brauchen sie dringend, weil der auf die Zahlen schauen kann, weil er Qualitätsstandards formulieren und überwachen kann und somit der Agentur Gewinn bringt. Seit dem Team-Workshop hat sich das Aufgabengebiet von Peer nur leicht verschoben – und er blüht auf.

Halten Sie die Augen offen nach Nischen oder Innovationen bei Ihrem jetzigen Arbeitgeber, die Ihren Stärken entsprechen und die sich für das Unternehmen lohnen. Schlagen Sie diese aktiv vor. Und die Chancen stehen gut, dass Sie – bei entsprechenden Fähigkeiten – die Aufgabe übernehmen können.

Ist es die graue Alltagsroutine, die Sie unzufrieden macht, dann bringen Sie mit kleinsten Veränderungen Abwechslung in die Grundkoordinaten Ihres Lebens: Tauschen Sie den Platz am Esstisch oder im Auto, tauschen Sie die Bettseiten, wechseln Sie sich mit den täglichen Aufgaben im Haushalt ab. Hängen Sie in Ihrer Wohnung die Bilder um oder verrücken Sie die Möbel.

Weitere Ziele anpacken

Ich hatte Sie vorhin gebeten, sich nur drei Ideen aus Ihrer Leitsternreise herauszupicken, diese zu verfeinern und anzupacken. Stoßen Sie Ihre wichtigsten Herzensangelegenheiten an, und wenn diese erreicht sind oder nach rund drei Wochen von alleine laufen, dann packen Sie Punkt vier, fünf, sechs … von Ihrem Traumblatt an. Einen nach dem anderen.

Auch wenn Sie normalerweise lieber mit fliegenden Fahnen durchs Leben galoppieren – gehen Sie in diesem Fall kleine Schritte. Sie werden sehen, dass Sie damit sogar schneller vorankommen.

Sorgen Sie weiterhin mit regelmäßigen Nachdenkstunden dafür, dass Sie zielgerichtet arbeiten. Es lohnt sich mehr, eine Stunde über Ihr Treiben nachzudenken, als eine Stunde hart zu arbeiten.

Lassen Sie Leitsterne, die Ihnen mittlerweile nicht mehr wichtig sind, am Horizont verschwinden, und konzentrieren Sie sich auf Ihre neuen, die Ihnen mehr Erfolg, mehr Spaß oder mehr Energie bringen.

Ziele erreichen dank Selbstmarketing und Networking

Viele Menschen treten beruflich auf der Stelle oder kommen ihren Lebenszielen nicht oder nur mühsam näher, obwohl sie sehr gute Leistungen bringen. Das hat meist zwei Gründe:

1. Viele haben sich noch keine ernsthaften Gedanken über ihre Lebensziele gemacht (das kann Ihnen nicht mehr passieren).
2. Sie sprechen nicht über ihre Ziele und Wünsche.

Lediglich gut zu sein genügt nicht, wenn wir Dinge bewegen wollen. Wer beruflich erfolgreich sein will, der muss seine Leistung und vor allem seine Ziele deutlich kommunizieren. Nach verschiedenen Studien und Umfragen, die ich immer mal wieder unter Unternehmern und Personalern mache, sind Wissen und Leistung nämlich nur zu 10 Prozent daran beteiligt, ob wir Karriere machen oder nicht. Den Rest macht ein cleveres Selbstmarketing aus: Zu 60 Prozent beeinflussen unser Networking und zu 30 Prozent unsere Eigendarstellung, ob und wie smart wir unsere Ziele erreichen.

Das heißt nicht, dass fachlich unfähige, aber rhetorisch brillante Selbstvermarkter die besten Karrieren machen. Nein, solides Fachwissen ist die Basis, die hundertprozentig stimmen muss und die Sie ständig ausbauen sollten. Doch werfen Chefs oder Auftraggeber das in die Waagschale, was man über Sie redet, wer Sie kennt und empfehlen kann und wie Sie auf Ihre Mitmenschen wirken.

Selbstmarketing heißt auch nicht, dass Sie ständig auf Partys unterwegs sein und sich als Alleinunterhalter ins Rampenlicht rücken müssen. Im Gegenteil, lernen Sie (zum Beispiel in einem Seminar), wie Sie sich und Ihre Leistung gekonnt ins richtige Licht rücken. Wenn Sie ein eher stiller Typ sind, dann eben auf Ihre ruhige Art.

Entwickeln und optimieren Sie Ihr persönliches Selbstmarketing, ohne dass Sie sich »verkaufen« müssen:

- Machen Sie sich klar, was Sie wollen.
- Lassen Sie andere Menschen wissen, was Sie wollen, und sprechen Sie dabei deutlich über Ihre Wünsche und Ziele.
- Entwickeln Sie eine kurze Selbstdarstellung. (Wer bin ich, was mache ich?)
- Machen Sie Ihre Leistung sichtbar. Spielen Sie nicht die Bescheidene/den Bescheidenen. (»Das war nur Zufall, dass ich den Auftrag bekam …«)
- Bilden Sie sich weiter, werden Sie Spezialist.
- Achten Sie darauf, dass alles, was Sie tun – und auch das, was Sie nicht tun –, eine Wirkung auf Geschäftspartner und Kollegen hat. Prüfen Sie, ob Sie diese Wirkung tatsächlich erzielen wollten. Passen Sie Ihren Auftritt Ihren beruflichen Wünschen und Zielen an.
- Bauen Sie sich ein Netzwerk auf, pflegen Sie es.

Nehmen Sie sich Zeit für Networking. Netzwerken ist der Geheimtipp für ein effektives und elegantes berufliches Vorankommen. Und kreative Chaoten sind dank ihrer Neugierde auf neue Menschen und Geschichten begnadete Netzwerker. Sie haben kein Netzwerk? Oh doch! Im Schnitt kennen wir laut Allbus-Statistik 1882 Menschen – aus der Schule und der Ausbildung, die Nachbarn, die Sportfreunde, den Bäcker etc.[36]

Bauen Sie nach und nach Ihr Netzwerk aus netten und inspirierenden Menschen auf, knüpfen Sie neue Kontakte und pflegen Sie sie. Gute Kontaktmöglichkeiten sind Treffen von bestehenden Netzwerken (zum Beispiel aus Ihrer Branche), virtuelle Netzwerke oder Fachnetzwerke aus Ihrem Bereich.

Entscheiden Sie mit Bedacht, auf welche Veranstaltungen Sie

gehen und wie viel Zeit Sie pro Tag für Networking reservieren. Denn sonst kann es Ihnen passieren, dass Sie nur mal schnell einer früheren Kollegin eine Geburtstags-Mail schicken wollten – und schwupps ist der halbe Arbeitstag vorbei. Weil Sie bei der Gelegenheit auch die Kontakte vom letzten Kongress anmailen und sich für die netten Gespräche bedanken; weil Sie (»wo ich gerade dabei bin«) den Geschäftsführer von der Visitenkarten-Party anrufen und weil Sie noch versuchen, im Internet einen automatischen Geburtstags-Reminder zu finden, der Sie künftige Geburtstage nicht mehr vergessen lässt.

Erfassen Sie Visitenkarten von neuen Kontakten erst in Ihrer Kontaktdatenbank (Outlook zum Beispiel), wenn Sie tatsächlich einen Kontakt zu dieser Person herstellen und in Verbindung sind. Sonst erfassen Sie nämlich lauter Karteileichen. Und dafür ist Ihre Zeit zu wertvoll.

Durchforsten Sie Ihre Kontaktdaten und legen Sie fest, wie wichtig der jeweilige Kontakt für Sie ist. Kategorisieren Sie Ihre Kontakte in drei Rubriken:[37]

VIPs (very important persons): Menschen, die Ihnen persönlich sehr wichtig sind. Hier geht es nicht um echte VIPs oder Promis, sondern um Ihre Einschätzung der Wichtigkeit.

Prospects: Menschen, die Ihnen wichtig werden könnten.

MUPs (most unimportant persons): Menschen, die Ihnen nicht besonders wichtig sind, zu denen Sie aber dennoch losen Kontakt halten wollen.

Gehen Sie bei der Einteilung der Kontakte auch nach Ihrem Herzen vor. Nehmen Sie nur die Menschen in Ihre VIP-Liste auf, die Sie wirklich mögen. Sie müssen sich nicht eng befreunden – Netzwerken ist nicht gleichbedeutend mit Freundschaft –, aber wenn Sie jemanden mögen, dann kommen Ihre Netzwerkaktivitäten auch positiv und sympathisch an.

Verteilen Sie Ihre Netzwerkzeit wie folgt:

VIPs: 80 Prozent Ihrer Netzwerkzeit. VIPs erhalten monatlich bis zweimal im Jahr eine (sinnvolle!) Nachricht.

Prospects: 20 Prozent Ihrer Netzwerkzeit. Prospects erhalten alle drei Monate bis einmal im Jahr eine Nachricht.

MUPs: keine Extrazeit. MUPs bekommen mit allen anderen gemeinsam einmal im Jahr eine Nachricht (zum Beispiel eine Weihnachts-Mail), für die Sie keine Extrazeit investieren müssen (ob Ihre Weihnachts-Mail an 30 oder an 70 Empfänger geht – per Blindkopie –, spielt für Ihren Zeitaufwand keine Rolle).

Teil 2

Der Werkzeugkoffer für ein erfolgreiches Zeitmanagement

»Wenn ein unordentlicher Schreibtisch
auf einen unordentlichen Geist hinweist,
worauf deutet dann ein leerer Schreibtisch hin?«

Albert Einstein

3

Fünf Strategien für kreative Chaoten

Nachdem Sie Ihre Ziele und Ihre Mission formuliert haben und sich über Ihre Präferenzen klar geworden sind, haben Sie eine solide Basis, um dauerhaft mehr Zeit für das wirklich Wichtige zu finden. Dieses Kapitel liefert Ihnen zahlreiche Tools, die Sie mit unmittelbar sichtbarem Erfolg für Ihr individuelles Zeitmanagement einsetzen können. Diese Tools basieren auf fünf Strategien, die Ruhe und Freude in Ihren Alltag bringen und mit denen Sie viele neue Ideen für einen kompetenten Umgang mit Ihren Aufgaben spinnen können.

Merken können Sie sich diese fünf Grundstrategien ganz leicht mit einer Gedächtnisstütze, die Sie immer bei sich tragen: Ihrer Hand. Drucken Sie sich im Erfolgsjournal unter www.Kreative-Chaoten.com eine Hand aus und schreiben Sie die Tipps auf die einzelnen Finger, schneiden Sie die Hand aus und kleben Sie sie an eine Stelle, an der Sie sie immer sehen. In Momenten, in denen es stressig wird, schauen Sie auf die Hand – und automatisch werden Sie einen passenden »Stress-Killer« finden.

Und das sind die fünf Strategien für kreative Chaoten:

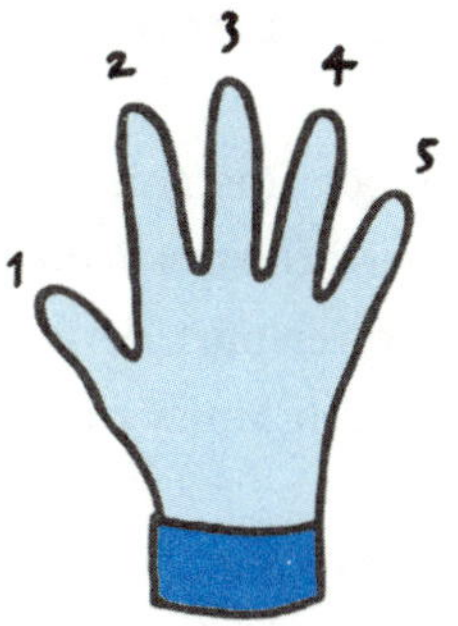

1 - Konzepte entwerfen
2 - Prioritäten setzen
3 - Optische Ruhe schaffen
4 - Delegieren
5 - Nein sagen

Strategie 1: Mit Konzepten spontan und flexibel werden

Im klassischen Zeitmanagement heißt einer der Schlüssel, um mehr Zeit für das Wichtige zu finden: Planen Sie! Planen Sie, was Sie morgen tun wollen, schreiben Sie neben jede Aufgabe einen geschätzten Bedarf an Zeit, weisen Sie der Aufgabe einen Termin zu und erstellen so einen exakten Tagesplan. Am Abend kontrollieren Sie, ob Sie Ihr Pensum geschafft haben, haken ab und übertragen das Nichtgeschaffte auf das Kalenderblatt des nächsten Tages. Planen Sie Ihre Mahlzeiten eine Woche im Voraus und bündeln Sie Ihre Einkäufe in einem Großeinkauf. Kochen Sie am Wochenende für die gesamte Woche vor und frieren Sie Ihr Essen portionsweise ein.

Und, haben Sie das alles schon probiert?

Kreative Chaoten finden solche Tipps in der Regel höchst interessant – aber halten können und wollen sie sich nicht daran.

Woher soll ich heute wissen, was ich morgen tun will und wie lange ich dafür brauche? Ein Großeinkauf macht auch keinen Sinn. Am Ende der Woche werfen wir das gammelig gewordene Hackfleisch weg, beäugen die braunen Bananen und die eingetrockneten Bohnen. Zum Kochen sind wir gar nicht gekommen, weil wir einmal lieber spontan in den Biergarten gegangen sind, weil am nächsten Abend Besuch da war und wir Pizza bestellt haben, und das Obst (guter Vorsatz!), das haben wir total vergessen. Und die Idee, vorzukochen und das Essen einzufrieren, scheitert daran, dass wir keine Lust hatten, die selbst gefüllten Boxen zu beschriften, und nun die undefinierbare Masse nur zum Überraschungsmenü taugt.

Vielleicht reißen wir uns am Riemen und zwingen uns eine Zeit lang, die Tage und Woche zu strukturieren. Doch wer sich zum Planen zwingt und im Grunde eine tiefe Abneigung dagegen verspürt, der hat schlechte Karten, damit tatsächlich das Spiel gegen den Stress zu gewinnen.

Chaoten mögen das Planen aus mehreren Gründen nicht:

- Sie wollen sich nicht gerne festlegen, sondern flexibel bleiben. Feste

Termine engen ein und verhindern, dass sie spontan auf sich bietende Möglichkeiten reagieren können.
- Meist wissen kreative Chaoten gar nicht, was sie planen könnten, denn die Zukunft liegt ja noch wie ein schillerndes Meer an Möglichkeiten vor ihnen – und wer weiß, was sie ihnen Interessantes vor die Füße spült.
- Es ist langweilig, Termine und Aufgaben irgendwo einzutragen.
- Es ist mühsam, den Planer überhaupt zu finden, um etwas einzutragen oder um später an die Einträge erinnert zu werden.

Und so zelebrieren viele kreative Chaoten ein »ungeplantes« Leben mit allen Chancen und Risiken, die dies beinhaltet. Solange Sie und Ihr Umfeld damit bestens klarkommen – bleiben Sie dabei. Wenn Sie aber

- häufiger Zoff mit Ihren Mitmenschen haben, weil Sie wichtige Termine oder Aufgaben verbummeln,
- immer auf den letzten Drücker Arbeiten abliefern, und das nur nach mehrmaligen Ermahnungen,
- es selbst leid sind, immer das dumme Gefühl im Kopf zu haben, »hoffentlich habe ich an alles gedacht«,
- denken: »Ich will mehr Zeit für die Dinge und Menschen haben, die mir wichtig sind«,
- sich nach mehr Ruhe in Ihrem hektischen Alltag sehnen,

dann entdecken Sie die Kraft des ... Konzeptes!

Eine große Stärke des kreativen Chaoten ist sein konzeptionelles Denken. Er liebt es, Konzepte, das heißt eine erste, unausgefeilte Niederschrift zu entwerfen, in die Zukunft zu schauen und einer Vision zu folgen. Nutzen Sie dieses Talent und entwerfen Sie Ihre eigenen Tages-, Wochen- und Lebenskonzepte.

Tauschen Sie sofort in Ihrem Wortschatz das Wort »Planen« gegen »Konzept schreiben« aus. »Plan«, das klingt rigide nach »Da muss ich mich dran halten«. »Konzept« beinhaltet schon den Freiraum für Änderungen, den Sie dringend brauchen.

Wie kommt es, dass Konzepte Ihnen Freiraum schenken?

Sicherlich haben auch Sie bereits die Behauptung vieler kreativer Chaoten, dass »Nichtplanen sie flexibel halte«, längst widerlegt. Jeder, der einen Job oder Familie hat, hat Aufgaben, Verpflichtungen und Termine, die er nicht einfach wegwischen kann. Wer erlebt hat, wie nervtötend ständige Nacht- und Nebelaktionen sind, um Deadlines einzuhalten – wegen denen spontane Treffen mit Freunden oder Kurzurlaube ins Wasser fallen –, der hat die »Nicht-planen-hält-mich-flexibel-Lüge« enttarnt.

Schaffen Sie lieber genügend Freiraum, in dem Sie tatsächlich spontan und selbstbestimmt leben können. Stellen Sie jetzt die Weichen, damit Sie ab sofort Ihre eigentliche Arbeit in Ihrer Kernarbeitszeit schaffen, damit Sie weniger Überstunden zu machen brauchen und trotzdem immer öfter das erledigen, was Sie sich vorgenommen haben.

Das kostet gar nicht viel Zeit. Diversen Zeitmanagement-Experten zufolge gewinnen wir bis zu zwei Stunden Zeit pro Tag, wenn wir fünf bis zehn Minuten lang die kommenden Tage planen. Wie die Experten auf diese Zahl kommen, ist leider nie belegt. Und sie sagen auch nie, wie viel wertvolle Lebenszeit man dabei mit Umplanen vertut. Trotz aller Skepsis – ich habe es auprobiert. Nicht, dass ich jeden Tag konkret plane, das halte ich – und die Erfahrung bestätigt es – für völlig ineffizient. Denn wir alle wissen, dass unsere Arbeitstage immer anders ablaufen als auf dem Papier skizziert.

Der Vorteil von ein wenig Vorausblick ist jedoch unbestritten: Wenn Sie überlegen, was morgen und in den nächsten Tagen alles auf Sie zukommt, dann sehen Sie sofort, wann und wo es stressig werden könnte. Sie können noch rechtzeitig und in Ruhe die Reißleine ziehen und den Stress auffangen. Tipps und Tools dazu erfahren Sie auf den folgenden Seiten.

Ihr Adlerflug (siehe Abschnitt »Mit dem Adlerflug …«) hat Ihnen bereits einen guten Überblick verschafft, zu welchen Tages- oder Nachtzeiten es bei Ihnen häufiger eng wird. Rücken Sie diesen Engpasszeiten zuerst zu Leibe und sorgen Sie hier mit einem klaren Konzept für mehr Ruhe.

Ich weiß, Sie sind noch skeptisch, wie das wirklich klappen soll. Und vielleicht sagen Sie: »Ich habe ja schon mal versucht, zu planen –

äääh Konzepte zu machen –, doch der Alltag hat diese schönen Werke zunichte gemacht und ich hatte dennoch Stress.«

Damit Ihre Konzepte wirklich mehr Ruhe und Freiraum in Ihren Alltag bringen, brauchen Sie vor allem kreativ-chaotische Instrumente sowie praxiserprobte Ideen, wie Sie sich gegen Angriffe von innen (dem inneren Schweinehund) und von außen (den lieben Mitmenschen) verteidigen! All das erhalten Sie auf den folgenden Seiten.

Sie werden sicherlich erst überzeugt sein, dass es stimmt, was Sie hier lesen, wenn Sie es am eigenen Leib erfahren haben. Deshalb probieren Sie es aus. Starten Sie einen drei- bis sechswöchigen Probelauf, in dem Sie Aufgaben und Termine auf eine neue Weise gruppieren.

Haben Sie einmal den daraus resultierenden Freiraum gespürt – dann sind Sie auch motiviert weiterzumachen. Denn dann spüren Sie Tag für Tag, dass es sich lohnt.

Welche Hilfsmittel für kreative Chaoten taugen

Viele Menschen wehren sich gegen schriftliche Notizen und sagen, sie hätten alle Aufgaben und Termine im Kopf. Natürlich ist es ein gutes Gehirnjogging, sich Dinge zu merken. Nach Forschungen des auf das Arbeitsgedächtnis spezialisierten Psychologen Nelson Corwan der University of Missouri-Columbia können wir uns allerdings nur vier Dinge gleichzeitig merken. Und diese Elemente verblassen nach 20 Sekunden, wenn wir sie nicht regelrecht auswendig lernen oder durch Merkmethoden im Langzeitgedächtnis verankern.[38]

Ich stelle mir immer wieder gerne vor, wie Termine und Aufgaben sich jeweils wie Wollfäden mit losen Enden durch meinen Kopf schlängeln und sich zu einem wuscheligen Knäuel verfilzen. Nachts schrecke ich dann hoch, weil aus dem Unterbewussten eine wichtige Aufgabe wieder an die Oberfläche kommt und ich mir denke: »Um Himmels willen, das habe ich ganz vergessen …« Und dann stressen mich all die wichtigen Dinge, die ich ja nicht vergessen will.

Machen Sie Ihren Kopf frei für die wirklich wichtigen Gedanken und Entscheidungen. Schreiben Sie alle Ihre Aufgaben und Termine auf. Alles, was Sie auf Papier oder elektronisch haben, ist aus dem Kopf. Und die losen Enden sind an Erinnerungshilfen angedockt und können nicht mehr verfilzen.

Haben Sie das schon einmal probiert?

Vielleicht haben Sie Ihre Aufgaben und Termine auf den Rand der Frühstückszeitung gekritzelt, auf ein altes Briefkuvert oder auf Post-its. Und die Erledigungen waren damit so prima aus dem Kopf, dass Sie Ihre Notiz auch einfach irgendwo liegen gelassen haben und zum Beispiel die alte Zeitung ins Altpapier entsorgt haben. Vorbei war es mit der Hilfe, denn diese Aufgabe haben Sie dann auch prompt vergessen zu erledigen, oder? Und Sie waren mal wieder darin bestätigt: Aufschreiben ist der beste Weg zum Vergessen.

Zugegeben, diese Methode hat etwas für sich. Denn häufig erledigen sich To dos, die wir vergessen haben, von selbst. Prima, wenn es kein anderer merkt und das Verbummeln keine negativen Konsequenzen nach sich zieht. Und Sie fühlen sich bestätigt: Es ist völlig egal, ob ich die Dinge gleich vergesse oder zuerst aufschreibe, den Zettel wegwerfe und so vergesse. Und sollte es doch mal Ärger geben – mit meinem Charme habe ich immer noch jede heikle Situation entschärft.

Falls Ihre unerledigten Dinge und Ihre Improviationsparcours Sie (oder die Menschen in Ihrem Umfeld) allerdings zu sehr nerven, nutzen Sie lieber die Kraft der »reisenden To-do-Sammlung«.

Reisende To-do-Sammlung

Verdonnern Sie sich nicht, Konzepte mit Hilfsmitteln zu erstellen, die für Ihre Art zu denken nicht taugen. Viele Seminarteilnehmer berichten, dass sie sich dazu zwingen, einen »normalen« Zeitplan zu führen, aber nur sporadisch und lieblos Termine und Aufgaben eintragen. Schluss damit. Wenn es keinen Spaß macht, das Planungsbuch oder -blatt in die Hand zu nehmen, dann werden Sie es auch nie erfolgreich nutzen.

Pfeifen Sie drauf, wie »man« heutzutage seine Aufgaben zu verwalten hat. Leben Sie Ihre Vorlieben aus. Nutzen Sie Instrumente, die Sie gerne in die Hand nehmen und mit denen Konzepte Spaß machen.

Denken Sie dabei vorerst in zwei Kategorien, die zu einem späteren Zeitpunkt ineinandergreifen werden: Nutzen Sie separate Instrumente für Ihre Aufgaben und für Ihre Terminübersichten.

In klassischen Zeitplanbüchern ist diese Trennung meist nicht vorgesehen, die Nutzer müssen ihre Aufgaben auf den Kalenderseiten eintragen. Auf diese Weise werden sie gezwungen, Aufgaben, die sie heute nicht geschafft haben, auf den morgigen Tag zu übertragen. Von dort wieder auf den nächsten und so weiter. Keinen Deut besser geht es Menschen, die Ihre Aufgaben in Outlook & Co. eingeben und morgens eine halbe Stunde brauchen, um frustriert die 83 aufgepoppten Aufgabenfenster zu schließen, zu verschieben oder »für später« offen zu lassen.

Das frustriert, denn dieser Vorgang kostet zum einen immens Zeit und schreit Sie zum anderen permanent an: »Du faule Nuss, wieder nicht geschafft, was du schaffen solltest!« Richten Sie Ihren Blick daher lieber auf das, was Sie erledigt haben, und kreieren Sie sich eine reisende To-do-Sammlung. Hier notieren Sie alles, was Sie erledigen wollen. Ja, wirklich alles. Diese Sammlung kann und soll alle Ihre Ich-muss-, Ich-könnte-, Ich-sollte-Aufgaben enthalten und Sie nehmen sie von Tag zu Tag mit. Im zweiten Schritt übertragen Sie daraus Ihre jeweils wichtigsten Aufgaben in den Terminkalender (vgl. Abschnitt »Investieren Sie in Hilfsmittel … «).

Achtung: Einige Menschen interpretieren diesen Tipp so, dass sie alles aufschreiben müssen, was sie tun sollen. Und einige logische Ordner machen das tatsächlich. Doch dann sind sie jeden Tag Stunden über Stunden damit beschäftigt, ihre Aufgaben zu verwalten, statt sie einfach nur zu tun. Oder finden Sie, dass es Sinn macht, Tätigkeiten wie Blumengießen, Müllrunterbringen oder Duschen aufzuschreiben (und den Tätigkeiten später eine geschätzte Dauer und einen Termin zu geben)? Natürlich dürfen Sie alles aufschreiben, was Sie wollen. Aber bitte beschränken Sie das weitere Prozedere auf die Aufgaben, die wirklich wichtig sind! Sie wollen mit Notizen ja Ihren Kopf entlasten. Wer hier übertreibt, der blockiert sich und erzeugt neuen Stress.

Schritt eins: Die perfekte To-do-Sammlung finden Schaffen Sie sich als reisende To-do-Sammlung ein Utensil an, das Ihnen Spaß macht:

Notieren Sie alles, was Sie tun wollen, tun könnten, tun müssen in einem Word-Dokument, handschriftlich auf einem selbst gestalteten Vordruck, auf einem Block oder in einer elektronischen Agenda. Manche kreative Chaoten sammeln ihre To dos in Form einer Post-it-Collage rund um den Bildschirm. Der Nachteil: Alles, was wir jeden Tag sehen, sehen wir bald gar nicht mehr (Effekt der Gewohnheit). Zudem löst sich bei vielen Zetteln im Laufe der Wochen der Kleber, sie segeln zu Boden und werden von der Putzfrau entsorgt. Gut, wenn es sich dabei um eine unwichtige Geschichte handelt, dumm, wenn es wirklich wichtig war. Sammeln Sie Ihre Post-its besser in einer Kladde, an einer Tafel, die auf dem Tisch liegt, oder auf einem großen bunten Zettel. Manche schwören auf Mind Maps (siehe Abschnitt »Bild sticht Text«), auf ihre handschriftlichen Notizen in einem Ringbuch oder einem edlen Notizbuch. Nutzen Sie Systeme, die Sie gerne in die Hand nehmen (Buch in einer schönen Farbe, weiches Leder, edler Karton). Viele kreative Chaoten bevorzugen übrigens Zettel, da sie diese nach Erledigung zusammenknüllen und wegwerfen können – und das erklärt die Aufgabe spürbar und plakativ als erledigt. Wandeln Sie bestehende Systeme um oder mixen Sie sie, damit Sie richtig gut damit arbeiten können. Erlaubt ist, was gefällt! Sie sind der Maßstab. Niemand sonst.

Sind Sie in Ihrer Firma gezwungen, mit einem einheitlichen Instrument oder einer gemeinsamen Software Aufgaben zu verwalten, dann lassen Sie sich erklären, welche spielerischen Raffinessen damit möglich sind. Haben Sie in Outlook schon die verschiedenen Farben, Fähnchen und Symbole entdeckt? Leben Sie ansonsten in Ihrem Privatleben aus, was Ihnen im Job verwehrt ist.

Schritt zwei: Für die wichtigen Aufgaben Zeitinseln einrichten Gehen Sie nun immer mal wieder Ihre To-do-Sammlung durch (morgens, abends, zwischendurch beim Warten auf den Bus, im Wartezimmer des Zahnarzts) und tragen Sie Aufgaben, die Sie zu einem bestimmten Zeitpunkt erledigen wollen oder müssen (Deadlines!), als Zeitinsel in Ihren Terminplaner ein. Blocken Sie den voraussichtlich nötigen Zeitraum.

»Häh?«, werden Sie jetzt sagen. »Das ist doch genau das, was ich nicht kann und nicht will. Und wofür mir die Zeit fehlt.« Ruhig Blut, denn Sie blocken ja nicht für alle Aufgaben ein Zeitfenster in Ihrem Kalender, sondern wirklich nur für die, für die Sie normalerweise keine Zeit finden. Das können Aufgaben sein, die Sie nicht mögen und immer aufschieben. Aufgaben, die Sie erfahrungsgemäß immer (genervt) auf den letzten Drücker machen, Aufgaben, die Ihnen am Herzen liegen und denen Sie sich voll und ganz widmen wollen, oder eben die ganz normale Arbeit.

Sie fragen, woher Sie wissen sollen, wie lange Sie für eine Aufgabe brauchen? Fragen Sie sich: Wie viel Zeit will ich in diese Aufgabe investieren? Sicherlich haben Sie schon mal beobachtet, dass Sie so lange für eine Aufgabe brauchen, wie Sie sich Zeit dafür genommen haben. Sie geben sich zwei Stunden, um den Keller aufzuräumen? Sie werden zwei Stunden brauchen. Sie geben sich 30 Minuten, um die Küche aufzuräumen – aber vielleicht hätten Sie schon nach 20 Minuten fertig sein können?

Der britische Historiker und Publizist Cyril Northcote Parkinson (1909–1993) machte um 1950 eine interessante Entdeckung und hat dieses Phänomen in seinem 1. Parkinson'schen Gesetz, auch bekannt als Gas-Effekt, humorvoll formuliert. Es lautet: »Arbeit dehnt sich in genau dem Maß aus, wie Zeit für ihre Erledigung zur Verfügung steht – und nicht in dem Maß, wie komplex sie tatsächlich ist.« Das ist ähnlich wie bei Gasen. Je mehr Raum Gas hat, desto mehr dehnt es sich aus. Komprimieren Sie das Gefäß, dann wird auch das Volumen des Gases geringer.[39]

Besonders bei Aufgaben, die kreativen Output bringen sollen oder bei denen wir uns mit anderen Menschen beschäftigen (Mitarbeitergespräch, Coaching, Beratung), können wir oft nicht sagen, wie lange wir brauchen. Aber wir können sagen: In dieses Projekt will ich maximal zwei Stunden investieren, um mein (klar formuliertes) Ziel zu erreichen. Bauen Sie kleine Puffer ein, dann werden Sie es schaffen. Das mag am Anfang noch etwas schwierig sein, aber je öfter Sie es machen und je mehr Erfahrung Sie haben, desto leichter können Sie Ihr gewünschtes Zeitbudget abschätzen. Mehr Ideen dazu finden Sie weiter unten.

Untermauern Sie Ihre positive Einstellung Konzepten gegenüber mit einem attraktiven Wort für Ihr Instrument. Viele kreative Chaoten taufen ihr Tool um und sagen statt Terminkalender lieber Konzeptkladde, Erfolgsjournal, Konzept-des-Lebens-Buch, Hab-mich-lieb-Büchlein oder Chancenplaner. Erfinden Sie einen Namen, der Sie spürbar motiviert, das Tool in die Hand zu nehmen.

Investieren Sie in Hilfsmittel, die zu Ihnen passen

Tauchen Sie ein in die bunte Welt der Konzept-Helferlein, und experimentieren Sie, womit Sie am besten klarkommen. Gehen Sie in ein großes Schreibwarengeschäft, betrachten und befühlen Sie die verschiedenen Instrumente, gönnen Sie sich etwas Schönes.

Achten Sie beim Kauf Ihres Utensils für die reisende To-do-Sammlung wie auch für Ihren Chancenplaner auf die folgenden Punkte:

1. Gönnen Sie sich wertvolle Utensilien Kreative Chaoten sind häufig Ästheten. Schöne Dinge sind ihnen wichtig und sie nutzen gerne, was einen hohen finanziellen oder emotionalen Wert hat. Machen Sie Schluss mit lieblosem Termingekritzel in den kostenlosen Werbekalendern des Zeitungsboten. Seien Sie gut zu sich– der Effekt belohnt Sie mehrfach dafür. Zum einen beweisen Sie sich mit wertvollen Hilfsmitteln Wertschätzung. Zum anderen sträubt sich Ihr Unterbewusstsein, ein teures Tool mit unwichtigen Aufgaben oder Terminen zu füllen – und so gewinnen Sie automatisch Freiraum.

Ein wertvolles Tool kann auch ein selbst gestaltetes Unikat sein: eine in Goldfolie gehüllte Kladde, ein mit Sand und Muscheln beklebtes Büchlein oder eine mit Cartoons geschmückte To-do-Vorlage.

Gehen Sie das Ganze ruhig auch spielerisch an und mimen Sie den Terminplanbeauftragten. Schauen Sie, mit welchen Tools Firmen ihre Projekte planen, und investieren Sie in diese.

BEISPIEL

Petra hat an der Stirnseite ihres Büros eine 2 x 1,75 Meter große Stecktafel, auf der zahlreiche bunte Steckkärtchen die laufenden und künftigen Projekte der selbstständigen Innenarchitektin zeigen. »Ich dachte mir ›Profiwerkzeug für Profiarchitektin‹. Das macht mächtig Spaß, so vor der Tafel zu stehen und mein Leben im wahrsten Sinne des Wortes im Griff zu haben.«

2. Sorgen Sie für viel Platz Bevorzugen Sie für Ihre reisende To-do-Sammlung Instrumente, die Ihnen viel Platz für Ihre Eintragungen lassen. Und strukturieren sie diese nach Ihren Vorstellungen. Leser der ersten Auflage dieses Buches schrieben mir beispielsweise, dass sie sich dicke, edle Notizbücher gekauft hätten und diese von zwei Seiten nutzen: Von vorne füllen sie relativ kurzfristig zu erledigende Dinge ein, von hinten füllen sie das Buch mit langfristig interessanten Projektideen. Für Ihren Terminkalender (Chancenplaner) gilt das Gegenteil: Je weniger Platz Sie haben, desto besser sortieren Sie von vornherein unwichtige Aufgaben und Verabredungen aus, weil Sie schwarz auf weiß sehen, dass es eng wird.

3. Achten Sie auf Flexibilität Kreative Chaoten wollen flexibel sein, deshalb ist für sie ein Instrument hilfreich, das diesem Wunsch Tribut zollt und flexibel zu handhaben ist. Viele kreative Chaoten sind aus diesem Grunde wahre Post-it-Junkies. Die bunten Zettelchen sind höchst beweglich zu nutzen und es gibt sie mittlerweile in allen Regenbogenfarben, in verschiedenen Formen (Sprechblase, Hand, Auto, Herz) und sogar als Foto-Post-its (eigene Familie, Karibikinsel).

Und natürlich können Sie die Dinge auch kombinieren: Kaufen Sie sich ein schönes Notizbuch für Ihre To-do-Sammlung. Fallen Ihnen zwischendurch Dinge ein und Sie haben Sie Ihr Büchlein nicht zur Hand, dann nehmen Sie ein Post-it, das Sie später in Ihr Buch kleben. Oder heften Sie hier eben den Zeitungsrand oder den Kuvertschnipsel hinein – das erspart Ihnen das Abschreiben.

Probieren Sie aus, ob Sie lieber elektronisch (Smartphone, PDA, PC) oder handschriftlich sammeln und Zeitinseln vergeben. Elektronische Helfer haben den Vorteil, dass Sie auf Knopfdruck veraltete Aufgaben in den virtuellen Papierkorb befördern und leicht Termine verschieben können. Für sehr flexible Menschen kann aber aus genau diesem Grund Papier wesentlich geeigneter sein: Weil Radieren und

Durchstreichen das Papier schnell unleserlich macht, werfen Sie Ihre Termine nicht so schnell über den Haufen und lernen dadurch leichter, Nein zu sagen. Außerdem spricht Per-Hand-Schreiben beide Gehirnhälften an (Tippen nur die linke) und Sie können kleine Skizzen und Bildchen hinzufügen. Für kreative Chaoten ist dies häufig eine gute Methode, die Dinge für sie eingänglich darzustellen.

Gönnen Sie sich die Abwechslung

Viele Menschen geben eine Menge Geld aus für teure Timer in Echtledereinband, für einen PDA, für ein Smartphone. Immer in der Hoffnung: »Diesmal schaffe ich es, diesmal bleibe ich dabei.« Und doch verschwindet das edelste Teil nach drei bis sechs Wochen in den Tiefen der Schreibtischschublade.

Kein Wunder. Kreative Chaoten lieben Abwechslung!

Sobald Sie daher spüren, dass Langeweile aufkommt – wechseln Sie bewusst Ihr Hilfsmittel. Ärgern Sie sich nicht, dass Sie »zu doof« oder »zu undiszipliniert« sind. Nein, sie brauchen die Abwechslung, also wechseln Sie bewusst und voller Freude vom Timer zum Tischkalender, weiter zur Stecktafel, weiter zum PDA und wieder zum Timer. Erlauben Sie sich das Wechseln – allein das kann schon helfen, dass Sie freiwillig bei einem Tool bleiben. Einfach deshalb, weil Sie jetzt den Druck los sind, dass Sie bei ihm bleiben müssen.

Treiben Sie es bunt

Nutzen Sie die bildhafte Vorstellungskraft der kreativen Chaoten und erwecken Sie mit Farben und Bildern Ihre To-do-Sammlungen und Konzepte zum Leben.

Schaffen Sie Farbwelten für Ihre unterschiedlichen Aktivitäten und markieren Sie sie in Ihren Chancenplaner bunt.

- Rot: Termine, bei denen Sie absolut pünktlich sein müssen

- Grün: Termine, bei denen eine Fahrzeit einzukalkulieren ist (Ja, die vergessen die kreativen Chaoten meistens und wundern sich dann, dass sie zu spät kommen.)
- Pink: persönliche Spaßtermine (Ausgehen, Kino, Sport)
- Blau: Aufgaben, bei denen Sie nicht gestört werden wollen
- Orange: Aufgaben, für die Sie andere Menschen brauchen (Infos, Unterstützung …)

Suchen Sie sich Ihre eigene Farbwelt, mit der Sie Ihre Tage gestalten. Farbe im Chancenplaner bringt Farbe ins Leben. Und Farben erleichtern Ihnen die Zuordnung von Terminen und Aufgaben. Sie sehen auf einen Blick die Gewichtung der Farben und können besser eine Balance zwischen Terminen, Aufgaben und Erholung herstellen.

Bild sticht Text

Garnieren Sie Ihren Chancenplaner mit kleinen Skizzen. Unser Gehirn liebt Bilder und besonders kreative Chaoten können Bilder leichter »lesen« als Buchstaben.

Zeichnen Sie zum Beispiel ein Auto für »Fahrzeit einplanen«, ein Telefon für »Wen ich heute anrufen will« oder ein Häuschen für »Einkaufen«.

Sie können nicht zeichnen? Aber klar doch! Sie können vielleicht keine millionenschweren Kunstwerke schaffen, doch um in Ihrem persönlichen Zeitplanbuch mehr Spaß zu haben, brauchen Sie kein van Gogh zu sein. Es genügen einige Strichlein – Hauptsache, Sie können erkennen, was Sie damit gemeint haben.

Viele Menschen malen für ihre Konzepte, für Agenden, Brainstormings oder ihre To-do-Blätter komplette Bilder in Form von Mind Maps.[40] Diese »Gehirn-Landkarten« sind ein flexibles und kreatives Hilfsmittel, das bewusst die Kraft der rechten Gehirnhälfte nutzt.

Für eine Mind Map nehmen Sie ein Blatt Papier (oder das Smartphone oder Tablet) und legen es quer vor sich. Schreiben Sie in die Mitte Ihr Thema (zum Beispiel »To do«, »Das will ich tun«, »Ideen für

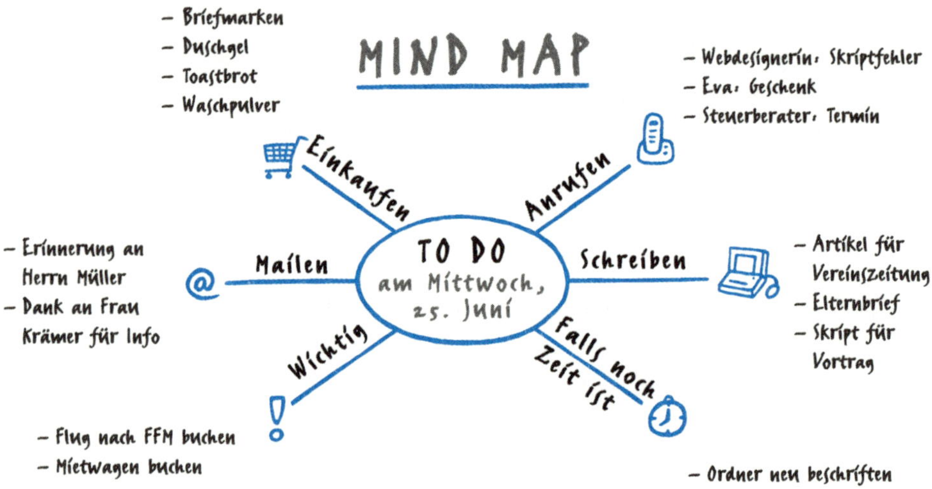

eine neue Marketingkampagne«) und machen Sie dann Striche wie Sonnenstrahlen vom Mittelpunkt weg. Weisen Sie jedem Ast eine Funktion zu, zum Beispiel »Anrufen«. Von jedem dieser Äste führen dann Zweige weg, auf denen konkrete Unterpunkte stehen.

Mind Maps sind ein beliebtes Tool, weil sie übersichtlich sind und es auch bleiben, wenn Sie etwas ergänzen. Bei einer Liste müssten Sie zwischen die Zeilen schmieren, wenn Sie etwas vergessen haben, bei einer Mind Map ist immer freier Raum. Mind Maps zu erstellen geht schnell, und weil Sie die Kraft der Assoziation nutzen, erhalten Sie in kürzerer Zeit mehr Ideen als in einer Liste.

Sie können Ihre Mind Maps handschriftlich erstellen und natürlich mit Farben und Bildern die Infos noch gehirngerechter und fröhlicher aufbereiten. Am Markt sind auch gute Mind-Map-Programme für den PC erhältlich, die jedoch eher für größere Projekte sinnvoll sind oder wenn Sie ohnehin die meiste Zeit am Rechner verbringen und sich gut in das Programm eingearbeitet haben. Ansonsten ist der Aufwand, den Rechner hochzufahren, die Mind Map zu öffnen, zu ändern und auszudrucken, höher, als dass es für Sie eine Arbeitserleichterung, geschweige denn eine Zeitersparnis ist. Eine super Weiterentwicklung sind deshalb Anwendungen für das Smartphone und das Tablet, mit denen Sie ganz leicht und intuitiv Mindmaps erstellen und an andere mailen können.

Bilder im Kopf

Viel Spaß macht es auch, seine Aufgaben mit Bildern im Kopf zu notieren, falls Sie mal kein Schreibzeug dabeihaben. Richten Sie dazu virtuelle Briefkästen entlang Ihres Körpers ein (Briefkasten Nummer 1: auf Ihrem großen Zeh, Briefkasten Nummer 2: auf Ihrem Knie etc.) und legen Sie Ihre Aufgaben darin ab (siehe auch Erfolgsjournal unter www.Kreative-Chaoten.com).

Sie wollen sich merken, dass Sie einen bestimmten Zeitungsartikel heraussuchen wollen? Setzen Sie in Gedanken einen Reporter mit altmodischer Schreibmaschine auf Ihren großen Zeh (= Briefkasten Nummer 1), der mit einer Zeitung winkt. Später fällt Ihnen ein, dass Sie Ihre Mutter anrufen müssen. Legen Sie in Gedanken einen roten Telefonhörer quer übers Knie, von dem Butter (Butter->Mutter) tropft.

Später gehen Sie in Gedanken Ihre Körper-Briefkästen durch und die damit verbundenen Bilder und Geschichten werden Ihnen wieder einfallen. Nun können Sie es gleich erledigen, aufschreiben oder weiter im Briefkasten lassen, bis Sie es erledigen wollen.

Erfinden Sie Ihre eigenen Geschichten. Diese müssen für Außenstehende nicht zu verstehen sein. Schaffen Sie sich Ihre eigenen Bilder, Assoziationen oder Reime (Butter->Mutter). Je skurriler die Geschichten sind, desto besser bleiben sie im Gedächtnis.[41]

Konzepte sinnvoll mit Inhalt füllen

In meinen Coachings und Seminaren sagen in der Regel alle Teilnehmer, dass sie tagsüber kaum zu den eigentlich wichtigen Aufgaben kommen und diese erst nach Feierabend oder am Wochenende erledigen könnten. Das Spannende dabei: Dies sagen sowohl Vorstandsvorsitzende, Vorstände, Manager des oberen und mittleren Führungskreises, Chefs des unteren Führungskreises als auch Mitarbeiter ohne Führungsfunktion, Freiberufler und Teilzeitkräfte. Es leiden folglich alle Berufstätigen darunter, dass sie zu den normalen Bürozeiten nicht ihr Pensum schaffen.

Ein Grund dafür ist, dass wir immer termingetrieben reagieren, anstatt aufgabenorientiert zu agieren. Das heißt, die meisten Menschen tragen sich ihre Termine (Meeting, Kundenbesuch, Zahnarzt, Ortsbegehung, Gerichtsverhandlung) in ihren Terminkalender ein und hoffen dann (vergebens) darauf, dass sich dazwischen ein Fensterchen auftun möge, in dem sie ihre Arbeit tun können. Vergessen Sie es – dieses Fensterchen wird sich niemals von alleine öffnen. Aber Sie können es selbst aufstoßen!

Ein weitere Grund dafür ist, dass wir meist fremdbestimmt reagieren und brav (oder missmutig) alles erledigen, was andere als »wichtig« und/oder »dringend« an uns herantragen. Doch diese Fremdbestimmung ist vor allem für die individualistischen und freiheitsliebenden kreativen Chaoten ein Graus: Nicht sie können bestimmen, sondern sie müssen anderen folgen.

Nehmen Sie die Hoheit über Ihre wertvolle Lebens- und Arbeitzeit selbst in die Hand. Wer rechtzeitig für seine eigenen Projekte Zeitinseln schafft, der erstickt Frust und Stress im Keim. Das klingt sehr idealistisch, oder? Und Sie werden sagen, das geht doch nicht. Vertrauen Sie darauf: Sie können sich im Meer der Aktivitäten Inseln schaffen, in denen Sie Ihre »eigentliche Arbeit« erledigen oder sich anderen wichtigen Tätigkeiten widmen. Denn Zeit haben wir nicht, wir müssen Sie uns schon nehmen für die Dinge, die uns wichtig sind.

Vom Großen zum Kleinen denken

Lassen Sie sich ab sofort nicht mehr vom Dringenden überrollen, sondern schaffen Sie langfristig Freiräume für wirklich wichtige Aktivitäten.

Blocken Sie in einer Jahresübersicht (ich nutze derzeit einen überdimensionalen Wandkalender der neben meinem Schreibtisch hängt, davor war es eine in Word gebastelte DIN-A4-Übersicht) Zeit für wichtige Unternehmungen: Messetermine, Weiterbildungen, an denen Sie teilnehmen wollen (auch wenn sie noch nicht gebucht sind), Ferienzeiten der Kinder, Geburtstage in der Familien (wenn Sie zum Beispiel an solchen Tagen gerne frei nehmen), Zeiten, in denen Ihr Lieblings-Wellnesshotel Sonderaktionen anbietet etc.

Wenn Sie sich solche Tage nicht blocken, dann drücken Ihnen andere Menschen immer mehr Termine auf und Sie werden auf diese Art von Fremden verplant. Wer Zeiträume blockt, der hält sich hingegen die Option auf schöne Unternehmungen frei.

Übertragen Sie von dieser Jahresübersicht Ihre langfristigen Termine, die Sie sicher wahrnehmen, in Ihren Chancenplaner. Denken Sie auch daran, Zeitinseln für Aufgaben von Ihrer To-do-Sammlung und Ihren Zieleblättern (Abschnitt »Ziele sichtbar machen«) zu sichern sowie Routinen (Meetings, Report-Deadlines) im Chancenplaner einzutragen.

Merken Sie, wie voll es schon wird? Das Gute daran: Das meiste sind Aufgaben und Termine, die Ihnen Spaß und Erholung bringen oder Sie in Ihrem Leben weiterbringen.

Nehmen Sie sich dann immer mal wieder im Laufe der Tage für einige Minuten die kommenden Tage vor. Notieren beziehungsweise begutachten Sie Ihre festen Termine und Routinen. Schauen Sie in Ihre To-do-Sammlung und vergeben Sie – falls nötig – Zeitinseln in Ihrem Chancenplaner für einzelne wichtige Aufgaben (nicht für den Kleinkram).

Achten Sie auf Ihren Biorhythmus. Wenn Sie wissen, dass Sie eine Stunde vor Feierabend fit für einen Marathon sind, dann legen Sie wichtige und intensive Aufgaben eben in diese Zeit. Schicken Sie Ihr schlechtes Gewissen, dass Sie zwar das Wichtige erkennen, es aber an den Schluss schieben, in die Wüste. Wenn es bislang gut funktioniert hat, warum etwas ändern? Und wenn es nicht gut funktioniert hat? Dann fangen Sie am nächsten Tag einfach mit der wichtigen Aufgabe an. Hadern Sie nicht, denken Sie nicht nach, legen Sie einfach los. Das beste Mittel gegen Aufschieberitis ist, die Aufgabe schnell zu erledigen (siehe Abschnitt »Aufschieberitis besiegen«).

Beachten Sie bei Ihrer Tagesvorschau: Wo wird es eng? Wo kann ich bündeln? Was kann ich verschieben oder delegieren? Noch haben Sie Zeit, zu agieren. Zudem arbeitet das Unterbewusstsein in der Nacht schon an so mancher Lösung – und dann sind die Aufgaben am kommenden Tag schneller erledigt.

Wenn möglich, sollten Sie Auswärtstermine auf einen Tag legen, damit nicht zu viele Tage zerrissen sind. Für Ihre Bürotage nehmen Sie sich dann eine, maximal drei Hauptaufgaben vor und verteilen die restlichen Arbeiten – ohne Uhrzeit – locker auf die ganze Woche.

»Uff«, stöhnen Sie jetzt vielleicht, »das ist doch die gleiche Botschaft wie im klassischen Zeitmanagement und ein Blick in meinen total dicht gefüllten Terminkalender raubt mir die Luft zum Atmen. Und das auf Wochen.« Nein, noch mal ganz deutlich: Sie tragen lediglich Aufgabeninseln ein für Aktiviäten, die zum derzeitigen Zeitpunkt für Sie wirklich wichtig sind. Und dazwischen lassen Sie sehr viele leere Inseln, die Sie spontan nutzen. Aufgabeninseln im 30-Minuten-Takt, die nahtlos ineinander übergehen, sind weltfremd. Verschwenden Sie damit keine Zeit!

In meinem Chancenplaner stehen tageweise überhaupt keine Aufgaben, weil ich da spontan entscheiden willl, was ich von der To-do-Sammlung nehme, oder ich lasse mich durch E-Mails oder Anrufe leiten. Es gibt auch Tage, an denen habe ich zwei Stunden vergeben, um ein neues Angebot zu schreiben, oder drei Stunden, um ein neues Seminarkonzept zu entwickeln. Derzeit habe ich zum Beispiel komplette Tage »freigenommen«, um die Aktualisierung dieses Buches in Ruhe über die Bühne zu bekommen.

Probieren Sie aus, mit wie vielen oder mit wie wenigen Zeitinseln Sie das Gefühl haben, Ihre Aufgaben entspannt erledigen zu können. Pfeifen Sie darauf, wenn andere mit einem überfüllten Terminkalender prahlen und ihre vermeintliche Wichtigkeit betonen – kreative Chaoten haben auch viel zu tun, sie brauchen es nur nicht aufzuschreiben, weil sie die Zeit lieber zum Tun nutzen. Oder weil sie auch unvorbereitet einen klasse Job hinlegen.

Tragen Sie auch immer wieder weitere Spaß- und Erholtermine ein. Gewöhnen Sie es sich an, Termine mit sich selbst zu machen und schöne Stunden im Chancenplaner zu blocken.

Das hat mehrere Vorteile:

1. Es fällt Ihnen leichter, Anfragen, die damit kollidieren, abzulehnen. Haben Sie diesen Termin lediglich im Kopf, ist der Kalender an dieser Stelle leer. Und da fällt es sehr viel schwerer, Nein zu sagen.

2. Sie sehen immer etwas, auf das Sie sich freuen. Das beflügelt.
3. Auf allen Blättern sehen Sie auf einen Blick Ihre schönen Aktivitäten. Die gestresste Einschätzung »Ich tue nichts für mich« verschwindet dann manchmal sofort.

Natürlich sind auch diese Termine mit uns selbst kein Dogma. Und Sie dürfen Sie jederzeit für andere schöne Aktivitäten über Bord werfen (Kneipenbesuch mit Freunden statt Badewanne). Geizen Sie aber damit, diese Termine für lästige Pflichten zu opfern. Genießen Sie, dass Sie jetzt flexibel auf die jeweilige Tageslaune hören können. Der Unterschied zu früher: Jetzt haben Sie tatsächlich die Zeit dazu.

Nutzen Sie die Gelegenheit, sich zu loben, was Sie alles geschafft haben. Sie sollen kein detailliertes Ergebnisprotokoll schreiben, sondern blicken Sie lediglich zurück auf Ihren Tag, streichen Sie Ihre To-do-Sammlung ab, zerknüllen Sie erledigte To-do-Zettel und loben Sie sich. Murmeln Sie vor sich hin: »Super, heute hast du viel geschafft!« Freuen Sie sich wirklich. Meist denken wir, wir würden so wenig schaffen. Aber der Grund ist lediglich, dass wir unsere Erfolge als normal abtun und sofort wieder zur Tagesordnung übergehen.

Wenn Sie mögen, können Sie auch festlegen, mit welcher Aufgabe Sie am kommenden Morgen anfangen wollen. Beginnen Sie zum Beispiel den Tag mit den »Drei Goldenen Nüssen«. Das ist eine meiner Lieblingsideen, die ich entwickelt habe und die bereits von vielen meiner Seminarteilnehmer erfolgreich angewendet wird.

Goldene Nuss Nummer 1: Beginnen Sie mit einer Aufgabe, die Sie Ihren beruflichen oder persönlichen Zielen näher bringt (Schritte aus Zieleblatt, Abschnitt »Ziele sichtbar machen«).

Goldene Nuss Nummer 2: Beginnen Sie mit einer Aufgabe, die Sie ekelhaft unangenehm finden (»Den Frosch morgens schlucken!«).

Goldene Nuss Nummer 3: Beginnen Sie mit einer Aufgabe, die Sie schon lange vor sich herschieben.

Wenn Sie morgens schon eine der »Drei Goldenen Nüsse« geknackt haben, gibt Ihnen das Power für den ganzen Tag. Sie können stolz auf sich sein und das beflügelt Sie, die anderen Aufgaben des Tages mit Elan zu erledigen.

Achtung: Natürlich sind die »Drei Goldenen Nüsse« keine Pflicht, sondern ein Angebot, kurz nachzudenken. Sie sollten nicht jeden Tag einen Dreierblock auf der Agenda haben. Starten Sie hin und wieder mit den »Drei Goldenen Nüssen« oder einer davon in den Tag, besonders wenn Sie gerade ein Motivationsloch haben. Ich habe mir in meinen Chancenplaner goldene Nüsse willkürlich verteilt. Kommt ein Tag mit einer goldenen Nuss, dann frage ich mich: Willst du heute eine knacken? Ja? Welche? Nein? Danke für das Angebot, vielleicht wieder beim nächsten Mal.

Den »Unter Druck arbeite ich am besten«-Mythos entlarven

Viele Menschen sagen: »Unter Druck arbeite ich am besten!« Ja, es gibt wirklich Menschen, die brauchen diesen Stress hausgemachter Art und werden dadurch kreativer. Doch bei vielen ideenreichen Menschen verringert sich unter Stress ihre Kreativität, wie die seit Jahren von mir eingesetzten wissenschaftlich validen Denkstilanalysen zeigen. Das heißt, viele Menschen denken nur, sie seien unter Druck am besten. In Wirklichkeit reden sie sich vielleicht das Ergebnis nur schön, weil ja ohnehin keine Zeit mehr ist, etwas Besseres nachzuliefern.

Eine Studie der Harvard Business School widerlegte sogar den Mythos, dass Kreativität und Zeitdruck positiv zusammenspielen. Mitarbeiter seien am unkreativsten im Wettlauf gegen die Zeit, stellten die Forscher in einer über neun Jahre dauernden Studie mit 12 000 Probanden fest. Extremer Zeitdruck behindere Kreativität, weil die Gelegenheit fehle, sich wirklich mit einem Thema auseinanderzusetzen und Ideen reifen zu lassen. Und es kommt noch schlimmer: Die Kreativität ist nicht nur am Tag des extremen Zeitdrucks eingeschränkt, sondern auch in den Tagen danach sind die Mitarbeiter weit weniger kreativ als gewöhnlich.[42]

Es kann natürlich auch sein, dass Sie Ihre Last-Minute-Aktionen unbewusst einsetzen, um einen anderen inneren Schweinehund zu bekämpfen: Ihren Perfektionismus. Wenn es nämlich kurz vor knapp ist, dann haben Sie eine gute Ausrede, warum etwas nun nicht so perfekt ist, wie Sie es normalerweise machen würden – und bringen damit Ihren inneren Schweinehund zum Schweigen.

Bringt das etwas zum Klingen in Ihnen? Dann lohnt es sich für Sie, sich näher mit dem Thema Perfektionismus zu beschäftigen (siehe Abschnitt »Wege aus der Perfektionismusfalle«). Die meisten kreativen Chaoten sind Perfektionisten. Das glauben die Systematiker oft nicht, denn auf sie wirken wir manchmal oberflächlich und schludrig. Das liegt aber nur daran, dass wir unseren Perfektionismus auf Dinge beschränken, die uns wirklich wichtig sind. Oder es liegt daran, dass wir – weil wir etwas perfekt machen wollen – es gar nicht erst anfangen.

Puffer einplanen

Nehmen Sie unnötigen Druck aus Ihrem Alltag heraus und planen Sie mit Puffern. Sie brauchen Zeitjoker für Störungen und ungeplante Ereignisse (Stau, Krankheit). Schließlich sind wir ja auch keine Roboter, die immer funktionieren.

Viele kreative Chaoten planen jedoch keine Puffer, weil sie entweder ohnehin nicht planen oder weil sie in ihrer grenzenlos optimistischen Lebenseinstellung denken: »Das schaffe ich heute locker alles.« Und weil sie glauben, sich in Sekundenschnelle vom Schreibtisch zu einem Termin beamen zu können, vergessen sie die Zeit, um die Tasche zu packen, die Fahrkarte zu suchen und die Fahrzeit dorthin. Wobei mir auffällt, dass mit zunehmender Erfahrung ganz vielen kreativen Chaoten Puffer in Fleisch und Blut übergegangen sind.

BEISPIEL

Birgit hatte lange Zeit eine Abneigung gegen Uhren und besaß keine Armbanduhr. »Als echter Freigeist gab es für mich überall Uhren. Zur Not habe ich in Autos geschielt oder später aufs Handy.

Natürlich kam ich dank meiner knappen Planung überall auf den letzten Drücker – ›sharp‹ nennen es die Engländer. Nicht wirklich zu spät, maximal fünf Minuten, aber auch keine Minute zu früh. Das Gefühl davor ist Stress. Jemanden warten zu lassen ist nicht höflich. Anderen Menschen ihre Zeit zu stehlen ist nicht fair. Ich musste für mich erkennen, dass mein Freigeist in der heutigen Zeit nur vermeintlich ist. Ich bin weder Schülerin noch Studentin. Davon musste ich mich bewusst verabschieden. Und erkennen, dass es sich göttlich anfühlt, 15 Minuten früher am Ort des Termins zu sein und noch einen Kaffee im Stehcafé nebenan zu trinken.«

Interessanterweise planen auch viele logische Ordner keine Puffer ein. Die einen, weil sie nie davon gehört haben, dass das helfen kann. Die anderen planen ihre Tage so akribisch durch, dass sie tatsächlich alles schaffen könnten – wenn da nicht die nervigen Zuspätkommer wären oder die chaotischen Kollegen, die mal wieder vergessen haben, Druckerpapier zu ordern oder den Konferenzraum zu säubern. Dann kommen die Planer ins Schleudern – und fangen sich oft den ganzen Tag nicht mehr. Ihr kunstvolles Planungswerk sackt in sich zusammen wie ein Kartenhaus.

Und so planen Sie mit Puffern:

- Notieren Sie Ihre (wichtigen) Aufgaben oder Termine.
- Überlegen Sie, wie viel Zeit Sie dafür investieren wollen.
- Schlagen Sie bis zum Doppelten an Zeit als Puffer drauf.

In den herkömmlichen Zeitmanagement-Ratgebern war lange Zeit von 60 Prozent für Aktivitäten und 40 Prozent für Puffer die Rede. Bei mir war die Verteilung von Anfang an anders. Die Gründe: Unsere Zeit ist schnelllebiger geworden und der Druck dadurch gestiegen. In dem Maße, in dem das Außentempo steigt, dürfen wir unser Tempo bremsen.

Außerdem arbeiten viele kreative Chaoten in Berufen, in denen sie kreativ sind und in denen sie viel mit Menschen zu tun haben. Und das verträgt sich mit Planbarkeit oftmals wie der Teufel mit dem Weihwasser. Je stärker Sie auf Kreativität auf Knopfdruck warten – desto mehr Ebbe herrscht in der Ideenkiste. Und je mehr Sie mit anderen

Menschen zu tun haben, desto mehr Einfluss haben deren Unwägbarkeiten auch auf Ihre Zeitplanung.

Noch ein Grund fällt mir ein: In der Regel haben kreative Chaoten oft das schlechteste Handwerkszeug, den ältesten Rechner, die klemmenden Ordner. Und da brauchen Sie ja gleich noch mehr Zeit, um bestimmte Aufgaben zu erledigen.

Planen Sie Ihre Zeit also künftig wie folgt:

- 50 Prozent Aktivitäten (Aufgaben, Termine)
- 30 Prozent Puffer für Unvorhergesehenes (Stau, Störung, Technik streikt etc.)
- 20 Prozent für Trödeln und Kreativzeit

Ja, richtig gelesen. Rechnen Sie die Zeiten für Trödeln, Ratschen in der Teeküche, Gang in den Waschraum ab sofort ein. Dann fehlt Ihnen diese Zeit später nicht. Und denken Sie vor allem an Kreativ- und Nachdenkzeiten.

Organisieren Sie nach diesem Schema auch im privaten Bereich. Je kleiner Ihre Kinder sind, desto großzügiger dürfen Sie Puffer einplanen. Denn Kinder »funktionieren« noch weniger als Erwachsene, und wenn Sie einen zu engen Zeitplan haben, dann klappt es oftmals schon aus diesem Grund nicht, weil sich Ihre Anspannung auf die Kinder überträgt und diese dann erst recht langsam werden oder Malheurs (verschüttete Milch, Knie aufschlagen) passieren.

Achten Sie dabei auf Ihren Rhythmus, denn es gibt Menschen, denen fehlt bei zu lasch gefüllten Tagen die nötige Power und sie verzetteln sich gnadenlos in Unwichtigem.

BEISPIEL

Oliver hilft ein enger Terminkalender bei der Bewältigung von Aufgaben. »Je mehr ich mir vornehme, desto mehr bekomme ich geschafft. In der Freizeit ist das anders. Hier habe ich gerne die Zeit zum Abschalten und Entspannen. Zu viele Termine vernichten den Erholungseffekt.«

Anderen Menschen schnürt ein Zuviel an To dos eher den Hals zu und schon ein Blick auf den Kalender vermiest ihnen den Tag. Finden Sie Ihre persönliche Wohlfühlfüllung.

Starten Sie auch zu Terminen mit ausreichend Puffer und tricksen Sie ihren Last-Minute-Schweinehund ein wenig aus, indem Sie beispielsweise Termine immer eine Viertelstunde vor dem eigentlichen Termin notieren (Wecker stellen) und somit in Ruhe außer Haus gehen können. Lassen Sie, besonders wenn Sie pro Tag mehrere Termine haben, ausreichend Zeit dazwischen. Denken Sie in beruflichen Hochphasen auch daran, den »Freizeitstress« zu reduzieren.

Birgit, Übersetzerin, erzählt, dass sie Pufferzeiten insofern einplant, »dass ich bei größeren Projekten darauf achte, abends nicht jeden Tag noch Freizeittermine festzulegen. So kann ich zur Not abends etwas länger arbeiten. Diese Pufferabende geben mir ein gutes Gefühl, dass ich nicht unter Zeitdruck stehe, und ich brauche sie eher selten.«

Die Tage luftiger gestalten

Wenden Sie Zeitjoker auch über einen längeren Zeitraum an und gönnen Sie sich Tagespuffer. Verlegen Sie gedanklich und in Ihrem Chancenplaner Termine nach vorne. Notieren Sie statt »Abgabe am 27.9.« »Abgabe am 25.9.«. Wenn Sie es ernst nehmen und diesen Puffer nicht schon im Vorfeld ignorieren, dann glaubt Ihnen Ihr Unterbewusstsein und Sie werden tatsächlich früher anfangen und auch früher fertig werden. Sie können ja die letzten beiden Tage noch einer Überarbeitung widmen, zu der Sie unter Druck normalerweise nicht mehr gekommen wären.

Die Vorteile von Tagespuffern liegen auf der Hand: Stressige Nachtschichten, Wochenenden am Schreibtisch statt am See oder Geldverlust (weil Sie die pünktliche Abgabe doch nicht mehr geschafft haben) gehören der Vergangenheit an. Sie geraten nicht mehr ins Schleudern, wenn Sie (oder die Kinder) einen Tag vor einer Deadline krank werden – da ist die Arbeit nämlich schon fertig. Und werden Sie vier Tage vorher (ernsthaft) krank, dann ist noch ausreichend Zeit zum Verschieben der Deadline oder zum Delegieren der Aufgabe. Wenn Sie rechtzeitig die Initiative bei Engpässen ergreifen, erspielen Sie sich außerdem einen dicken Pluspunkt bei Ihren Geschäftspartnern, Vorgesetzten und Kollegen.

Für Führungskräfte, Freelancer und Unternehmer schaffen solche Luftpolster zusätzlich die Möglichkeit, reagieren zu können, wenn ein wichtiger Kunde auf die Schnelle etwas von ihnen braucht. Oder es lässt ihnen zwischen zwei Projekten die Luft zur Erholung oder für Routineaufgaben.

Viele Ihrer Mitmenschen planen übrigens solche Tagespuffer bereits ihrerseits ein, wenn sie auf Zulieferungen von kreativen Chaoten warten. Setzen auch Sie frühere Deadlines für andere und geben Sie gleich Feedback, wenn die Arbeit ankommt. Nichts ist nerviger, als pünktlich zu liefern und dann wochenlang nichts zu hören, bis schließlich der Anruf kommt: »Ich habe mir Ihre Sachen angeschaut, und Sie müssten bitte noch …« Das demotiviert total – und demotivierte Mitarbeiter oder Zuarbeiter kosten Sie dann wieder extra Zeit (mehr dazu im Kapitel »Delegieren«).

Versuchen Sie, Puffer unangetastet zu lassen und sie wirklich nur im Notfall zu nutzen, damit Sie fristgerecht und entspannt Ihre Arbeit abliefern können. Freuen Sie sich darauf, dass Sie mit der geblockten Pufferzeit freie Zeit gewinnen, in der Sie eine andere Arbeit anfangen oder sich erholen. Packen Sie sich bei Ihrem Ehrgeiz, denn sonst tappen Sie in die Falle des Parkinson'schen Gesetzes und Ihr Puffer verschwindet in den normalen Projektarbeitszeiten.

Natürlich wird es trotz Puffer immer mal wieder hektische Tage und Wochen in Ihrem Leben geben. Das ist normal. Der Unterschied ist jetzt, dass diese Hochphasen mit der Zeit kürzer und seltener werden, weil Sie ein besseres Gefühl für Ihren optimalen Rhythmus bekommen. Was tun Sie also, wenn es sporadisch wieder eng wird? Richtig: Augen zu und durch. Nicht jammern. Nicht klagen. Investieren Sie Ihre Energie ins Tun. Und bauen Sie danach einen dickeren Erholungspuffer ein.

Zeiten für Aufgaben blocken schützt vor Fremdbestimmung

Besonders wenn Sie im Büro mit vernetzten Kalendarien arbeiten, schützt Sie das Eintragen von Aufgabenblöcken bestens vor ungewollten Fremdeinträgen und sichert Ihnen ruhige Arbeitsstunden.

BEISPIEL

Carlo hat einen Hass auf den offen zugänglichen Online-Kalender. »Meine Kollegin Doris fragt mich immer wieder, ob ich mit ihr mittags zum Essen gehe. Neulich sagte ich, dass ich leider kein Zeit habe, und Doris antwortete: ›Doch, du hast Zeit – es ist in deinem Online-Terminkalender nichts eingetragen.‹ Aber ich habe halt meine Aufgaben und Termine im Kopf, habe aber gesehen, dass Doris' Kalendarium einem Einsatzplan ähnelt: Minutiös ist jeder Termin vermerkt, jede Viertelstunde des Tages hat einen Eintrag. Diese Woche hat sie das Fass zum Überlaufen gebracht: Sie fragte per Mail an, ob wir essen gehen, und als ich nicht gleich reagierte, trug sie in meinen Kalender einfach den Termin ein.«

Sie glauben, Sie könnten doch nicht einfach Zeit im Kalender für Aufgaben blocken? Doch Sie können. Denn das ist der einzige Weg, um tagsüber in Ruhe wirklich arbeiten zu können oder abends pünktlich hinauszukommen. Geben Ihnen größere, ungestörte Zeiteinheiten das Gefühl, dass es sich lohnt, mit einer Arbeit überhaupt anzufangen, dann blocken Sie dafür größere Zeitfenster (=Platten) in Ihrem Kalender. Laufen Sie hingegen zur Hochform auf, wenn Sie immer nur eine kurze Zeiteinheit vor sich haben (Mosaik), zerlegen Sie Ihre Aufgaben in Häppchen, die Sie in Halbstundeneinheiten angehen.

Sicherlich haben Sie schon gemerkt: Für Dinge, die uns wichtig sind, müssen wir uns die Zeit nehmen. Und einen Aufgabenblock zu terminieren ist genau das. Mag sein, dass es Ihnen nicht immer gelingen wird, diesen Block wirklich zu verteidigen. Aber jeder realisierte Block schenkte Ihnen schon mehr Zeit für die wirklich wichtigen Aufgaben als früher. Nur Mut – in anderen Firmen haben sich solche Arbeitsblöcke mit »Bitte nicht stören«-Geist bereits durchgesetzt (siehe Abschnitt »Bitte nicht stören«).

Aufgaben in Power-Riegel bündeln

Fassen Sie kleinere Aufgaben von Ihrer To-do-Sammlung zu Blöcken zusammen und bündeln Sie nach Kategorien. Schreiben oder kleben

Sie gleichartige Aufgaben zusammen in eine Ecke, der Sie ansprechende Namen geben: »Wen will ich anrufen?« Oder »To call«. »Was will ich schreiben?« Oder »To write« und so weiter. Besonders übersichtlich wird das mit einer Mind Map (siehe Abschnitt »Bild sticht Text«).

Schätzen Sie, wie lange Sie den jeweiligen Aufgaben realistisch widmen wollen (zum Beispiel 60 Minuten für die wichtigsten Telefonate, 120 Minuten Rechnungen schreiben), und blocken Sie – vor allem wenn mehrere im Team Zugriff auf Ihren Kalender haben – diese als Termin in Ihrem Chancenplaner. Schraffieren Sie die dazu nötige Zeit bis zum voraussichtlichen Ende.

Blöcke haben viele Vorteile:

1. Sie richten nur einmal das Werkzeug ein In der Regel kostet es mehr Zeit, sich für eine Arbeit einzurichten, als diese zu erledigen.

2. Blöcke auf gute Zeiten legen Legen Sie Ihre Blöcke auf Zeiten, in denen Sie energiegeladen sind (anspruchsvolle Tätigkeiten) oder müde (Energietanken mit Routinejobs) oder in denen die Chancen groß sind, zum Beispiel die gewünschten Gesprächspartner telefonisch zu erreichen.

3. Erledigungen verzahnen und Wegzeiten sparen Sie holen sich einen Kaffee? Bringen Sie gleich Gießwasser für Ihre Schreibtischpflanze mit. Sie holen sich neue Druckerpatronen im Sekretariat? Nehmen Sie gleich die Belege für die Reisekostenabrechnung mit.

Schütteln Sie gerade den Kopf, während Sie dies lesen? Weil das doch normal ist, es so zu machen? Dann zählen Sie vermutlich zu den bereits sehr gut organisierten Menschen, vielleicht sogar zu den logischen Ordnern. Für einen kreativen Chaoten ist so eine Tour nämlich oftmals eine gedankliche Meisterleistung, die ihn mit Stolz erfüllt.

4. Abschotten fällt leichter Sie können sich bewusst in dieser Zeit abschotten.

Besonders hilfreich sind Power-Riegel, um der E-Mail-Flut Herr zu werden. Eigentlich als segensreiche Zeitersparnis gedacht, sind Mails in den letzten Jahren zum Zeitfresser Nummer eins mutiert. Besonders die unsägliche CC-Manie sorgt dafür, dass bei einigen Berufstätigen rund 95 Prozent der eingehenden Mails von null Interesse sind. Aber weil der Absender zu faul ist, die Adressaten gezielt anzumailen, oder auch weil in vielen Firmen Angst herrscht, es könne einem vorgeworfen werden, Infos zurückgehalten zu haben, bomben sie andere mit wertlosen Mails zu, die dennoch mit viel Zeitaufwand gesichtet werden müssen.

Hinzu kommt das Problem: Wer permanent unterbrochen wird und zwanghaft jede eingehende Mail liest und beantwortet, rauscht in ein Leistungstief. Forscher des Londoner King's College bewiesen das in einem Versuch. Sie ließen die Hälfte der Probanden Marihuana rauchen, die andere Hälfte bearbeitete eingehende E-Mails. Das Ergebnis war: Die bekifften Probanden schnitten beim Lösen von Aufgaben weitaus besser ab als diejenigen, die mit den E-Mails beschäftigt waren. Psychologen halten einen »temporären Verlust von rund 10 IQ-Punkten durch den Konzentrationskiller E-Mail für äußerst realistisch«.[43]

Stoppen Sie diesen Zeitfresser. Regen Sie einen E-Mail-Knigge für Ihre Firma an – die anderen leiden ja genauso wie Sie! Anregungen dazu finden Sie in den »Elf Goldenen E-Mail-Regeln« unter www.Kreative-Chaoten.com. Stellen Sie die automatische Benachrichtigung über den Posteingang ab. Egal ob »pling« oder ein blinkender Umschlag – jeder Reiz stört Sie bei Ihrer Arbeit. Probieren Sie aus, Ihre Mails nur noch viermal am Tag zu sichten (zum Beispiel 1. morgens, 2. kurz vor dem Mittagessen, wenn die Konzentration ohnehin nachlässt, 3. nach dem Mittagessen im Leistungstief, 4. kurz vor Feierabend). Fragen Sie sich, wie wichtig ist es, sekundengenau über neue Post informiert zu sein. Was passiert, wenn Sie eine Mail erst nach drei Stunden lesen? Meist passiert nichts – und wenn Sie nicht am Platz wären, dann würden Sie den Eingang ja auch nicht bemerken. In den USA ist es laut E-Mail-Knigge üblich, innerhalb von acht Stunden eine

Mail zu beantworten. In Deutschland ist es akzeptiert, wenn die Antwort am nächsten Tag kommt. Machen Sie sich deshalb keinen Stress, schnell antworten zu müssen. Lassen Sie sich nicht vom Anspruch anderer Menschen hetzen, die innerhalb von einer Stunde eine Antwort wünschen.[44] E-Mail ist ein asynchrones Medium; wenn jemand umgehend eine Antwort von Ihnen braucht, sollte er anrufen, empfehlen E-Mail-Knigge-Spezialisten.[45]

Sie freuen sich über die ständigen Mails als willkommene Ablenkung von Ihrer langweiligen Arbeit? Gut, denn wir brauchen kreative Pausen, um unseren Arbeitsakku zu laden. Mailen Sie in diesem Fall mit Begeisterung – und ohne schlechtes Gewissen – zurück. Sonst ist nämlich der Erholungseffekt gleich null. Die Freude über die Ablenkung ist bei Ihnen ein Dauerzustand? Dann denken Sie ernsthaft darüber nach, ob Sie die richtige Arbeitsstelle haben, und ziehen Sie mittelfristig Konsequenzen.

Balance aus Arbeit und Erholung schaffen

Besonders kreative Chaoten erleben bei ihrer Arbeit oftmals den berühmten Flow und vergessen dabei Zeit und Raum. Sie wirken wie ein unerschöpfliches Energiebündel, das Tag und Nacht durcharbeiten kann. Viele Menschen brauchen ein hohes Lebenstempo, um sich gut zu fühlen, und zahlreiche Aktivitäten und Termine geben ihnen erst den richtigen Kick. Aber es gibt auch Menschen, die ihre Tage und Wochen lieber gemächlich angehen wollen und die zu viel Betriebsamkeit zermürbt.

Nach meiner Beobachtung gehören kreative Chaoten eher zu den Menschen, die viel in ihre Tage hineinpacken: viele Unternehmungen, Treffen mit anderen Menschen, einen Haufen Ehrenämter. Sie treffen sich lieber mit Menschen, als im stillen Kämmerlein zu sitzen, und vergessen darüber schon mal leicht die Zeit, die dann an anderen Ecken wieder fehlt. Sie stürzen sich gerne in neue Herausforderungen oder Hobbys, oftmals ohne die alten zu verabschieden. Und sie machen das spontan.

Viele kreativen Chaoten fühlen sich nämlich eingeengt, wenn sie auf lange Sicht verplant sind. Das bremst ihre Motivation und kann zu einem echten Problem werden, wenn sie sich dauerhaft in ihrer Flexibilität eingeschränkt fühlen. Ist das bei Ihnen der Fall, dann machen Sie langfristig nur Termine, die anders auf keinen Fall zu bewerkstelligen wären, und behalten Sie sich ansonsten viel Freiraum vor.

BEISPIEL

Matthias ist Heilpraktiker und hasst langfristige Verbindlichkeiten. »Ich mache Termine mit Patienten immer nur zwei Wochen im Voraus aus. Denn es stresst mich, wenn schon über Wochen voraus meine Tage verplant sind. Wer weiß, was ich in den Wochen danach machen, ob ich einen Tag frei haben will oder so. Und es zahlt sich aus. Ich habe jüngst einen Anruf bekommen von einer Gruppe Profiradler, welche die Trans-Alpin machen wollten und denen der ärztliche Begleiter ausgefallen ist. Ich konnte die ärztliche Betreuung der Gruppe spontan übernehmen – ohne dass ich Termine umlegen oder Patienten aufwendig informieren musste.

Planen Sie langfristig unbedingt Auszeiten und Urlaub ein. Blocken Sie dafür lediglich den Termin – wo Sie letztendlich hinfahren, das können Sie ja spontan entscheiden! Viele Führungskräfte und Unternehmer sagen zwar, dass sie nicht wegfahren könnten, weil sonst im Betrieb alles zusammenbrechen würde. Längere Auszeiten sind jedoch wichtig, damit Sie dauerhaft fit und leistungsfähig bleiben. Was hat Ihre Firma und Ihre Familie davon, wenn Sie sich zwar heute aufreiben, aber morgen für eine lange Zeit ernsthaft ausfallen?

Setzen Sie sich nicht unter Druck, immer einen effizienten Acht-Stunden-Tag mit regelmäßigen Pausen machen zu müssen. Die meisten kreativen Chaoten sind leidenschaftliche Projektarbeiter und können problemlos mehrere Tage lang mit 14-Stunden-Schichten Gas geben – und sich dann in ruhigen Phasen (»Gammeltage«) erholen. Besonders für Freelancer oder Selbstständige, aber auch für kreative Angestellte wird das Leben immer eine Achterbahnfahrt zwischen Hochdruck und »kein Auftrag in Sicht« sein. Nehmen Sie diesen Rhythmus an, genießen Sie mit gutem Gewissen die Auszeiten zwischen den Projekten oder einzelne Stunden während laufender Projekte als kreative Erholung. Erholen Sie sich mit gutem Gewissen, danach flutscht es umso besser. Unser systematisches, linkshirniges Umfeld hat dafür meist kein Verständnis – machen Sie sich nichts daraus. Leben Sie Ihren Rhythmus, das ist Ihr Motor für herausragende Ergebnisse!

Gewohnheiten schaffen – vom Spießer-Makel zum Lebenskünstler-Kissen

Bringen Sie mehr Ruhe in Ihren Alltag, indem Sie bestimmte Aktivitäten zu Ritualen machen. Ja, ich weiß – ein grauer Alltag voller Routinen, diese Vorstellung ist genau das, was flexible Menschen hassen. So tun sie ständig alles dafür, um nur nicht den Makel des Spießertums auf sich fallen zu lassen und jeden Ansatz von Routine bereits im Keim zu ersticken.

Wissen Sie, was diese Art zu (re)agieren ist? Das gewissenhafte Vermeiden von Routinen wird den Flexiblen zur Routine. Aus Gewohnheit reagieren sie auf den Anschein von Gewohnheiten mit Verweigerung. Völlig gewohnheitsmäßig verhalten sie sich also so, wie sie gerade nicht sein wollen.

Vergessen Sie die Ausrede »Ich kann keine Routinen ertragen« – Sie tun es ja bereits. In vielen Fällen wollen wir nicht, weil wir Routinen damit verbinden, unsere Freiheit aufzugeben. Doch die geben wir nur auf, wenn wir es übertreiben würden und jede Minute komplett mit Routinen verplanen. Finden Sie ein Maß, das Ihnen und Ihrem Team guttut. Denn besonders für kreative Chaoten (aber auch für Kinder) haben Routinen – oder nennen wir sie lieber Rituale – viele Vorteile.

1. Sie können sich besser mit anderen Menschen koordinieren. Teams, die fixe Meeting-Zeiten haben (zum Beispiel Dienstag 11 Uhr) sparen sich Zeit, Telefonate und Mails, um einen für allen passenden Termin zu finden. Wer den Mittwochabend für Sport reserviert, kann einen Babysitter fest buchen oder sich mit dem Partner abstimmen.
2. Sie erziehen die Menschen in Ihrem Umfeld und sichern sich Freiräume: Feste Sprechzeiten des Chefs (ähnlich wie beim Arzt)

signalisieren ein offenes Ohr für die Mitarbeiter und sichern störungsfreie Arbeitsblöcke. Wenn die Familie weiß, dass donnerstags Großeinkauf ist, melden alle ihre Wünsche rechtzeitig an.

3. Alles, was Ihnen in Fleisch und Blut übergegangen ist, verstopft nicht Ihr Gehirn. Zähneputzen, Kaffee kochen – diese Handgriffe sitzen. Je weniger Ballast Sie im Kopf haben, desto besser können Sie sich auf wichtige Themen konzentrieren.
4. Sie umgehen langwierige Grübeleien: Wer Montagabend einen Tanzkurs gebucht hat, muss sich nicht überlegen: »Was mache ich heute nur?« Und vor lauter Grübeln macht man letztendlich gar nichts.
5. Sie erleben regelmäßig das gute Gefühl, etwas geschafft zu haben. Routinen erledigen Sie automatisch mit wenig Energieaufwand – und können sich dann umso mehr über ein Erledigt-Häkchen in Ihrem Chancenplaner freuen.
6. Sie spüren ein gutes Gewissen. Wenn Mittwoch Ihr Putz- und Waschtag zu Hause ist, dann stören Sie die Berge an Wäsche und die Staubmäuse unterm Schrank nicht. Sie wissen: Morgen sind sie dran.
7. Sie schaffen spielend leicht eine hohe Grundordnung. Besonders effektiv sind Gewohnheiten im Umgang mit Besitz. Tun Sie täglich einen kleinen Schritt und schaffen Sie nahezu nebenbei eine hohe Grundordnung (siehe Strategie 3).

Routinen sollen Ihnen helfen, den Alltag zu entspannen – und keinen weiteren Druck aufbauen! Und das heißt auch, sie zu einem gewissen Maße flexibel zu halten. Entdecken Sie nach einiger Zeit, dass Ihre Routinen bröckeln, dann forschen Sie nach dem Grund und sorgen Sie für Abwechslung. Verlegen Sie Ihren Waschtag auf Dienstag, Ihren Sport auf Donnerstag – was immer Ihnen guttut. Überlegen Sie sich auch, wie Sie reagieren wollen, wenn andere Aktivitäten mit Ihren Routinen kollidieren. Finden Sie es oberspießig, die Einladung zum Geburtstagsbrunch am Samstag abzulehnen, nur weil da Ihre Familie immer zusammen putzt, ausmistet, das Auto wäscht?

Dann helfen Sie sich mit einer weiteren Gewohnheit: »Muss der Großputz am Samstag ausfallen, weil wir etwas anderes, wirklich

Schönes und Wichtiges vorhaben, dann machen wir am Freitagnachmittag die ›kleine Hausordnung‹ und es dafür am kommenden Samstag wieder richtig!« Der kommende Samstag lockt schon wieder mit tollen anderen Aktivitäten? Dann splitten Sie prinzipiell den Großputz in mehrere kleine Häppchen auf, die Sie über die Woche und auf alle Familienmitglieder verteilen. Eine Hilfe ist dabei der 20-Minuten-Morgenlauf (siehe Abschnitt »Immer ein gutes Gefühl«)

Merken Sie, dass Sie in einigen Bereichen auch ohne Rituale alles schaffen, was Sie schaffen wollen – dann wissen Sie ja: Finger weg davon. Denn Sie müssen gar nichts.

Endlich pünktlich sein. Oder: Zu früh ist auch unpünktlich

Lassen Sie uns an dieser Stelle über ein Thema sprechen, das den meisten Zoff im Berufs- und im Privatleben entstehen lässt: die chronische Unpünktlichkeit der kreativen Chaoten. Besonders betrifft dies den kreativen Ideen-Sprudler, denn der sensible Unterstützer kommt eher selten zu spät. Er, der Einfühlsame und stark auf seine Mitmenschen Konzentrierte, wertet dies als grobe Unhöflichkeit und mangelnde Wertschätzung dem anderen gegenüber. Deshalb setzt er alles daran, in der Regel pünktlich zu sein.

Anders der kreative Ideen-Sprudler: Er hat zwar oftmals den Willen, pünktlich zu sein, doch dann sind die guten Vorsätze schnell passé. Das kommt häufig daher, weil er unter Druck optimal arbeiten kann und deshalb ein Last-Minute-Power-Worker ist. Das heißt: Wenn er weiß, dass er in 30 Minuten aus dem Haus gehen sollte, um pünktlich zum Termin zu erscheinen, dann packt er noch schnell ein paar kleinere Aufgaben an, die er zielstrebig erledigt. Noch zehn Minuten: Okay, E-Mails checken geht auch noch. Noch zwei Minuten: Das Telefon klingelt – ach, habe ja noch Zeit. Und schwupps – der geplante Abreisezeitpunkt ist erreicht, überschritten, weit überschritten. Und die Chance, pünktlich zu kommen, ist vergangen. Mit Volldampf düst er dann los, einige Minuten zu spät sind ja kein Problem (für ihn). Die akademische Viertelstunde hat der kreative Ideen-Sprudler ohnehin ganz für sich gepachtet. Und der Zeitdruck hat ja auch sein Gutes: Man muss nicht auf andere warten, man fühlt sich wichtig und begehrt und der hohe Adrenalinstoß macht einen wach und präsent.

Ist der Gewinn Ihrer Unpünktlichkeit für Sie höher als der Preis, dann werden Sie nichts daran ändern. Warum auch?

Haariger wird es bei wichtigen Terminen, bei denen bereits eine Verspätung von wenigen Minuten einen schlechten Eindruck macht, oder wenn Ihre Zu-spät-Marotte zum Dauerzustand wird. Dann riskieren Sie, dass die Laune Ihres Gesprächspartners so miserabel ist aufgrund der sinnlosen Warterei, dass mit Sicherheit kein gutes Ergebnis mehr erzielt werden kann.

Machen Sie sich klar: Wer ständig auf sich warten lässt, der verschwendet wertvolle Lebens- und Arbeitszeit seiner Mitmenschen und letztendlich – weil er verärgerte Menschen wieder beruhigen muss – auch von sich selbst. Zeit, in der Sie ansonsten schon wieder etwas tun könnten, das Ihnen Spaß macht und das Sie beruflich oder die Firma unternehmerisch weiterbringt.

Machen Sie für sich ein Spiel daraus, pünktlich zu sein. Überlegen Sie sich, wie Sie sich einen pünktlichen Start erleichtern können:

- Einen Wecker stellen
- Jemanden anrufen lassen mit der Aufforderung »Und los«
- Einen (systematischen) Kollegen als Druckmacher beauftragen und ihn dafür »bezahlen« (Gegengefallen …)
- Terminerinnerung in Outlook aktivieren
- PC automatisch zu einer bestimmten Uhrzeit herunterfahren
- Legen Sie Ihren Abfahrtszeitpunkt zehn Minuten früher und nehmen Sie Sachen mit, die Sie dann vor Ort – falls Sie tatsächlich zu früh sein sollten – noch erledigen können.

Werden Sie kreativ, denken Sie quer, wie Sie sich das Leben erleichtern können. Und belohnen Sie sich, wenn es geklappt hat.

Manchmal ist die beste Belohnung schon die damit verbundene erhebliche Zeitersparnis: Weil Sie pünktlich angefangen haben, können Sie auch – ohne schlechtes Gewissen – pünktlich Schluss machen. Sie vertun keine Zeit mit fadenscheinigen Ausreden und fühlen sich dadurch besser. Auf diese Art und Weise werden beispielsweise auch Meetings kürzer und effektiver.

Legen Sie die Anfangs- und Endzeiten von Besprechungen oder Terminen auf krumme Uhrzeiten. Statt wie bislang 9.30 Uhr starten Sie um 9.27 Uhr. Interessanterweise kommen bei solchen Uhrzeiten wesentlich mehr Menschen pünktlich als bei den eingeschliffenen geraden Zeiten. Der Grund: Solche krummen Zeiten sind merkwürdig, das heißt, Sie als Rechtshirner können Sie sich besser merken. Zudem scheinen viele Menschen Bedenken zu haben, wenn es so pünktlich losgeht, etwas zu verpassen. Wichtig ist dabei, dass Sie dann auch wirklich anfangen, selbst wenn nicht alle Teilnehmer da sind. Denn ein bisschen lassen sich alle Menschen erziehen: Wer will schon gerne wichtige Dinge verpassen oder alleine den Raum betreten, wenn das Meeting bereits im Gange ist? Fangen hingegen die Treffen ohnehin erst dann an, wenn alle eingetrudelt sind, dann habe ich ja überhaupt keinen Grund, mich zu stressen und pünktlich zu sein. Dann verbringe ich meine wertvolle Zeit mit Warten und die Meisterleistung, dass ich pünktlich bin, fällt überhaupt nicht auf.

Sprechen Sie in Ihrem privaten Alltag Ihre Bekannten auf die jeweiligen Vorstellungen von Pünktlichkeit an. Was erwartet der andere? Was erwarten Sie? Einigen Sie sich auf einen gemeinsamen Nenner oder einen Kompromiss. Einige Menschen kommen permanent zu früh. Und das kann sogar noch mehr nerven, als zu spät zu kommen (weil die Gastgeberin noch in Unterwäsche herumläuft oder bei Geschäftsterminen der Gast neben dem Schreibtisch warten muss). Machen Sie überpünktlichen Zeitgenossen klar: Zu früh ist auch unpünktlich!

Gönnen Sie sich großzügige Zeitpolster – sich selbst zuliebe. Streifen Sie bewusst die Hetzkrankheit ab und leben Sie lieber Zeitqualität. Und wenn Sie feststellen, dass Sie bei bestimmten Menschen oder Aktivitäten zu spät kommen, weil Sie einfach keine Lust haben, pünktlich zu sein, oder – wider besseren Wissens – Ihre Tage einfach zu voll packen? Dann sollten Sie Ihre Prioritäten im Leben neu überdenken (siehe Strategie 2).

Das Zeitempfinden ist kulturbedingt

Seien Sie pünktlich, wenn es für Sie und die anderen Menschen wichtig ist, und leben Sie ansonsten Ihren Bummeldrang aus, wann immer es geht. Umgeben Sie sich mit Menschen, die ähnlich zur Pünktlichkeit stehen wie Sie, und suchen Sie sich beispielsweise bewusst Geschäftskontakte oder auch Freunde aus anderen Kulturkreisen. Ob Menschen eher chaotisch oder eher systematisch veranlagt sind, ist nämlich auch ein kulturelles Phänomen. Mit Ausnahme der Sprache gibt es nichts, was Kulturen so unterscheidet wie ihr Zeitempfinden. In der westlichen Welt erleben wir Zeit als messbar und als linear, wir leben monochron. Wir versuchen, Zeit möglichst effizient zu nutzen, um zukunftsorientierte Ziele zu erreichen. Unser Motto: Zeit ist Geld. Als monochrone Kulturen gelten Mittel- und Nordeuropa sowie angelsächsische Kulturen. Als polychrone Kulturen gelten Südeuropa, der romanische, hispanische, russische und arabische Kulturraum.

Ein interessantes Zeitempfinden haben die Japaner. Deren »äußere Zeit« ist wie bei uns monochron, das heißt, sie folgt pünktlichen Abläufen, doch innerhalb dieser Abläufe handeln Japaner polychron. So erledigen sie gerne verschiedene Dinge gleichzeitig. Am meisten fällt dabei die Angewohnheit auf, dass die Japaner gleichzeitig schlafen und Geschäftstermine abhaken. Diese Zwischen-Nickerchen heißen »inemuri« (= »anwesend sein und schlafen«). Das »inemuri« gehört zum Straßenbild Japans einfach dazu und wird auch in allen öffentlichen Bereichen weitgehend toleriert: am Arbeitsplatz, in der Schule, in der U-Bahn, im Parlament, im Theater oder Konzert.

Der wichtigste Unterschied zwischen den Kulturen ist, dass in polychronen Kulturen die Menschen an erster Stelle stehen. Netzwerke und Small Talk sind hier das A und O, jedes Problem lässt sich über Beziehungen lösen. Pünktlichkeit und Deadlines werden hingegen flexibel gehandhabt.

BEISPIEL

Olaf ist internationaler Vertriebschef eines deutschen IT-Unternehmens geworden. Er fliegt nach Madrid, um einen Vertragsabschluss vorzuberei-

ten. Wie vereinbart erscheint Olaf pünktlich um 11.30 Uhr im Büro seines Verhandlungspartners. Dieser taucht um 11.50 Uhr auf, begrüßt Olaf äußerst herzlich, scheint es aber nicht für nötig zu halten, seine Verspätung zu entschuldigen. Zudem telefoniert er immer wieder kurz und lässt sich von Mitarbeitern unterbrechen. Nach einer Stunde gehen sie zum Mittagessen, wobei der Südländer wieder in unzählige Konversationen verstrickt wird. Nicht nur mit Geschäftspartnern, die sich gemütlich an den Tisch der beiden setzen, sondern sogar mit Freunden, die er zufällig trifft, hält er ein Schwätzchen. Nach diesem endlosen Mittagessen nimmt er Olaf mit zum Golfplatz (wo er auch wieder unentwegt mit Leuten plaudert und Olaf allen vorstellt). Spätnachmittags fährt Olaf unverrichteter Dinge zum Flughafen. »Ich war total sauer. Erst viel später habe ich begriffen, was eigentlich passiert ist: Der Spanier hat mir durch die Einführung in sein Geschäftsumfeld Vertrauen signalisiert und gezeigt, wie wichtig ihm eine gute persönliche Beziehung ist, wenn wir künftig gemeinsame Geschäfte machen. Und die 20 Minuten Verspätung? Die gelten für einen polychronen Menschen als pünktlich!«

Kraft schöpfen durch Spielen und Pausenmachen

Kreative Chaoten gewinnen eine Menge Energie einfach, indem sie spielen. Gewöhnen Sie sich an, mehrmals am Tag mindestens drei bis fünf Minuten etwas Spielerisches zu tun: Dartpfeile werfen, Indoor-Golfen oder Mini-Basketball spielen.

Tanken Sie Energie in Pausen. Viele halten Pausen zwar für Zeitverschwendung und arbeiten lieber durch. Aber nach 70 Minuten Konzentration nimmt unsere Energie automatisch ab, und wer über den toten Punkt weggeht, arbeitet unkonzentriert und mit schlechteren Ergebnissen. Stehen Sie alle 70 Minuten vom Schreibtisch auf, öffnen Sie das Fenster und dehnen und strecken Sie sich. Atmen Sie am offenen Fenster zehnmal tief ein und aus. Bauen Sie kleine Sporteinheiten in Ihren Alltag ein: Nehmen Sie beispielsweise die Treppe statt den Lift, parken Sie zwei Straßen vom Ziel entfernt und gehen Sie den Rest zu Fuß.

Gönnen Sie sich im Home-Office – oder wenn Sie am Arbeitsplatz die Möglichkeit dazu haben – einen kurzen Mittagsschlaf. Studien belegen, dass ein 10- bis 30-minütiges Schläfchen die Leistungsfähigkeit sowie die körperliche Fitness um 35 Prozent steigert. Der Kurzschlaf verbessert die Fähigkeit, Entscheidungen richtig zu fällen um 50 Prozent, und Mittagsschläfer erleiden um 30 Prozent seltener einen Herzinfarkt als Berufstätige, die durcharbeiten.[46] In New York machten clevere Köpfe den sogenannten Powernap zum Geschäftsmodell: Für 14 Dollar können die Amerikaner in futuristischen Kabinen, die an einen überdimensionierten Motorradhelm erinnern, kurz wegnicken. Nach 20 Minuten werden sie von Vibrationen und Lichtreflexen geweckt.

Nicht planen, sondern tun!

Sie haben auf den letzten Seiten eine Menge Anregungen gelesen, inwiefern ein Konzept mehr Ruhe und Zufriedenheit in Ihren Alltag bringen kann. Und Sie wissen jetzt: Nicht alles, was Sie tun (sollen), sollen Sie auch planen oder aufschreiben. Zum einen, weil viele Dinge im Leben einfach nicht planbar sind und es ja auch einen großen Reiz hat, sich auf plötzlich bietende Chancen oder Offerten stürzen zu können. Die nötigen Freiräume dazu haben Sie ja jetzt. Zum anderen gibt es Aufgaben, bei denen es albern wäre, sie auf eine To-do-Liste zu schreiben, weil sie schneller erledigt als notiert sind.

Vier-Minuten-Prinzip Machen Sie das Vier-Minuten-Prinzip zu Ihrem neuen Tagesbegleiter und erledigen Sie Tätigkeiten, die kürzer als vier Minuten dauern, sofort. Also in dem Moment, in dem die Tätigkeit auf Sie zukommt.

Sie sind dann ohnehin schon aus der Arbeit gerissen und bräuchten vier bis acht Minuten, um den roten Faden wiederzufinden. Sonst haben Sie ständig im Hinterkopf – oder auf der To-do-Liste –, dass Sie es noch tun müssen. Machen Sie es gleich, ist es aus dem Kopf und die Unterbrechung dauert nur winzig länger.

Welches sind Vier-Minuten-Tätigkeiten? Jemand ruft Sie an und bittet um ein Schriftstück. Suchen Sie dieses sofort heraus, legen Sie es aufs Fax, solange der andere noch in der Leitung ist, lassen Sie sich dessen Faxnummer diktieren – fertig. Das erspart Ihnen zusätzlich die Zeit, eine Faxnummer aus Ihrem Adressverzeichnis suchen zu müssen oder diese erst zu notieren.

Neben der Spüle stapelt sich das Geschirr, weil die frisch gespülte Maschine noch nicht ausgeräumt ist? In einem Selbstversuch fanden wir heraus, dass es rund vier Minuten dauert, eine große, vollgepackte Spülmaschine auszuräumen und das Geschirr in den Schränken zu verstauen. Bevor Sie also weiter die Küche zumüllen, räumen Sie schnell die Maschine aus und zumindest Ihr eigenes Geschirr ein.

Aber Vorsicht: Setzen Sie sich ein Limit, wie lange oder wie oft Sie pro Tag solche Vier-Minuten-Tätigkeiten erledigen wollen. Denn sonst verbringen Sie den ganzen Tag lang nur mit Vier-Minuten-Jobs. Dann haben Sie zwar viele Häkchen verdient, aber möglicherweise nicht das geschafft, was Sie an diesem Tag wirklich schaffen wollten.

30-Sekunden-Regel Übertragen Sie diese Tu's-gleich-Regel auf kleine Handgriffe, die weniger als 30 Sekunden dauern. Hier geht es also nicht um komplexe Erledigungen, sondern um Mini-Jobs, die Sie keine Zeit und keinen Energieaufwand kosten, wenn Sie sich angewöhnt haben, sie gleich zu erledigen.

Welches sind solche Mini-Jobs? Den Locher nach dem Lochen an seinen Platz und den Flaschenöffner zurück in die Schublade legen. Das Waschbecken nach dem Zähneputzen auswaschen. Belege sofort in den Belegeordner einsortieren. Das Resultat: Mit diesen Mini-Jobs entsteht superschnell der Eindruck von Ordnung. Sie halten das Chaos auf Schreibtisch, im Büro oder zu Hause in Schach und ersparen sich damit Zeit für Aufräumen und Suchen. Meist scheitert diese Regel daran, dass noch die nötigen Strukturen fehlen, damit es wirklich nur 30 Sekunden dauert. Kein Problem. Freuen Sie sich auf die dritte Strategie – danach ist diese Regel ein Kinderspiel.

Grenzen der Konzepte Vielleicht fragen Sie sich: »Geht es mir wirklich besser, wenn ich Konzepte mache?«

Finden Sie Ihre eigene Antwort. Finden Sie Ihre Balance zwischen den Situationen und Lebenslagen, in denen ein Konzept Ihnen hilft, und wobei nicht. Sie wissen ja, Sie müssen nicht jeden Tag Konzepte machen. Wenn Sie Lust und Muße dazu haben – super. Allein dadurch, dass Sie es immer mal wieder machen, gehen Sie wesentlich bewusster mit Ihrer Zeit und Ihren Aufgaben um. Und bestimmte Veränderungen (zum Beispiel neue Routinen) halten sich ja auch, ohne dass Sie es planen.

Belohnen Sie sich, wenn Sie geplant haben – das hilft kreativen Chaoten, am Ball zu bleiben. Loben Sie sich selbst. Verbringen Sie Ihre gewonnene Zeit mit etwas Schönem oder kaufen Sie freudvolle neue Planungstools.

Und behalten Sie in jedem Fall Ihre Improvisations- und Überraschungskompetenz bei, die typisch ist für kreative Chaoten. Anders als die logischen Ordner lieben kreative Chaoten Überraschungen. Einen Systematiker verwirrt der Wechsel vom geplanten Normalzustand in den planlosen Ausnahmezustand und mit viel Kraft versucht er, einen Weg zwischen den Resultaten – »Katastrophe: Nichts geht mehr!« – und unbeabsichtigten Glückstreffern zu finden. Der kreative Chaot freut sich über die Herausforderung und mobilisiert seine Überraschungskompetenz und sein Netzwerk. Im besten Falle übertreffen die Ergebnisse die kühnsten Vorstellungen. Oder das Ganze geht in die Hose. Was der kreative Chaot dann wie folgt kommentiert: »Kann passieren, Hauptsache gesund!«

Strategie 2: Prioritäten setzen und sich auf das wirklich Wichtige konzentrieren

In der Theorie klingt es so einfach: Konzentrieren Sie sich auf das, was wichtig ist. Tun Sie jeden Tag das Wichtige zuerst, dann erleben Sie langfristig Zufriedenheit. Für einen logischen Ordner ist diese Aufgabe leicht zu erfüllen. Seine To-do-Liste ist kurz, hier stehen nur Dinge, die er wirklich tun muss, und es fällt ihm leicht, diese nach Kategorien und Prioritäten zu sortieren. Und dann wird der Reihe nach abgearbeitet.

Für den kreativen Chaoten ist dieser Tipp im ersten Moment jedoch aus folgenden Gründen völlig unbrauchbar.

1. Seine To-do-Liste ist eher ein mehrseitiges Brainstorming, was er alles tun könnte, was er gerne tun möchte oder was er anderen Menschen mal versprochen hat.
2. Er hat keine feste Messlatte (und will auch keine), anhand derer er entscheiden kann, welches A-, B-, oder C-Aufgaben sind (siehe Abschnitt »Den Aufgabendschungel lichten« die Eisenhower-Methode). Er könnte Stunden über eine Einteilung nachdenken, weil die Dinge auf seiner umfangreichen To-do-Liste sowieso alle irgendwie gleich wichtig sind, es für ihn viele Schattierungen gibt und die Prioritäten sich je nach Blickwinkel ändern.
3. Er sprudelt über vor Ideen, die natürlich sofort von großer Wichtigkeit sind und die er sofort anpacken will. Somit ändern sich Prioritäten auf seiner Agenda ständig – ein unübersichtlicher To-do-Zettel zeugt davon.
4. Er arbeitet gerne an mehreren Dingen parallel, die auch unterschiedliche Prioritäten haben können. Während er eine weniger dringende und wichtige Aufgabe erledigt, gewinnt er Energie. Und oft – wenn er keine Lust auf eine sehr wichtige Aufgabe hat – tüftelt er an einer letztlich unnötigen Aufgabe. Und dabei kommt ihm dann eine geniale Idee, die sofort zur extrem wichtigen Aufgabe mutiert.
5. Für den Unterstützer im kreativen Chaoten sind immer Menschen am wichtigsten. Deshalb lässt er sich gerne bei der Arbeit unterbrechen, um sich lieber den Sorgen anderer Menschen zu widmen.
6. Er fühlt sich durch die Vorgabe, streng nach Prioritäten vorgehen zu müssen, eingeengt und gestresst. Wird er dazu gezwungen (eventuell durch Vorgesetzte oder Kollegen), verliert er seine Talente und seine Kooperationsbereitschaft.

Aus diesen Gründen zu schließen, dass bei den kreativen Chaoten Hopfen und Malz verloren sei, wenn es darum geht, das Wichtige vom Unwichtigen zu trennen, ist hingegen falsch.

Kreative Chaoten wissen sehr genau, was ihnen wichtig ist. Es erscheint oft nur im Vergleich mit systematischen Faktenmenschen als »nicht richtig«.

Logischen Ordnern ist wichtig, dass	Kreativen Chaoten ist wichtig, dass
• alles nach Plan geht	• sich Dinge im eigenen Tempo entwickeln können
• Regeln eingehalten werden	• genügend Freiheit herrscht
• Details und Fakten stimmen	• Visionen und Gefühle ihren Raum finden
• messbare Ergebnisse erzielt werden	• gute Ergebnisse erzielt werden (wobei gut sehr relativ und nicht messbar ist)
• Zeitvorgaben strikt eingehalten werden	• Zeitvorgaben in etwa eingehalten werden
• Ziele erreicht werden	• neue Ideen entstehen können
• man vernünftig ist	• man unvernünftig sein kann, denn nur dann entstehen große Dinge

Nach Prioritäten leben heißt aussortieren

Stellen Sie sich vor, Sie sind auf einem Stehempfang. In der einen Hand haben Sie Ihr Sektglas, in der anderen Hand balancieren Sie einen Teller mit Häppchen. Und jetzt die Herausforderung: Wie kommen die Häppchen in den Mund?

»Ganz einfach«, werden Sie sagen, »ich stelle entweder Teller oder Glas kurz ab, damit habe ich eine Hand frei zum Essen.«

Stimmt. Warum machen wir das aber in unserem Leben nicht so? Warum versuchen wir akrobatischste Verrenkungen, um alles in der Hand zu behalten und dennoch etwas Weiteres zu tun?

Wer in seinem Leben etwas Neues anfangen oder einfach mehr Ruhe in seinen Alltag bringen will, der darf loslassen und sich (vorübergehend) von Aktivitäten verabschieden. Gewöhnen Sie sich an, wenn Sie eine zusätzliche Aufgabe annehmen (ob im privaten Bereich oder beruflich), eine alte Aktivität dafür abzugeben. Addieren Sie nicht, ohne an anderer Stelle zu subtrahieren.

Kreative Chaoten sind offen für Neues, probieren gerne aus, fangen viele Aktivitäten an und lernen viele Menschen kennen. Doch irgendwann ist der Zeitpunkt erreicht, an dem auch sie schlichtweg den gesammelten Aktivitäten und Menschen nicht mehr so gerecht werden, wie sie es gerne möchten. Sitzt ihnen jetzt aber der kleine Quälgeist aus ihrer Erziehung auf der Schulter und flüstert: »Was du anfängst, musst du auch durchziehen!« – dann kommen sie in Teufels Küche.

Das ist einfach nicht zu schaffen und Sie brauchen es auch nicht zu schaffen. Menschen und Interessen verändern sich – bei Ihnen eben einen Tick schneller als beim logischen Ordner. Klopfen Sie deshalb regelmäßig Ihre Lebensbereiche ab und passen Sie die dort investierte Zeit so an, wie es Ihnen momentan wichtig ist.

Eigene Aktivitäten aussortieren

Ziehen Sie einen Schlussstrich unter vergangene Hobbys. Es hat Ihnen Spaß gemacht, Acrylmalerei, Badminton oder Nordic Walking zu betreiben. Aber nun ist eben die Zeit für Neues angebrochen. Verabschieden Sie sich bewusst von diesen Aktivitäten und wenden Sie sich mit gutem Gewissen neuen Herausforderungen zu.

Geben Sie die Ausrüstungen Ihrer Hobbys (Pinsel und Farben, Badmintonschläger und so weiter) weg und freuen Sie sich über den gewonnen Freiraum (im doppelten Sinne!). Nicht alles, was uns mal wichtig war, muss es heute noch sein.

Sie wollen sich aber von keiner Ihrer Aktivitäten trennen? Dann schaffen Sie mit dem Atelierprinzip[47] den kreativen Rahmen, um auf Ihre Utensilien schnell und unkompliziert zugreifen zu können.

Aktivitäten der Kinder aussortieren

Misten Sie auch die Aktivitäten Ihrer Kinder aus. Sie tun dem Nachwuchs und sich selbst einen Gefallen. Denn wer die »Generation Rücksitz« jeden Nachmittag zu Englisch für Kids, Tennis, Musikschule, Turnen, Schwimmen, Fußball oder zur Ergotherapie kutschiert, der ist selbst komplett verplant oder muss permanent Fahrgelegenheiten mit andern Eltern absprechen. Zum anderen tut es Kindern auch nicht gut, derart verplant zu sein. Natürlich wollen viele Eltern die Kleinen von Anfang an so gut wie möglich fördern. Doch Kinderärzte berichten, dass bereits jedes dritte Kind im Grundschulalter ernsthafte Anzeichen von Stresserkrankungen zeigt (Kopfweh, Bauchweh, Schlafstörungen). Den Kindern fehlt bei diesem Übermaß an Input die Zeit, einfach mal nur alleine im Zimmer zu spielen oder sich spontan mit Freunden zu treffen.

Sortieren Sie mit Ihren Kindern gemeinsam aus, was ihnen nicht mehr wichtig ist oder was nicht ihren Talenten entspricht. Sie wissen ja aus eigener Erfahrung, dass sich Interessen verändern – gestehen Sie dies also auch Ihrem Kind zu.

Pfeifen Sie auf die Meinung systematischer Großeltern und der Gesellschaft. Natürlich sollten Kinder auch lernen, sich durchzubeißen und bei Durchhängern nicht gleich das Handtuch zu werfen. Das ist aber etwas anderes. Hier geht es darum, dass Ihre Kinder Hobbys, die sie vor zwei, drei, vier … Jahren angefangen haben, wieder mit einem guten Gewissen beenden dürfen.

Sorgen Sie dafür, dass Ihre Kinder mindestens einen Tag pro Woche frei haben, streichen oder bündeln Sie Aktivitäten. Erziehungsexperten raten: Zwei Nachmittagstermine pro Woche sind genug.

Beziehungen aussortieren

In Filmen oder Romanen gilt sie als das höchste erreichbare Gut und Ideal: die Freundschaft fürs Leben. Ja, es gibt Menschen, mit denen gehen wir über Jahre durch dick und dünn. Auch wenn mehrere Wochen oder Monate Funkstille herrscht, ist der Draht und das vertraute Gefühl sofort wieder da, wenn wir uns sehen oder hören.

Kreative Chaoten sind dabei ganz besonders treue Seelen. Sie neigen stark dazu, lebenslange Beziehungen aufzubauen, während die logischen Ordner eher an kurzfristige Beziehungen gewöhnt sind.

Fragen Sie sich bewusst, wie viel aus Ihrem Lebenszeit-Krug Sie in das Glas »Bekannte und Großfamilie« gießen möchten. Vielleicht haben Sie die Stresslandkarte für Ihren Adlerflug gezeichnet (siehe Abschnitt »Mit dem Adlerflug«). Welche Energiefresser waren darunter? Wer missbraucht Sie als Seelenmülleimer? Welche Menschen sind Ihnen heute einfach nicht mehr so wichtig wie vielleicht früher und aus diesem Grunde möchten Sie das Zeitbudget mit ihnen reduzieren?

Anthropologen zufolge leben Säugetiere in Herden, deren Größe mit dem Volumen ihrer Großhirnrinde korreliert. Je kleiner das Großhirn, desto kleiner ist die Herde und umgekehrt. Für die menschlichen Herden fanden sie heraus, dass die natürliche Größe bei 148 Leuten liegt. Dörfer von Urvölkern zählen in der Regel nicht mehr als 150 Personen und auch der Bekanntenkreis von Menschen übersteigt ebenfalls kaum je die Zahl von 150. Kommen neue Bekannte hinzu, werden andere aussortiert.[48]

Befreien Sie sich von Kontakten, bei denen Sie mehr Energie verlieren, als Sie bekommen (Seelenmülleimer, Dauerjammerer). Trennen Sie sich von Bekannten, denen Sie nichts mehr zu sagen haben. Lösen Sie Beziehungen, die einseitig geworden sind (nur Sie geben immer Zeit, Geld, Liebe, Aufmerksamkeit, der andere tut Ihnen nichts Gutes). Reduzieren Sie Ihre Kontakthäufigkeit bei Menschen, die Sie nicht mehr so häufig sehen wollen oder bei denen Sie zum Beispiel aus familiären Gründen den Kontakt nicht komplett abbrechen können.

Kreative Prioritätentools, die zu Ihnen passen

Im Abschnitt »Konzepte machen« haben Sie gesehen, dass Sie am besten vom Großen zum Kleinen planen: von langfristigen Zielen über wichtige Aufgaben hin zur Terminfestlegung. Da sich Wichtigkeit und damit der Termin Ihrer Aufgaben aber ändern, brauchen Sie Tools, die sich ebenfalls schnell ändern lassen.

Klassische To-do-Listen, in denen Sie linear Ihre Aufgaben notieren und nach Prioritäten ordnen sollen, taugen deshalb nicht. Zu schnell arten sie zu unleserlichem Geschmiere aus. Suchen Sie sich lieber Wege, To dos flexibel zu notieren und jederzeit umstellen zu können. Das entspricht Ihrem Drang nach Freiheit und Ihrem Wunsch, spontan auf neue Chancen einzugehen. Und dennoch bringt es ein wenig Struktur und Sicherheit in Ihren Aufgabendschungel.

Wer elektronisch seine Aufgaben erfasst, tut sich dabei ziemlich leicht. Aber auch handschriftlich können Sie sehr flexibel und dennoch übersichtlich sammeln. Schreiben Sie beispielsweise Ihre Aufgaben jeweils auf ein Post-it und heften Sie dieses auf eine Aktionswand in der Nähe des Schreibtischs, ein großes Blatt Papier oder in Ihre Kladde. So haben Sie Ihre Aufgaben jederzeit vor Augen und brauchen – wenn sich Prioritäten verschieben – lediglich die Zettelchen umhängen oder können ganz leicht delegieren.

Eine weitere Idee für flexible Prioritäten sind mehrere handschriftliche Zettel oder ein Notizbuch. Hier sammeln Sie alle Ideen, was Sie tun möchten oder könnten. Abends schauen Sie diese Zettel oder das Buch durch und schreiben die Aufgaben, die dringend anstehen, auf ein neues Blatt Papier, das auf dem Schreibtisch liegt. Schaffen Sie es nach einiger Zeit, Ihr Arbeitspensum realistisch einzuschätzen, dann tragen Sie hier nur noch die Aufgaben ein, die Sie wirklich schaffen können. Und am Abend landet die abgearbeitete To-do-Liste mit Schwung im Altpapier. Sind Sie nicht mit allem fertig, bleibt der Zettel eben auf dem Schreibtisch für den kommenden Tag liegen.

Den Aufgabendschungel lichten und Ruhe in die Alltagshektik bringen

Strukturierte Menschen bewerten ihre Aufgaben mit der Eisenhower-Methode (ABC-Analyse) und teilen ihre Aufgaben ein in A-, B- und C-Aufgaben:

Wichtige Aufgaben sind diejenigen, die unmittelbar mit ihren eigenen Zielen zu tun haben, und dringende Aufgaben, die sofort erledigt werden müssen. Entsprechend ergibt sich eine Matrix, nach der sie A-Aufgaben sofort und selbst erledigen, B-Aufgaben einen Termin geben und C-Aufgaben zum Beispiel delegieren oder – bei Routinearbeiten – die Abläufe effizienter gestalten. P-Aufgaben werfen sie gedanklich in den Papierkorb. Die Planungsweltmeister nutzen nun ihre Zeit und entsprechende Planungstools, um alle ihre Aufgaben einem der vier Quadranten zuzuordnen. Sie bemühen sich dabei, besonders den B-Quadranten perfekt zu bestücken und den A-Quadranten mit nur wenigen Einträgen fest im Griff zu haben. Schließlich lauern hier, so kurz vor einer Deadline, ungeplante Schwierigkeiten, die auf den letzten Drücker enormen Stress verursachen könnten. Und das will der logische Ordner ja unbedingt vermeiden.

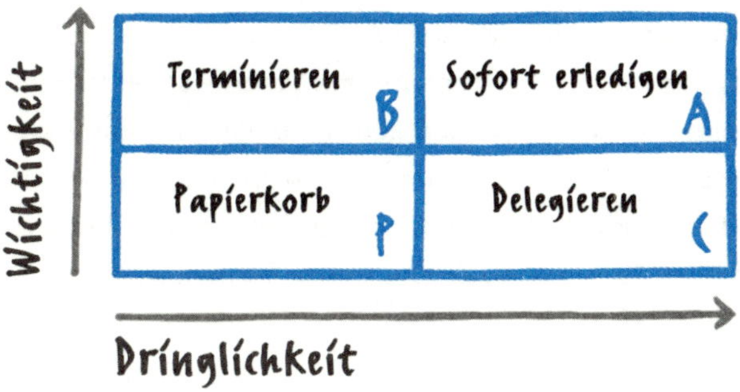

Kreative Chaoten brauchen keine penible Einteilung in Kategorien. Aber es hilft, entspannter zu arbeiten, wenn Sie sich aufschreiben, welche Aufgaben Sie unbedingt erledigen wollen und welche Sie erledigen könnten. Von den Unbedingt-Aufgaben suchen Sie sich dann die heraus, die Ihnen am meisten auf den Nägeln brennen – entweder weil ein Abgabetermin näher rückt oder Sie für einen Termin in ferner Zukunft in Ruhe ein paar Ideen sammeln oder Bücher bestellen möchten, weil es gewaltigen Ärger gibt, wenn Sie zu spät liefern, oder weil andere Menschen in ihrer Arbeit behindert sind, wenn Sie nicht »zuarbeiten«.

Fangen Sie in der Früh mit einer Unbedingt-Aufgabe an, eventuell nachdem Sie sich 30 Minuten mit dem Beantworten von E-Mails und einer kleinen, aber spannenden Könnte-Aufgabe warm gearbeitet haben.

Auf diese Weise schaffen Sie im Lauf des Tages mit Sicherheit – je nach Dringlichkeit – bis zu drei der Unbedingt-Aufgaben und erledigen nebenbei noch einige energiebringende Könnte-Aufgaben. Der nicht so eilige Rest wandert mit Ihrer reisenden To-do-Sammlung die kommenden Tage mit.

Unbedingt-Aufgaben sind beispielsweise aktuell laufende Projekte, die vorwärtsgehen müssen, und alle Tätigkeiten, die Sie in Ihren Lebenszielen weiterbringen. Und natürlich alles, was Ihr Unternehmen oder Ihren Arbeitgeber weiterbringt und was in Ihrer Arbeitsplatzbeschreibung steht, also das, wofür Sie verantwortlich sind.

BEISPIEL

Martina ist Abteilungsleiterin in der Deutschlandniederlassung eines japanischen Konzerns, verantwortlich für 60 Mitarbeiter. Häufig jammert sie, dass sie Reisebuchungen oder die Sitzungsorganisation selbst machen muss, da es – wie in diesem Konzern üblich – außer für die oberste Vorstandsebene keine Assistenten gibt. Dann wird ihr klar, dass sie das ja bereits wusste, als sie den Vertrag unterschrieb, und diese Tätigkeiten Bestandteil ihrer Arbeitsplatzbeschreibung sind. Deshalb sind organisatorische Aufgaben für sie A- beziehungsweise B-Aufgaben Mit diesem Bewusstsein macht Martina die Tätigkeiten nun einfach mit – ohne zeit- und energieraubendes Jammern.

Mit P-Aufgaben (weder dringend noch wichtig) sollte man sich laut Eisenhower und dem klassischen Zeitmanagement gar nicht beschäftigen. Darunter fallen Tätigkeiten wie: sich ablenken lassen, von Störungen aus der Arbeit gerissen werden, im Internet surfen, Werbung oder Newsletter lesen, die nichts mit der aktuellen Aufgabe zu tun haben, trödeln, faul sein und so weiter.

Für kreative Chaoten bedeutet aber die Bearbeitung von P-Aufgaben alles andere als Zeitverschwendung. Indem sie einen fachfremden Newsletter lesen, kommt ihnen die brillante Idee für eine A-Aufgabe. Indem sie in der Teeküche mit dem Kollegen aus der Nachbarabteilung ratschen, erfahren sie wichtige Interna, welche die Vorstandspräsentation, an der sie eigentlich seit vorgestern arbeiten sollten, in einem völlig anderen Licht erscheinen lässt und Aufbau sowie Inhalt des Vortrags komplett ändert. Gut, dass sie noch nicht angefangen haben!

Zudem sind Trödeln und Faulsein wahrlich alles andere als »P« – das begreifen jetzt auch immer mehr systematische Zeitmanager. »Pausemachen, Erholen, Auftanken« sind die neuen A-Aufgaben unserer Generation. Die kreativen Chaoten haben es schon in den letzten Jahrhunderten vorgemacht: Gute Arbeit braucht auch Muße. Ausreichend Auszeiten gelten heute als das Präventionsmittel gegen Burnout schlechthin. Schade dass man den Erholungsexperten so lange nicht zugehört hat. Das hätte uns allen viel erspart.

Wie unterscheiden nun kreative Chaoten zwischen A- und B-Aufgabe? Während sich die systematischen Planungskollegen am liebsten im B-Quadranten aufhalten, lieben die kreativen Chaoten die brennende Luft des A-Quadranten. Hier können sie ihre Überraschungskompetenz unter Beweis stellen und auf den letzten Drücker Bestleistung zeigen.

Kreative Chaoten sind perfekte Last-Minute-Worker. Beobachten Sie sich aufmerksam, wie gut Ihnen diese Haltung tatsächlich über einen längeren Zeitraum tut, und finden Sie Ihre individuelle Mischung aus frühzeitigem Anfangen und von Adrenalin gepushten Endspurtaktionen. Achten Sie auch auf das Wohlbefinden der Menschen, die aufgrund Ihrer lockeren Das-schaff-ich-schon-noch-Haltung möglicherweise immer wieder kurz vorm Herzinfarkt stehen. Wir kreativen Chaoten wollen mit unserer Art wertgeschätzt werden – tun wir es auch mit den Bedürfnissen der Systematiker.

Den Glaskrug bewusst füllen

In Kapitel 2 haben Sie die Glasorgel kennengelernt und jeden Tag aus einem schönen Krug – der Tag für Tag automatisch voll war – »Zeit« auf Ihre sechs Lebensbereiche verteilt.

Nun dürfen Sie jeden Tag einen weiteren Krug füllen. Und zwar mit Steinen, Kiesel und Sand. Ist der Krug voll, dann ist im übertragenen Sinne Ihr Tag vorbei, weil er genau Platz für 24 Stunden hat und damit nur für die Aufgaben, die Sie im Laufe dieser Stunden schaffen können. Die großen Steine stehen für Ihre wichtigen Aufgaben, die kleineren Kieseln für weniger wichtige Aufgaben und der Sand für die unwichtigen Aufgaben.

Was glauben Sie, womit die meisten Menschen Ihre Krüge füllen? Mit Sand. Denn leider lassen wir uns in der Regel vom Dringenden hetzen oder lassen sogar von anderen Menschen unseren Krug mit Sand füllen (Aufgaben, die für die anderen sehr wichtig sind, für uns aber nicht). Auf diese Weise füllt sich der Krug sehr schnell, aber für die großen Steine – die wirklich wichtigen Aufgaben – bleibt kein Raum mehr. Probieren Sie es aus. Legen Sie bewusst im Laufe des Tages zunächst viele größere Steine hinein. Damit schaffen Sie mehr von Ihren wirklich wichtigen Aufgaben. Ergänzen Sie zwischendrin mit Kiesel oder Sand. Hauptsache ist, dass Sie öfter als früher den großen Dingen im Leben den Vortritt geben.

Schluss mit Multitasking

Experten empfehlen: Machen Sie Schluss mit Multitasking! Denn es kostet unterm Strich viel Energie und die Fehlerquote steigt.[49] Kreative Chaoten lieben es aber, Dinge parallel zu erledigen, und können nach eigener Einschätzung tatsächlich mehr Information gleichzeitig wahrnehmen und verarbeiten als systematische Menschen: Wir checken E-Mails, während wir telefonieren. Wir nehmen unsere Gesprächspartner per Handy mit zu Aldi, ins Schwimmbad und sogar mit ins Badezimmer. Wir verschicken SMS im Meeting oder während des Abendessens. Das geht so lange gut, solange die Aufgaben jeweils ohne viel Achtsamkeit erledigt werden können. Sobald jedoch beide Tätigkeiten unsere ganze Aufmerksamkeit fordern, dann kostet Multitasking messbar Energie, sabotiert die Konzentrationsfähigkeit – und echtes Chaos ist vorprogrammiert.

Zudem reinvestieren wir die scheinbar gewonnene Zeit für Pseudo-Multitasking dreifach: wenn wir die während des Telefonierens in der

U-Bahn liegen gelassene Einkaufstüte beim Fundbüro zurückholen müssen. Wenn wir verschnupfte Gesprächspartner am anderen Ende der Leitung beruhigen, dass wir sehr wohl zugehört haben, auch wenn wir jetzt schon zum zweiten Mal nachfragen, was er gerade gesagt hat. Wenn wir mit Engelsgeduld Missverständnisse geraderücken, weil wir die Mail nicht richtig gelesen haben. Wenn ein Geschäftsreisender aus Versehen in Palma statt in Parma landet. Oder wenn wir Unterlagen nicht mehr finden, weil sie im Eifer des Gefechtes sonst wo gelandet sind.

Sabine ist Ergotherapeutin und suchte 45 Minuten lang die Patientenkartei eines Kindes mit den Initialen L. S. »Endlich fand ich sie. Und zwar unter »Sch«, weil das Kind über den Vater bei der Schwenninger BKK versichert ist. Keine Ahnung, warum ich sie da einsortiert habe. Vermutlich weil ich abgelenkt war.« BEISPIEL

Machen wir dem Grauen ein Ende: Arbeiten und leben wir konzentriert, aufmerksam und mit allen Sinnen bei dem, was wir gerade tun! Bewusst ein Formular ausfüllen, achtsam den Duft des Morgenkaffees schnuppern, tief ein- und ausatmen, gemächlich den Blick aus dem Fenster schweifen lassen. Interessanterweise schaffen wir damit nicht nur in kürzerer Zeit bessere Ergebnisse. Wir fühlen uns dadurch auch weniger unter Druck.

Es hat den weiteren Effekt, dass Menschen, die präsent sind und in ihrer Tätigkeit aufgehen, charismatisch wirken. Sie ruhen in sich selbst und strahlen diese innere Ruhe auch aus. Oder können Sie sich vorstellen, dass charismatische Menschen wie der Dalai Lama sich von Multitasking hetzen lassen?

Verzettelungsfalle entschärfen

Kreative Chaoten neigen dazu, sich in vielen spannenden Projekten zu verzetteln. Relax and enjoy – solange sich das in kleineren, harmlosen Verzettelungsausflügen äußert wie beispielsweise: Sie wollen einen

Flug nach Paris im Internet buchen und tauchen nach zwei Stunden wieder auf – ohne Flug, aber mit Ausgehtipps, neuen Schuhen und einem Geburtstagsgeschenk für Ihre Mutter.

Häufen sich diese Verzettelungsausflüge, dann nehmen Sie Ihre Lebensziele unter die Lupe (siehe Abschnitt »Ziele sichtbar machen«) und schauen Sie, in welchen verschiedenen Rollen Sie sich verzetteln. Welche Aufgaben erledigen Sie tagtäglich, die im Prinzip überhaupt nicht (mehr) wichtig sind? Das ist ein hilfreiches Radar, um zu erkennen, welchen Irrsinn wir täglich zu stemmen versuchen. Seminarteilnehmer finden im Schnitt über 40 verschiedene Rollen, die sie zum Beispiel alleine als Chef erledigen. Klar, dass man als Kleinunternehmer, Gründer oder auch als Familienvorstand Mädchen für alles ist. Das Unternehmen und der Selbstständige sind ein und dasselbe, und ist der Unternehmer im Urlaub oder krank – dann ist auch das Unternehmen geschlossen.

Achten Sie darauf, dass Ihr »Unternehmen« eigenständig wird. Arbeiten Sie nicht mehr im Unternehmen, sondern am Unternehmen. Arbeiten Sie nicht mehr in Ihrem Beruf, sondern an Ihrer Berufung. Konzentrieren Sie sich auf die wichtigen Aufgaben in Ihrem Leben.

Der Grund, warum die Menschen keine Zeit haben, ist häufig, dass ihnen ihre Aufgaben nicht klar sind und sie sich für alles zuständig fühlen. Im Prinzip sind es jedoch nur einige wenige Aufgaben, die echte »Chefsache« sind. Den Rest können Sie getrost delegieren.

Überprüfen Sie (auch im privaten Umfeld), welche Rollen Ihnen im Laufe der Zeit zugefallen sind, und trauen Sie sich, Aktivitäten wieder abzugeben. Achten Sie darauf, dass Sie sich auf Ihre Kernkompetenzen beschränken.

Kreative Chaoten sind vielseitig begabt. Das verführt häufig zur Idee, einen Bauchladen an Leistungen bieten zu können beziehungsweise zu müssen, damit jeder potenzielle Kunde irgendetwas findet, damit der Arbeitgeber begeistert ist von Ihrer Vielseitigkeit und damit Mitmenschen Ihre zahlreichen Talente loben.

Aber potenzielle Kunden und Arbeitgeber wollen keinen Tausendsassa, sondern die bestmögliche Leistung für ihr Geld. Mit einem breit gefächerten Angebot erwecken Sie jedoch schnell den Eindruck, in keinem der Bereiche wirklich gut zu sein. Das verprellt potenzielle Kunden und verhindert auf mittelfristige Sicht bei Angestellten im Unternehmen den Aufstieg.

Natürlich sind Zusatzqualifikationen Gold wert und Berufstätige müssen heute über den eigenen Tellerrand blicken. Doch Zusatzqualifikationen, Wissen und weitere Fähigkeiten müssen zum Bild passen, das Sie bei den anderen Menschen erwecken wollen.

Setzen Sie deshalb Prioritäten bei Ihrem »Angebot«. Sich zu konzentrieren hat eine direkte und messbare Auswirkung auf Ihre Zeit. Leben Sie nach dem Motto: Weniger ist mehr.

1. Als Spezialist verdienen Sie pro Zeiteinheit mehr, da Ihr Wissen und damit Ihre Leistung mehr wert sind. Um Ihren gewünschten Lebensstandard zu finanzieren, müssen Sie weniger Zeit arbeiten.
2. Eine große Auswahl bedeutet viel Zeitaufwand: Jedes Produkt, jede Leistung, die Sie anbieten, müssen Sie selbst zunächst einkaufen, einordnen und verwalten. Kein Wunder, dass Unternehmen wie ALDI oder IKEA wirtschaftlich so erfolgreich sind. Ein beschränktes Angebot erhöht entsprechend nicht nur Ihre freie Zeit, sondern auch Ihren Gewinn.
3. Je mehr Angebote Sie offerieren, an desto mehr Baustellen müssen Sie am Ball bleiben, um Ihr Wissen aktuell zu halten. Das kostet enorm viel Zeit.

Prioritäten der anderen achten

Sie kennen nun schon recht gut Ihre Prioritäten als kreativer Chaot und die Prioritäten logischer Ordner. Wundert es Sie da noch, warum es in vielen Teams immer wieder Zoff gibt? Das kann an der Art der Arbeitsausführung liegen (zu schlampig/zu penibel), am Timing (zu spät/überpünktlich) oder an der Wichtigkeit, die jeder Einzelne bestimmten Aspekten einräumt (Ideen/Rechnet es sich?).

Schenken Sie sich selbst eine Menge Zeit, einfach indem Sie die

Prioritäten der anderen achten. Machen Sie sich immer wieder klar, dass der andere anders ist und Sie sich sehr gut ergänzen. Hören Sie auf, sich über den anderen zu ärgern, sondern erkennen und schätzen Sie den Wert der anderen Denkweisen. Lassen Sie den anderen seine Macken ausleben, wenn es der Sache dient.

Das lohnt sich besonders in Meetings: Mehr als die Hälfte der Zeit, die wir in Meetings verbringen, schätzen viele von mir befragte Berufstätige, sind sinnlos verbrachte Zeit. Besonders für Führungskräfte ist das dramatisch, da diese mittlerweile zwischen 50 und 90 Prozent ihrer Arbeitszeit in Besprechungen verbringen. Schnell sind da pro Tag etliche Stunden für die Katz.

Kreative Chaoten neigen häufig dazu, ein Meeting zum Ideenspinnen und Palavern zu nutzen. Zum Leidwesen der logischen Ordner, die am liebsten stringent die Tagesordnung durchziehen und harte Fakten und Beschlüsse mitnehmen wollen. Sie gehen dann genervt aus einer ausschweifenden Sitzung und ärgern sich, weil nichts weiterging und nichts konkret beschlossen wurde. Sie regen sich über die Dampfplauderer auf, die nur viel heiße Luft von sich geben, und sind sauer, weil das Mittagessen ausfiel. Sie wollten Antworten auf die Fragen: Wie soll das gehen? Wer beweist, dass es Sinn macht? Woher stammen die Fakten? Sind die Quellen zuverlässig?

Die kreativen Chaoten hingegen freuen sich über die vielen neuen Ideen, die entstanden sind, über die gute Atmosphäre und gehen beschwingt an den Arbeitsplatz zurück. Das Meeting hat zwei Stunden länger gedauert? Egal, dafür gab es leckere Kekse zur Stärkung und man kann getrost die Mittagspause abhaken. Sie gehen nur dann genervt raus, wenn über nebensächliche Details schwadroniert wird, wenn Zahlen heruntergeleiert und langweilige Präsentationen gehalten werden. Sie fragen sich: Wo ist das Neue? Warum sollen wir das machen? Was bringt es uns in der Zukunft? Aus welcher Quelle die Zahlen stammen und ob sie vertrauenswürdig sind? Egal – Hauptsache es verspricht Potenzial für die Zukunft und klingt »sexy«.

Legen Sie im Team fest, wann welche Denkweise zum Zuge kommt, und schaffen Sie damit Streit aus der Welt. Denken und handeln Sie vielseitig. Spielen Sie die jeweiligen Stärken dort aus, wo es sich lohnt.

Und etablieren Sie eine Meeting-Kultur (Ideen dazu finden Sie auch auf der Website www.Kreative-Chaoten.com.).

Entscheidungen erleichtern

Prioritäten leben heißt auch, sich zu entscheiden. Leider können sich kreative Chaoten oftmals nicht festlegen. Rom oder Barcelona für den Liebesurlaub zu zweit? Joggen oder Lesen am Feierabend? Abteilungsleiter werden oder die Stabsstelle behalten? Mit Freunden ins Kino gehen oder einfach mal faul in der Badewanne liegen? Alles hätte seinen Reiz und seine Vorteile – und deshalb wächst die Angst, sich falsch zu entscheiden und etwas anderes, noch Spannenderes zu verpassen. Das Ergebnis ist, dass wir gar nicht entscheiden. Wir hadern, vertagen und verbummeln Chancen.

Unterstützer entscheiden zudem oft nicht gerne, weil ein Ja für den Badewannenabend ein Nein gegenüber den Freunden nach sich zieht. Und da sich Unterstützer immer zunächst fragen, welchen Einfluss ihre Entscheidung auf andere hat, und sie Bedenken haben, mit einem Nein möglicherweise die Freunde (Kollegen, Geschäftsfreund, Partner) zu verletzen, hören sie selten auf die eigenen Bedürfnisse. Lieber stellen sie die Ansprüche der anderen voran und lassen im Prinzip Dritte entscheiden.

Doch wer sich nicht entscheidet,

- der muss das nehmen, was übrig bleibt, und das kann wenig sein;
- der vertut viel Zeit mit Hadern.

Trainieren Sie, sich leichter zu entscheiden. Das schenkt Ihnen unglaublich viel Zeit – und vor allem Selbstbewusstsein.

Kopf- oder Bauchentscheidung?

Prinzipiell entscheiden wir überwiegend entweder mit dem Kopf oder mit dem Bauch. Lange Jahre galten in unserer Kultur reine Kopfentscheidungen – nach Faktenlage – als üblich. Doch zunehmend akzeptieren Unternehmen, Politiker und Führungskräfte, dass eben nicht alles faktisch erfassbar ist und den Ausschlag für Entscheidungen gibt. Kunden greifen nicht aufgrund harter Fakten zum *Focus* statt *Spiegel*, fahren nicht aufgrund der technischen Daten einen Mercedes statt einen Porsche. Und nicht jeder Mitarbeiter macht Überstunden, nur weil er dann am Monatsende mehr auf dem Konto hat.

Gefühle, Visionen, Image und Leidenschaft setzen sich in vielen Fällen gegen die Vernunft durch. Und damit schlägt die große Stunde der kreativen Chaoten. Denn gefühlsmäßige Entscheidungen und Visionen sind genau ihre Stärke, während die logischen Ordner eher auf Faktenbasis entscheiden!

Wichtig vorab: Nehmen Sie doch öfter mal ein wenig Luft aus dem Thema Entscheiden. Denn sind wir ehrlich, grübeln wir in den meisten Fällen über Alternativen nach, die keinerlei grundsätzliche Auswirkung auf unser Leben haben. Nehmen Sie die Leidenschaft aus der Frage »Was soll ich nur tun?«. Tun Sie es einfach, denn morgen ist auch noch ein Tag, an dem neue spannende Dinge passieren können.

Halten Sie es wie der amerikanische General George Patton: Wenn Ihnen ein Plan oder eine Option zu 51 Prozent sinnvoll erscheint: Machen Sie's einfach! Wenn Ihnen ein Plan oder eine Option zu 80 Prozent sinnvoll erscheint: Ziehen Sie es mit Gewalt durch!

Lernen Sie, auf Ihre eigenen Bedürfnisse zu achten, und erleichtern Sie sich bei Bedarf Ihren Entschluss methodisch. Überlegen Sie zunächst, wie wichtig eine Entscheidung für Sie und Ihr Team überhaupt ist. Schlagen Sie mit dem Eisenhower-Modell (siehe Abschnitt »Den Aufgabendschungel lichten«) eine Schneise: Ist die Entscheidung wichtig und dringend (A)? Dann widmen Sie ihr ausreichend Zeit und Aufmerksamkeit. Ist sie wichtig, aber nicht so dringend (B)? Dann bereiten Sie eine Entscheidung vor, sammeln Sie Informationen, setzen Sie sich einen Termin. Ist sie nicht so wichtig, aber dringend? Dann treffen Sie sie zügig und ohne viel Aufhebens! Oder ist sie ohnehin komplett unwichtig? Dann: Finger weg.

Sie müssen diese Einteilung natürlich nicht schriftlich und nicht immer vornehmen. Meist hilft der kurze Gedanke an das Raster bereits, um klarer zu sehen und wirklich nur bei den wichtigen Vorhaben Zeit in das Abwägen zu investieren.

Fällen Sie Entscheidungen mit einem der folgenden Kniffe:

Kniff Nummer 1 Spielen Sie das Zeitverschiebungsspiel. Drehen Sie die Uhr ein Jahr voraus und stellen Sie sich vor, wie Sie – ein Jahr später – auf den Vorfall zurückblicken. Welche Folgen hat der Vorfall noch? Was ist geblieben von Ärger oder Hektik? Für welche damalige Entscheidung loben Sie sich? Dieser Kniff hilft Ihnen besonders, wenn Sie Streit mit anderen Menschen haben, wenn Sie sich aus einer brenzligen Situation, zum Beispiel weil Ihnen ein Fehler unterlaufen ist, befreien wollen oder einfach nur, wenn Sie aus dem täglichen Hamsterrad des Stresses ausbrechen möchten.

Kniff Nummer 2 Erstellen Sie eine Entscheidungsmatrix. Sammeln Sie auf einem Blatt Papier in einer Spalte, was für, in der anderen Spalte, was gegen diese Alternative spricht. Machen Sie diese Pro- und Kontra-Liste für alle denkbaren Optionen. Wollen Sie zwei Möglichkeiten klarer

überblicken, erstellen Sie einen Entscheidungsbaum. Nehmen Sie dazu zwei Blatt Papier und idealerweise einen Partner, der für Sie schreibt. Betiteln Sie das eine Blatt mit »Was ist gut an …«, das andere mit »Was ist schlecht an …«. Notieren Sie auf dem Vorteile-Blatt vom unteren Blattrand weg nach oben im Zickzack, was Ihnen einfällt. Herrscht Ebbe im Kopf, nehmen Sie sich das andere Blatt – die Nachteile – vor.

Diese Methode macht Ihnen auch unbewusste Gründe und Argumente bewusst. Überschlafen Sie Ihre Sammlung – und plötzlich werden Sie ganz klar sehen. Das vorhergehende Beispiel zeigt ein Vorteile-Blatt, das zu der Frage erstellt wurde, ob man eine Auszeit nimmt oder lieber den Job wechselt.

Kniff Nummer 3 Nehmen Sie stellvertretend für jede Alternative einen großen Stein in die Hand. Blicken Sie auf Ihre Hände: Welcher Stein fühlt sich besser an?

Kniff Nummer 4 Werfen Sie eine Münze. Sie fühlen sich mit dem geworfenen Ergebnis nicht wirklich wohl? Dann lehnen Sie die Münzlösung ab und realisieren die Alternative. Ihr Unterbewusstsein hat bereits für Sie entschieden.

Kniff Nummer 5 Suchen Sie sich drei Menschen (oder Romanfiguren), die Sie toll finden. Überlegen Sie, wie diese wohl in Ihrer Situation entscheiden würden. Was würde Pippi Langstrumpf jetzt machen? Was würde der Dalai Lama jetzt wohl tun? Wie würde Svea Müller, die frühere Kollegin, die Sie so bewundern, jetzt entscheiden?

Kniff Nummer 6 Erzählen Sie einem Menschen, der Ihnen wohlgesinnt ist, von Ihrem Dilemma. Er soll keine Tipps geben, sondern einfach nur zuhören. Meist spüren Sie schon beim Erzählen, was für Sie stimmig und gut ist – und die Entscheidung ist gefallen.

Ändern Sie Ihre Einstellung gegenüber Entscheidungen. Bestimmen zu dürfen ist ein Recht, das Sie ausleben dürfen, und keine Pflicht. Üben Sie das Festlegen an »leichten Nüssen« und nehmen Sie sich nach und nach Ihre schwierigeren Probleme vor. Je öfter Sie entscheiden, desto besser und souveräner werden Sie. Bedenken Sie, keine Entscheidung zu treffen ist auch eine Entscheidung. Oder wie Friedrich II. sagte: »Der schlimmste Weg, den man wählen kann, ist der, keinen zu wählen.«

Aufschieberitis besiegen

Viele Menschen glauben, Aufschieberitis hätte etwas mit chronischer Unlust zu tun. Glauben Sie es nicht! Unter diesen Umständen hätte die Aufschieberitis in diesem Buch keinen Platz gefunden. Denn wenn kreative Chaoten etwas nicht kennen, dann ist es Unlust. Selbst bei den kleinsten Kleinigkeiten legen sie eine Leidenschaft an den Tag – und sei es, sich leidenschaftlich gegen das Ausfüllen der Steuererklärung zu wehren.

Die Frage ist aber, aus welchen Gründen wir so häufig aufschieben. Handelt es sich bei Ihnen um größere Veränderungen (Scheidung, berufliche Veränderung, eine lange Reise, eine wichtige Operation)? Dann kann Ihnen die Traumreise aus Kapitel 2 helfen, mehr Klarheit und damit mehr Zugkraft zu gewinnen.

Falls es sich bei Ihnen wie bei den meisten Menschen lediglich um die bequeme lange Bank handelt, auf der sich die Alltagsaufgaben ein Stelldichein geben (Schuhe neu besohlen lassen, Kleid in die Reinigung bringen, Geburtstagskarten schreiben, den Kühlschrank abtauen), dann holen Sie sich ein paar Anregungen, wie Sie bei Ihrer langen Bank die Säge ansetzen.

Dinge immer wieder aufzuschieben kostet eine Menge Energie und es nervt uns selbst. Wir fühlen uns schlecht und unfähig, wenn wir Aufgaben, die wir eigentlich machen wollen, sollen oder müssen, nicht anpacken. Selbst wenn wir immer die tollsten Argumente haben, warum wir gerade jetzt nicht anfangen: »Ich warte, bis ich in der richtigen Stimmung bin.« »Morgen ist auch noch ein Tag.« »Ich habe hier einfach nicht die geeigneten Arbeitsbedingungen.« »Meine Rückenschmerzen werden schon wieder von alleine weggehen.« »Alle anderen sind jetzt am See und da soll ich im Büro arbeiten?«

Aufschieben kostet zudem Unmengen an Energie, weil wir immer wieder unser Gehirn mit unerledigten Aufgaben beschäftigen und blockieren. Die Psychologin Bluma Zeigarnik hat erforscht, dass wir uns wesentlich besser an unerledigte Handlungen erinnern als an erledigte. Das heißt nicht, dass wir permanent aktiv daran denken, aber immer wieder setzen wir uns in Gedanken damit auseinander und investieren Energie, die uns dann bei anderen Aufgaben fehlt. Als Ursachen gelten »Restspannungen« im Erinnerungsvermögen und eine nicht eingetretene Wunscherfüllung.[50]

Stellen Sie sich vor, unser Gehirn ist ein großes Schubladensystem. In jeder Schublade steckt eine Aufgabe. Ist die Aufgabe unerledigt, bleibt diese Schublade offen und wir stoßen uns ständig daran. Je mehr Schubladen offen sind, desto schwieriger wird es, voranzukommen.

Schließen Sie Ihre Aufgabenschubladen in zwei Schritten:

1. Aufgaben aufschreiben und prüfen
2. Terminieren oder tun

Schritt 1: Aufgaben aufschreiben und prüfen

Schreiben Sie alle größeren Aufgaben, die Sie »eigentlich« machen wollen, auf einem Blatt Papier auf. Prüfen Sie, ob Sie diese Aufgabe wirklich machen wollen, jetzt machen wollen oder später – oder ob es Ihnen im Grunde Ihres Herzens völlig einerlei ist (zum Beispiel die Bonushefte für die Krankenkasse ausfüllen lassen, um ein paar Euro zu sparen). Mit dieser Rastertechnik können Sie sich von vielen Aufschieberitis-Aufgaben gleich verabschieden: Was Ihnen völlig einerlei ist, das brauchen Sie gar nicht zu tun.

Schritt 2: Terminieren oder tun

Sie wollen diese Aufgabe wirklich erledigen? Dann haben Sie folgende Möglichkeiten:

Möglichkeit 1 Ihre Antwort ist aus vollem Herzen Ja Legen Sie einen Termin fest, zu dem die Aufgabe erledigt sein soll. Und wenn Sie es nicht bis zum geplanten Zeitpunkt geschafft haben, dann verschieben Sie lieber statt aufzuschieben. Aufschieben nervt, wohingegen Verschieben organisiert ist – und ein gutes Gefühl hinterlässt.

Wer aufschiebt,	Wer verschiebt,
• wartet ab, ohne zu entscheiden oder sich festzulegen	• trifft klare Entscheidungen und geht ergebnisbezogen vor
• denkt nicht über Prioritäten nach	• richtet sich nach seinen Prioritäten
• terminiert nicht (»irgendwann einmal«)	• macht feste Termine (»morgen Abend«)
• hat Ausreden sich selbst oder anderen gegenüber und übernimmt keine Verantwortung	• übernimmt Verantwortung für seine Entscheidung oder sein Handeln und steht dazu
• sucht Schuld bei anderen oder äußeren Umständen	• weiß, dass er sein Leben selbst in der Hand hat
• ist unentschlossen, fehlendes Wollen	• fühlt sich verpflichtet und baut Entschlossenheit auf
• resigniert rasch bei Problemen	• geht mit Widerständen / Problemen aktiv um
• lehnt die Aufgaben innerlich (unbewusst?) ab	• ist sich seiner Motive (Antrieb) bewusst

Möglichkeit 2 Ihre Antwort ist »Nein, das will ich eigentlich nicht machen, aber ...« Bei dieser Antwort sind drei Varianten denkbar.

2a Sie wollen die Aufgabe eigentlich nicht erledigen? Was können Sie dann tun? Streichen? Delegieren? Teile davon erledigen, um den Frieden zu wahren? Definieren Sie einen Grad der Erledigung, mit dem Sie leben können, oder verabschieden Sie diese Aufgabe.

Besonders wenn es sich um (ehemalige) Lebensziele handelt, die Ihnen nicht mehr wichtig sind, verabschieden Sie sich von ihnen! Suchen Sie echte Begründungen, warum sie diese Aufgabe erledigen oder eine Situation verändern wollen. Sobald Sie den ehrlichen, den wirklich wahren Grund nennen können, haben Sie auch die Motivation, es anzupacken. Und wenn Sie keinen ehrlichen und guten Grund finden? Dann haben Sie die Motivation, sich von dieser Aufgabe zu verabschieden. So leicht ist das!

2b Vielleicht lautet Ihre Antwort »Ich will eigentlich nicht, aber ich muss«? Überprüfen Sie zunächst, ob Sie wirklich müssen. Wer sagt das? Welches ist die Konsequenz, wenn Sie es nicht tun? Wie schlimm ist diese Konsequenz tatsächlich? Wägen Sie auch hier Vorteil und Aufwand ab – und entscheiden Sie bewusst.

Beliebte Themen für die »Ich-muss-Aufschieberitis« sind Dinge, die uns lange Zeit nicht wehtun – und deshalb C-Aufgaben sind (weder besonders wichtig noch dringend), bis sie plötzlich doch dringend anstehen: der Friseurtermin –, bis ein wichtiger Geschäftstermin ansteht oder ein Treffen mit der großen Liebe. Der Großputz in der Wohnung – bis ER oder SIE zum ersten Mal mit nach Hause kommt. Die jährliche Inspektion des Autos – bis die Garantie des Herstellers fast schon abgelaufen ist (gut, dass ich das jetzt geschrieben habe, das hat mich an etwas erinnert …). Der Anruf beim Dachdecker – bis das Wasser in den Speicher läuft.

Ich finde, bei vielen dieser »Ich-muss-Tätigkeiten« spielt es wirklich keine Rolle, ob ich sie gleich erledige oder immer wieder »vergesse«. Ärgerlich wird es ja nur dann, wenn dadurch größere Katastrophen ausgelöst werden. Aber die haben manchmal auch ihr Gutes. Denn wann sonst bekommen Sie zum Beispiel einen Dachdecker innerhalb eines Tages ins Haus – außer es regnet rein? Wann sonst bekommen Sie sofort einen Zahnarzttermin, außer als Notfall? Und weil kreative Chaoten sich ja meist nicht lange in die Zukunft hinein festlegen wollen, brauchen sie manchmal eben »Notfälle«, um spontan Dinge erledigen zu können.

Ein logischer Ordner wird diese Sicht der Dinge nicht verstehen.

Denn man plant eben diese Dinge konsequent und erledigt sie. Ja, ein Linkshirner schon. Haben Sie ein Exemplar für diese Aufgaben zur Seite – dann delegieren Sie diese Pflichttermine am besten an den logischen Ordner!

2c Ihre Antwort ist »Ich will schon, aber …«? In diesem Fall lohnt es sich, Ihren Hemmnissen auf die Spur zu kommen. Überlegen Sie (zum Beispiel in Form einer Mind Map): »Was hindert mich daran, es anzupacken?« Sobald Sie Ihren Bremsklotz erkennen, haben Sie die Chance, ihn zu lösen und wieder in den Arbeitsfluss zu kommen.

Vorsicht, wenn da »keine Zeit« steht. Keine Zeit heißt, dass es Ihnen bislang nicht wirklich wichtig war. Ist das nur heute so, dann legen Sie einen Termin dafür fest. Ist es Ihnen nach wie vor nicht wichtig – dann tschüss.

Für die anderen Fälle beobachten Sie sich:

- Welche Tätigkeiten packen Sie nicht oder nur ungern an?
- Welche Entscheidungen fällen Sie ungern?
- Wann oder wo hapert es an der Durchführung?

Je besser Sie sich und Ihren inneren Schweinehund durchschauen, desto besser können Sie Ihre lange Bank kürzen. Nehmen Sie sich jeden Tag 30 Minuten Zeit für Kleinigkeiten, die Sie irgendwann einmal machen wollten. Notieren Sie Ihre Einfälle auf einem bunten Zettel oder in Ihrem Chancenplaner und blocken Sie jeden Tag einen Zeitraum dafür. Manche Menschen tun dies in Form einer goldenen Nuss (siehe Abschnitt »Vom Großen zum Kleinen denken«) und starten so mit einem guten Gefühl in den Tag.

Setzten Sie sich jeden Tag und jede Woche Spaßtermine, die Sie morgens gut gelaunt aus dem Bett treiben. Sich von positiven Aussichten beflügeln zu lassen ist der beste Ausbremser der Aufschiebe-ritis. Das kennen Sie sicherlich von den Tagen, bevor Sie in Urlaub gehen und merken, was Sie da alles vom Tisch ackern. Wenn Sie etwas Schönes vorhaben, dann hadern Sie nicht lange, ob, wie oder wann Sie etwas erledigen wollen. Sie tun es einfach.

Wege aus der Perfektionismusfalle

Auffallend viele kreative Chaoten sind ausgesprochene Perfektionisten. Auf den ersten Blick scheint sich das auszuschließen, aber die Kreativen haben oft einen sehr hohen Anspruch an die eigene Leistung und die Leistung der anderen. Weil sich ihr Perfektionismus aber nicht in akkuraten Unterlagen, penibel geführten Akten oder einem leeren Schreibtisch äußert, glauben das die meisten Menschen nicht.

Der Perfektionismus der kreativen Chaoten kommt in einem anderen Gewand daher: Sie hängen die Messlatte für die eigene Leistung oft dermaßen hoch, dass ihr Perfektionismus sie lähmt.

So schieben viele kreative Chaoten es lange auf, neue Ideen umzusetzen, weil sie immer auf die perfekte Lösung warten. Damit warten sie aber manchmal ihr ganzes Leben lang. Schaffen Sie sich ein neues Lebensmotto:

Lieber unperfekt begonnen, als perfekt gezögert.

Ich habe kreative Chaoten erlebt, die schon lange ihr Büro aufräumen oder den Keller entrümpeln wollten. Aber weil sie immer auf den perfekten Augenblick gewartet haben, zum Beispiel mal drei Tage am Stück Zeit zu haben, haben sie nie angefangen. Der Perfektionist lebt nach dem Motto »Entweder richtig oder gar nicht«, »Alles oder nichts«. So türmt sich bei ihm die Unordnung im Haus oder die Arbeit auf dem Schreibtisch, weil er nicht die Zeit findet, alles in einem Rutsch picobello zu erledigen. Diese Art des Perfektionismus bekommen Sie in den Griff, indem Sie Ihre Projekte in Etappen zerlegen (mit jeweils festgelegter Zwischenziel-Deadline) und einfach anfangen.

Julia hat festgestellt, dass sie viele Aufgaben im Haushalt nicht anpackt, weil sie weiß, in der nächsten Viertelstunde wird sie ohnehin wieder gestört, »weil das Kind aufwacht, das Telefon sicherlich klingelt oder sonst etwas ist. Mit dem Bewusstsein ›Es lohnt sich eh nicht, anzufangen‹ fange ich tatsächlich nicht an – und hätte doch jede Menge Zeit gehabt. Nachdem ich mir diese Angst vor Störungen klargemacht habe, musste ich lachen – und fing einfach an. Schaffe ich die Aufgabe, freue ich mich. Schaffe ich sie nicht – macht nichts.«

Lernen von Pareto

Viele kreative Chaoten fangen an, Ideen umzusetzen, feilen dann aber Nacht um Nacht am perfekten Ergebnis und bringen aus diesem Grunde nichts zu Ende. Schnell hängt ihnen dann der Ruf an, unzuverlässig zu sein. Zu Unrecht! Viele Künstler sind daran verzweifelt, dass ihre Werke nie perfekt waren und verbrannten – wie Michelangelo –, was ihnen in ihrem Perfektionismus nicht gefiel.

Perfektionismus ist ein starker Antreiber und der Vater von außergewöhnlicher Qualität und herausragenden Leistungen. Viele Erfindungen hätten wir heute nicht, wenn nicht ein Tüftler wieder und immer wieder nach der perfekten Lösung gesucht hätte. Der Erfinder Thomas Alva Edison brauchte zum Beispiel über 5 000 Versuche, bis er die Glühbirne so perfekt geschaffen hatte, dass wir die Technik heute noch nutzen. Er prägte den Satz: »Genie ist zu einem Prozent Inspiration und zu 99 Prozent Transpiration.«[51]

Doch Perfektionismus an der falschen Stelle bedeutet, Perlen vor die Säue zu werfen. So kostet perfektionistisches Feilen an Details wertvolle Zeit, bringt aber vergleichsweise nur minimal höhere Qualität. Tückisch ist dabei vor allem, dass es anderen nicht einmal auffällt.

Natürlich wollen (und sollen) wir eine hohe Leistung bringen. Und ich will Sie jetzt nicht zur Schlamperei in Ihren Kernkompetenzen ermuntern. Aber machen Sie sich einmal klar, dass Sie in vielen Fällen Zeit und Energie verschwenden, bei denen es einfach keinen Sinn macht, eine perfekte Lösung zu präsentieren.

Entschärfen Sie diese Perfektionismusfalle, indem Sie sich mit Pareto anfreunden. Vilfredo Pareto war ein bedeutender italienischer Ökonom, der im 19. Jahrhundert entdeckte, dass 80 Prozent des Besitzes sich in den Händen von 20 Prozent der Bevölkerung befinden. Das Pareto-Prinzip lässt sich auch auf das Zeitmanagement übertragen, wonach 20 Prozent des Zeitaufwands zu 80 Prozent des Ergebnisses führen. Die restliche Zeit, die wir investieren, bringt nur eine vergleichsweise kleine Verbesserung.[52]

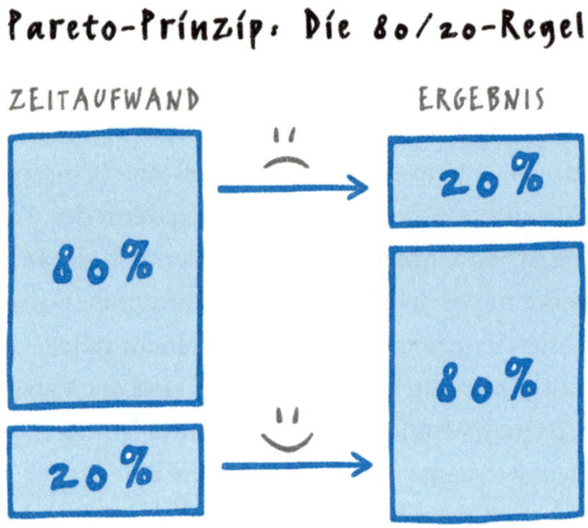

Sie schreiben eine Einladung zum Meeting in rund 10 Minuten, verbringen dann aber weitere 40 Minuten damit, kreative Formulierungen und schöne Wortbilder zu finden, sie mit Cliparts zu verzieren und eine witzige Schrift zu formatieren. Inhaltlich war Ihre Einladung bereits nach 10 Minuten (= 20 Prozent Zeiteinsatz) gut und Sie hätten sie abschicken können. Die restlichen 40 Minuten (= 80 Prozent Zeiteinsatz) haben das Schreiben aber nur um etwa 20 Prozent verbessert.

Ähnlich ist es beim Aufräumen: 20 Prozent der Zeit benötigen Sie, um alles einigermaßen sauber und ordentlich zu machen. Die restlichen 80 Prozent basteln Sie jedes Ordnerlabel einzeln am PC, wischen Sie unter den Schränken – was am Ergebnis (es schaut sauber und ordentlich aus) kaum etwas ändert, aber eine Menge Zeit kostet.

Machen Sie sich bewusst,

1. dass Sie bestimmte Aufgaben nicht so oft und gründlich erledigen müssen, um einen sichtbaren Erfolg zu erzielen.
2. dass Sie den Grad der Erfüllung den Erwartungen der Adressaten angleichen dürfen. Damit können Sie in vielen Fällen die Ansprü-

che an sich selbst herunterschrauben, denn oftmals goutieren die Empfänger Ihrer Leistung den Aufwand nicht.

BEISPIEL

Svea ist Personalleiterin in einem mittelständischen Unternehmen. Ihre Leute liegen ihr sehr am Herzen, sie nimmt sich für jedes Mitarbeitergespräch sehr viel Zeit und fasst die besprochenen Inhalte danach detailliert zusammen. Wenn sie ein Zeugnis schreiben soll, so nimmt sie sich dafür mehrere Stunden Zeit und zaubert ein einfühlsames und treffendes Zeugnis. Eines Tages brauchte ein Mitarbeiter innerhalb von 30 Minuten ein Zeugnis -- und siehe da, Svea schaffte es in dieser Zeit, hatte aber ein schlechtes Gewissen, dass sie es diesmal »nicht perfekt« gemacht hatte. Am kommenden Tag bedankte sich der Mitarbeiter, für die »einfühlsamen und treffenden Worte«. Svea war baff. »Ich lernte daraus, dass mein Perfektionismus und der Zeitaufwand für die anderen Schreiben total überzogen waren. Ich schaffe es – wohl weil ich es nun ja ausgiebig geübt habe – auch in kurzer Zeit, ein gutes Zeugnis zu schreiben. Und dieses ›gut‹ reicht den anderen Leuten völlig aus.«

Fünf Tipps gegen Perfektionismus

1. Legen Sie fest, wie gut Ihr Ergebnis jeweils sein muss. Reicht gut oder muss es diesmal tatsächlich perfekt sein? Warum? Wer goutiert das? Leben Sie nach dem »Gut statt perfekt«-Prinzip und zielen Sie auf einen Kompromiss zwischen Qualität und Zeit.
2. Setzen Sie sich Zeitlimits und Fristen für Ihre Arbeiten. Am besten schriftlich. Erinnern Sie sich an das 1. Parkinson'sche Gesetz: Wir brauchen so viel Zeit, wie wir uns für eine Aufgabe geben. Geizen Sie deshalb generell mit Ihrer Zeit.
3. Finden Sie heraus, bei welcher Art von Aufgaben Sie zu Perfektionismus tendieren. Sind das Leidenschaftsaufgaben und erledigen Sie diese perfekt, damit Sie andere, weniger spannende Aufgaben nicht anpacken müssen? Oder sind es eher Aufgaben, die Sie eigentlich nicht besonders gut können, und damit das keiner merkt (»Schließlich muss ich das in meinem Job doch können!«), wollen Sie es be-

sonders gut machen? Versuchen Sie, solche Aufgaben zu delegieren oder die schnelle Erledigung zu trainieren.
4. Tricksen Sie Ihren Perfektionismus aus, indem Sie Arbeiten mit einem Turbo-Beschleuniger ganz schnell erledigen (siehe unten).
5. Schrauben Sie die Ansprüche an sich herunter.

Zweifel an der eigenen Leistung sind die Sargnägel für viele wohlgemeinte und hochfliegende Träume. Einerseits sind Zweifel zwar gut. Sie bringen uns zum Lernen und sorgen dafür, dass wir wirklich gut sind. Nur selbstverliebte Blender, die sich immer für den Größten halten, kennen keine Zweifel. Doch sobald die Zweifel überhand nehmen, landen Aufgaben automatisch auf der langen Bank: Ich bewerbe mich erst auf die neue Stelle, wenn ich den Lehrgang XY gemacht habe. Ich bewerbe mich erst, wenn ich auch noch mein Englisch verbessert habe. Ich bewerbe mich erst … und schwupps sind alle Chancen vertan und die neue Stelle weg.

Holen Sie sich nachvollziehbare Messgrößen für die Kategorie »gut«. Wie lauten exakt die Bedingungen für diese neue Stelle? Was erwartet mein Chef/mein Kunde genau von mir? Was bieten andere Menschen in vergleichbaren Positionen? Normalerweise sage ich ja immer, dass wir uns nicht vergleichen sollen, weil wir uns selbst in der Regel zu schlecht wegkommen lassen. In diesem Fall hilft es aber, sich einen neutralen Überblick zu verschaffen, was tatsächlich gefordert wird und was andere Menschen leisten.

Beobachten Sie Menschen, die das, was Sie tun möchten, bereits mit Erfolg tun. Und manchmal werden Sie feststellen: Die kochen auch nur mit Wasser.

Turbo-Beschleuniger einschalten

Kreative Chaoten haben meist eine Aversion gegen das Wörtchen Effizienz. Da ihnen die Freude am Tun wichtiger ist als Zahlen und Fakten, weil sie eher die Qualität der Zeit erleben, statt in messbaren Einheiten durch die Tage zu flitzen, und weil ihnen die Beziehung zu Menschen wichtiger ist als knallharte Ergebnisse, wehren sie sich häufig, wenn in ihrem Unternehmen oder in ihrem Alltag Abläufe und Tätigkeiten effizienter gemacht werden sollen, sie also die gleiche Arbeit in weniger Zeit schaffen sollen.

Andererseits sind viele kreative Chaoten ja sehr effizient – es fällt den anderen nur nicht auf: Wer zehn Minuten zu spät ins Meeting düst (»weil die ja eh nie pünktlich anfangen oder zu Beginn nichts Wichtiges passiert«) und davor noch drei Aufgaben vom Tisch geackert hat, der war effizient. Wer drei Minuten vor Abfahrt der S-Bahn vom Frühstückstisch aufspringt, zum Bahnhof radelt und ohne anzuhalten in die bereits eingefahrene S-Bahn einsteigen kann, der hat null Zeit für Warten vertrödelt und fühlt sich supergut, oder? Dass der (strukturierte) Partner dabei jeden Tag schier ausflippen könnte, ist ja dessen Problem. Schließlich ist zu früh sein auch unpünktlich!

Sie wissen ja nun schon, dass es Ihnen im Leben nicht darum gehen soll, schneller zu arbeiten, sondern darum, sich auf die für Sie wichtigen Tätigkeiten und Menschen zu konzentrieren. Also für Ihre Ziele das Richtige zu tun.

Nutzen Sie dennoch Ihren Spaß am Gefühl, dass die Arbeit oder Ihr Timing »flutscht«. Denn manchmal verbraten wir wirklich unnütz Minuten, die uns dann wieder an anderer Stelle fehlen. Zum Beispiel weil wir die Anfrage einer Behörde um eine kleine Information statt direkt auf dem Briefbogen handschriftlich zu beantworten und zu faxen, lieber in einem ausführlichen Brief formulieren (acht Minuten Zeitaufwand statt einer Minute). Weil wir bei Online-Flugbuchungen immer wieder die Nummer unserer Kreditkarte heraussuchen müssen, statt einmal ein Profil bei Lufthansa & Co. anzulegen. Weil wir immer noch keine Altpapierkiste neben den Schreibtisch gestellt haben, um Werbepost, Briefumschläge etc. direkt hineinzuwerfen. Weil wir bei vielen Rechnungen nicht wissen, ob sie bereits bezahlt sind, und alle Kontoauszüge durchforsten müssen, anstatt einen handschriftlichen Vermerk »Bezahlt am …« zu machen. Weil wir beim Speichern von Dokumenten immer wieder alle Verzeichnisse und Ordner durchklicken müssen, anstatt den am häufigsten benutzten virtuellen Ordner am PC als erste Adresse für bestimmte Dokumente einzurichten. (So geht das übrigens: Klicken Sie zum Beispiel bei Word oder Excel im Menüpunkt »Extras«, »Optionen« das Registerblatt »Speicherort für Dateien« an und wählen Sie Ihren Hauptordner (zum Beispiel Cordula 2012.) Oder weil wir immer noch mit der Maus in sechs Schritten über die Registerblätter gehen, um Textstellen zu formatieren, anstatt Shortcuts zu benutzen (eine Übersicht über die gängigsten Shortcuts finden Sie unter www.Kreative-Chaoten.com).

Nehmen Sie sich immer wieder Zeit, grundsätzlich etwas an Ihren alltäglichen Handgriffen zu verbessern. Werden Sie erfinderisch. Nicht weil Sie Zeit oder Geld sparen müssen, sondern weil es Spaß macht. Geld- und Zeitersparnis sind nur weitere Zuckerstücke. Suchen Sie sich bei Themen, die das ganze Team betreffen, systematische Mitstreiter, die Lust haben, Ihre Ideen bis ins letzte Detail umzusetzen (wie eine Vorlage für die Reisekostenabrechnung korrekt zu erstellen oder eine Vorlage für Ordnerrücken zu machen, mit der die Umbrüche und Schriftgrößen wirklich stimmen). Denn darauf haben kreative Chaoten ja in der Regel keine Lust. Aber es wäre schade, wenn gute Ideen deshalb unter den Tisch fallen.

Werfen Sie Ihren Kreativitätsmotor an, wie Sie Tätigkeiten und Abläufe in Ihrem Umfeld schneller über die Bühne bringen können. Gehen Sie es spielerisch an und mimen Sie den Profi-Optimierer. Erteilen Sie sich selbst einen Auftrag für die jeweilige Verbesserung und stellen Sie sich zum Abschluss eine Rechnung.

Oder beherzigen Sie eine der wichtigsten Regeln für mehr Zeit: Beauftragen Sie wirklich einen Profi. Lassen Sie Ihren PC schneller machen (da reichen manchmal einige Handgriffe auf der Festplatte wie Defragmentieren oder die automatischen Software-Starts zu unterbinden). Besorgen Sie sich Profi-Software (zum Beispiel Freeware, um Dokumente in Sekunden zu finden oder um Texte zu komprimieren, damit sie auf Ihren USB-Stick passen und Sie leichter zwischen Home-Office und Büro pendeln können). Oder strukturieren Sie mit professioneller Hilfe Ihr Büro neu – aber nur mit Büroorganisatoren, die Ihre kreativen Stärken achten und kreativtaugliche Tools verwenden und Ihnen nicht ein gewöhnliches Standartsystem überstülpen.

Lernen Sie auch das aufputschende Gefühl kennen, den anderen

Menschen eine Nasenlänge voraus zu sein, indem Sie nicht alles nach Vorschrift machen, sondern querdenken.

Jana fliegt beruflich viel. »Früher habe ich, wenn sich mein Flug sehr verspätet hat oder storniert wurde, mich am Gate in die Schlange am Schalter eingereiht, um umzubuchen. Bis ich auf die Idee kam, gemütlich sitzen zu bleiben und mit meinem Handy die Reservierungs-Hotline der Fluggesellschaft anzurufen. So habe ich, ohne mich einen Zentimeter bewegen zu müssen, die Schlange ›überholt‹ und mir frühzeitig einen neuen Platz gesichert.«

Schalten Sie auch einen Turbo-Beschleuniger, um anderen Menschen zu helfen, schneller zu sein. Finden und binden Sie mit diesem Service Kunden. Oder ernten Sie einfach Lob fürs Mitdenken.

Eine PR-Agentur gibt auf der Rückseite von Faxantwortschreiben die Faxnummer nochmals an. »Wir wissen, dass viele Journalisten Faxgeräte haben, bei denen die Schreiben ›kopfüber‹ gesendet werden, und dann sieht man die Faxnummer nur mit Kopfverdrehen oder indem man das Blatt vorsichtig hochhebt. Mit unseren Nummern auf der Rückseite haben es die Leute leichter.«

Bitte achten Sie künftig bei Ihrem neuen Hobby »Turbo-Beschleuniger ausdenken« darauf, dass Sie nur Aufgaben effizienter machen, die Ihre Kernaufgaben sind. Denn es wäre schade, wenn Sie das Heften von Seminarmappen von einer Minute pro Stück auf 35 Sekunden pro Stück beschleunigen, das Erstellen der Mappen aber eigentlich Aufgabe Ihrer Assistentin ist.

Keine Macht der Hetzkrankheit

Missbrauchen Sie den neuen Sport der Turbo-Beschleuniger nicht dazu, ständig Zeit sparen zu wollen. Zeit sparen geht ja ohnehin nicht. Zeit ist einfach da und sie tut nur eines: vergehen. Wir können sie nicht auf ein Konto für schlechte Zeiten einzahlen oder sie uns von anderen Menschen leihen. Zeit ist das einzige Gut auf Erden, das gerecht verteilt ist. Jeder Mensch hat täglich 24 Stunden, 1 440 Minuten oder 86 400 Sekunden.

Was wir aber tun können, ist, diese uns geschenkte Zeit sinnvoll zu nutzen und Zeitqualität zu erleben. Wir können Hetzfaktoren ausschalten und bewusst mit diesem wertvollen Gut umgehen. In der griechischen Mythologie ist Chronos der Gott der Zeit, der sinnbildlich für den Ablauf der Zeit (auch Lebenszeit) steht und dem wir den Namen der Uhren – Chronometer – zu verdanken haben. Ihm gegenüber steht der nicht ganz so bekannte zweite Gott der Zeit – Kairos. Kairos ist der Gott der Zeitqualität und des günstigsten Zeitpunktes und damit eigentlich der Gott der kreativen Chaoten. Leider lassen sie sich aber von der heutigen Hetzkrankheit anstecken und verlieren ihr Gefühl für Zeitqualität.

Getrieben von mindestens zwei Telefonen, Smartphone, den hohen Erwartungen in Job und Privatleben und dem Zwang, so viel wie möglich in die Tage hineinpressen zu wollen, hetzen wir mit hängender Zunge durch denn Alltag und verlieren dabei oftmals den Sinn unseres Treibens komplett aus den Augen. Dieses Fertiggericht muss sechs Minuten in die Mikrowelle? Fünfeinhalb Minuten reichen sicherlich auch! Andere Leute erzählen langsam und bedächtig etwas? Sie fallen ihnen ins Wort und formulieren deren Sätze fertig. Vor der Wursttheke im Supermarkt steht eine lange Schlange an Menschen? Dann gibt es eben Käse aus dem Kühlregal.

Leiden Sie auch unter der Hetzkrankheit? Dann reduzieren Sie bewusst Ihre Drehzahl mit folgenden Tipps:

1. Legen Sie in der Freizeit Ihre Uhr ab. Essen, schlafen, arbeiten oder spielen Sie ausschließlich nach Ihrer inneren Uhr.
2. Machen Sie bei Freizeitverabredungen so oft wie möglich keine festen Uhrzeiten, sondern dehnbare Zeiträume aus. Halten Sie es wie die Inuit, die sich »bei Dämmerungsbeginn« treffen.
3. Setzen Sie sich jeden Tag bewusst einige Minuten lang hin und tun Sie – nichts! In der Regel haben wir das Nichtstun total verlernt. Nur sitzen und dabei schauen, träumen, denken. Herrlich.

4. Betrachten Sie unterwegs die vorüberziehenden Dinge (Bäume, Häuser) bewusst länger, circa drei Sekunden lang. Dadurch nehmen Sie bewusster wahr und entschleunigen automatisch.

Rücken Sie Kairos stärker in den Mittelpunkt Ihres Lebens und Sie erleben eine neue Fülle an Zeit. Auch wenn Sie als kreativer Chaot sehr schnell im Denken und Tun sind – verlangsamen Sie hin und wieder Ihren Rhythmus und genießen Sie, was passiert.

Immer wieder wichtig: loben und belohnen

»Nicht geschimpft ist genug gelobt« – nach diesem Motto bekommen in Firmen, in Familien und bei freiwilligen Ehrenämtern die meisten Leute die Zähne nicht auseinander. Schade. Denn Lob ist der beste Motivator, um gerne und gut zu arbeiten. Jeder Mensch sehnt sich nach Worten und Gesten der Anerkennung und besonders kreative Chaoten saugen den Nektar in rauen Mengen.

Geben Sie dem Thema Loben und Belohnen höchste Priorität in Ihrem beruflichen und privaten Alltag. Etablieren Sie eine Lobkultur – und wenn Sie keinen Kollegen oder Chef oder Auftraggeber haben, der Sie lobt, dann belohnen Sie sich selbst!

Denken Sie daran: Lob ist zum Teil auch eine Holschuld. Teilen Sie anderen Menschen mit, wenn Sie etwas Gutes gemacht haben oder eine Arbeit besonders aufwendig war. Als Familienmanager, der die Küchenschränke aufgeräumt hat, machen Sie vor dem Abendessen mit dem Partner und den Kindern eine Küchenführung und nehmen den »Applaus« entgegen. Bei großen Erfolgen (Keller entrümpelt) machen Sie eine Flasche Sekt auf und stoßen Sie mit allen auf das Ergebnis an. Wer immer in ein blitzblankes Haus kommt, kann nicht wissen, welche Arbeit es war, diesen Zustand herzustellen.

Nehmen Sie Lob von anderen wirklich an und zerstören Sie den magischen Moment nicht, indem Sie bescheiden murmeln: »Ach, das war doch keine Arbeit« oder noch schlimmer: »Das war Zufall, dass ich den Kunden an Land gezogen habe.«

Führen Sie eine Lobkultur für alle Leistungen in Ihren Teams ein. Loben Sie und Sie werden gelobt. Vor allem logische Ordner sagen zwar oft, es sei »doch keine Leistung, wenn ich die Ablage neu strukturiere (das Haus putze …); das ist doch mein Job. Und es ist die Aufgabe von allen, jeweils mitzuhelfen. Was soll ich da extra loben?« Natürlich haben Sie Ihren Job. Und natürlich soll jeder seinen Part beitragen. Trotzdem können Sie doch Lob entgegennehmen und verteilen, wenn etwas läuft, oder?

Hier ein paar Beispiele für Lob- und Belohnkulturen:

Galerie: Eine kleine Filmgesellschaft hat im Flur zur Kantine eine Galerie eingerichtet. Dafür haben sie 13 DIN-A3-Glasrahmen besorgt und jeden beschriftet mit »Mitarbeiter des Monats Januar (Februar …)« sowie einen mit »Mitarbeiter des Jahres«. Die Rahmen zeigen jeden Monat das Foto eines Mitarbeiters mit einer kurzen Begründung. Zum Beispiel: »Julia hat im Juni den lang ersehnten Kunden an Land gezogen«; »Jens hat im September den Fußboden seines Büros entrümpelt und zehn Kisten Müll weggeworfen«.

Danke-Buch: An der Rezeption eines Hotels liegt ein wertvolles Spiralbuch in einer außergewöhnlichen Größe (30x30 Zentimeter) und mit edlem Papier. Hier schreiben die Mitarbeiter hinein, welchem Kollegen sie für etwas danken möchten (zum Beispiel für den Nachhilfeunterricht zur neuen Reservierungs-Software oder für die Übernahme der Nachtschicht). Das Buch ist für alle einsehbar und füllt sich nun schon seit vielen Jahren mit Lob und Dank.

Kugelröhren: Laura hat, inspiriert von der Sendung *1, 2 oder 3*, bei der verdiente Kugeln in einem Rohr gesammelt werden, eine Säule für ihren fünfjährigen Sohn nachgebaut. Eine Kugel verdient sich das Kind, wenn es alle Spielsachen wegräumt, das Bett macht etc. Ist das Rohr voll, darf sich das Kind eine Aktivität wünschen.

Wann es besser ist, keine Prioritäten zu setzen

Sehen Sie Ihre Prioritäten als roten Faden, der Ihnen in der Hektik des Alltags Halt gibt, und nicht als Dogma, an das Sie sich verkrampft halten müssen. Sonst mutiert das schöne Hilfsmittel zur Fessel und kostet Sie mehr Zeit und Energie, als es Ihnen bringt. Und manchmal liegt das Erfolgsgeheimnis darin, dass man bei Details nicht priorisiert und aussortiert hat, sondern nach dem Motto »Alles ist wichtig« alle Ideen umsetzt.

Ein kleines Hotel in Franken hat das »Prinzip des nebensächlichen Details« perfektioniert. Badewannen aus Holz in den Zimmern, ein gelbes Quietscheentchen pro Gast, ein abschließbarer Regenschirmständer, Blitzer-Warnzettel an der Rezeption, ein Kakao-Herzchen auf dem Cappuccino, aktuelle Tageszeitungen auf einem Stehpult bei den Männer-Pissoirs. »Wir wissen nicht, was den Gast letztendlich berührt, aber es sind genau diese Details, die aus einem zufriedenen Kunden einen begeisterten Kunden machen, der wiederkommt und uns weiterempfiehlt«, sagt der Hotelbesitzer.

Trauen Sie sich also, bei passender Gelegenheit Ihr Lebensmotto »Alles ist wichtig« auszuleben. Das macht Spaß und bringt Erfolge.

Strategie 3: Durch Aufräumen optische Ruhe schaffen und freie Zeit gewinnen

Wie viel Zeit, schätzen Sie, verbringen wir täglich mit Suchen? Dem Suchen nach der Brille, den Schlüsseln, nach Unterlagen, dem Geldbeutel und so weiter? Im Schnitt vergeuden wir rund eine Stunde mit der Fahndung nach verlegten Dingen, behaupten Ordnungsexperten rund um den Erdball.[53] Frauen suchen zudem 76 Tage ihres Lebens (rund sieben Minuten pro Tag) nach Dingen in ihrer Handtasche.[54] Und bei Beobachtungen an Studenten in den USA kam es sogar noch schlimmer: Angeblich verbrachten Personen mit überfüllten Schreibtischen bis zu 90 Minuten täglich alleine damit, Unterlagen hin- und herzuschieben und Dokumente zu suchen. Ein Minütchen hier, ein Viertelstündchen dort, und schon hatten sie – wenn sie nur jeden Werktag am Schreibtisch saßen – im Laufe einer Woche 7,5 Stunden wertvolle Lebenszeit verplempert, meldet ohne konkrete Quellenangaben ein deutscher Organisationsspezialist.

Nehmen wir mal an, diese Zahlen stimmen – und Umfragen unter meinen Seminarteilnehmern untermauern tatsächlich die Eine-Stunde-pro-Tag-Theorie –, dann vergeuden wir Laufe eines 80-jährigen Lebens rund 1216 Tage mit Suchen. Das sind 40 Monate – also gut drei Jahre. Zum Vergleich: Für Hobbys nutzt der durchschnittliche deutsche Mann nur 380 Tage seines Lebens, Frauen zwischen Nordsee und Alpen sogar nur 152.[55] Vermutlich, weil sie »keine Zeit haben«.

Nach Schätzung deutscher Hausratversicherer horten wir pro Quadratmeter Wohnung Dinge im Wert von 650 Euro.[56] Das summiert sich auf Werte bis zu 69000 Euro und mehr. Die meisten Haushalte quellen über von Dingen, die wir uns selbst gekauft oder geschenkt bekommen haben. Dabei haben wir nicht nur Dinge, die wir wirklich brauchen. sondern vieles in doppelter und dreifacher Ausführung (Geschirr, Kugelschreiber, alte Telefonbücher) und vieles, das schon längst seinen Geist aufgegeben hat, wie alte Handys, kaputte Steckdosenleisten und defekte Küchengeräte.

Auch in unseren Büros zieht die Wohlstandsgesellschaft ihre Spuren: überquellende Schreibtisch-Container mit 100 und mehr Stiften, Blöcken und Call-a-Pizza-Zetteln, durchhängende Regale sowie Stapel an Zeitschriften und Akten, die gleich ganz unkonventionell den Boden belegen und neben den Schreibtischen als Mahnmal »Lies mich!« in die Höhe wuchern.

Natürlich hat Besitz auch seine Vorteile. Er schafft ein Gefühl von Sicherheit, wir werten damit unser Selbstwertgefühl auf und haben Statussymbole. Sammeln kann Spaß machen und an viele Gegenstände sind wertvolle emotionale Erinnerungen gebunden.

Doch häufig bringt dieser Wohlstand auch Sorgen und unangenehme Aufgaben mit sich, die uns die Laune verderben. Wie viele Familien können samstags keinen Familienausflug machen, weil sie ja putzen und aufräumen müssen. Wie viele Menschen würden gerne mal wieder eine rauschende Geburtstagsparty feiern, aber der Partykeller ist längst zur Rumpelkammer verkommen.

So stehen wir den Mahnmalen unserer Sammelleidenschaft von Angesicht zu Angesicht gegenüber und nehmen uns ständig vor, es endlich anzugehen. Doch in der Regel bleibt es beim halbherzigen Vorsatz – und einem ständig wachsenden schlechten Gewissen. Schluss damit. Machen Sie heute den ersten Schritt zu einem leichteren Leben.

Die Lust an der Leere entdecken

Haben Sie sich schon einmal Gedanken über die Nachteile von zu viel Zeug gemacht? Es dauert mehr als doppelt so lange, einen vollgestellten Raum oder vollgestellte Regale zu reinigen, und auch die Sachen selbst müssen gereinigt werden. Die Anschaffung der Gegenstände kostet genauso Geld wie die Aufbewahrungsmöglichkeiten wie Schränke, Regale, Kästen und Ordner sowie der Unterhalt (Reparaturen, Wartung, Versicherungen). Viel Zeit kostet ebenfalls das Einkaufen der Dinge und der neuen Aufbewahrungsmöglichkeiten, die Verwaltung (Fotos einkleben, Ablage machen), das Reinigen, Warten, Reparieren, das Suchen, wenn man den Gegenstand braucht, und das Geld zu verdienen, um sich diese Dinge überhaupt leisten zu können. Zu viel Zeug ermüdet zudem Geist und Körper und hält einen in der Vergangenheit fest.

Ordnung und Sauberkeit sind Dauerbrenner in Büros und Partnerschaften. Über kein Thema wird so viel diskutiert wie über herumliegende Dinge, die man nicht mehr findet, oder darüber, wer die (Tee-) Küche sauber macht. Jeder hat eine andere Ansicht, wann ein Raum als aufgeräumt gilt, wo die Sachen am besten einsortiert werden oder wer jeweils dafür zuständig ist.

Den eigenen Ordnungsgrad finden

Oftmals verteidigen »unordentliche« Menschen ihr Chaos im Büro oder zu Hause und betonen, sie bräuchten es. Es sei schöpferisch und fördere die Kreativität. Im Kern haben sie recht. Studien zufolge regen herumliegende Dinge tatsächlich die Kreativität an, auf einem leergefegten Tisch fehlen Gedankenimpulse.[57] Ein Vorteil von vollen Schreibtischen ist auch, dass sich unwichtige Aufgaben, die wochenlang unter Stapeln verschwinden, oft von selbst erledigen und Unterlagen, die nachts auf dem Schreibtisch bleiben, den Einstieg am nächsten Tag erleichtern.

Chaoszonen in einer Zimmerecke, einem eigenen Raum im Haus oder in einer Schreibtischschublade helfen, den Chaostrieb auszuleben und dennoch einen repräsentablen Rahmen vorweisen zu können. Ein gewisser Grad an Unordnung soll sogar auf Intellekt hinweisen: Studien belegen, dass Stapel bei Menschen mit höherem Bildungsgrad, höherem Einkommen und wachsender Berufserfahrung besser gedeihen. Ein Psychologe hat bei Studien unter Versicherungsvertretern festgestellt, dass weniger intelligente Vertreter besser arbeiten, wenn sie genau planen und im Alltag Ordnung halten. Die intelligenteren Kollegen hingegen arbeiten mit zunehmender Ordnung weniger effektiv. Außerdem zeuge eine natürliche Unordnung von innerer Gefestigtheit. Psychologen berichten, dass viele Menschen versuchen, mit Ordnung innere Konflikte zu lösen, und aufräumen, weil ihnen innere Struktur und klare Prioritäten fehlen. Viele kommen in der immer unübersichtlicheren Alltagswelt schlecht zurecht und versuchen, diese Haltlosigkeit mit einem überordentlichen Umfeld zu kompensieren. Der Schluss daraus? Menschen, die eine natürliche Unordnung genießen können, leben aufgrund ihrer inneren Zufriedenheit besser.

Hinzu kommt, dass Ordnung zu schaffen ja auch Zeit kostet. Wenn Ordnungsgurus versprechen, mit »8 Minuten täglich 8 Stunden Zeit pro Monat zu sparen«, dann bedeutet das auch, dass wir vier Stunden investiert haben um vier zu »gewinnen«. Und: »Wer an einem aufgeräumten Schreibtisch sitzt, kramt 36 Prozent länger nach seinen Zetteln«, sagt Eric Abrahamson, Autor von *Das perfekte Chaos*.[58]

Ich glaube, für jede Meinung lassen sich entsprechende Studien und Belege finden. Ausschlaggebend für eine Veränderung sollten jedoch schlicht und ergreifend Sie selbst sein. Haben Sie den Adlerflug gemacht? Dann sehen Sie schwarz auf weiß, wie die Situation bei Ihnen ist, und Sie können abwägen: Lohnt es sich, jeden Tag besser aufzuräumen, wenn die dafür investierte Zeit höher als der Nutzen ist? Sie haben den Adlerflug nicht gemacht? Dann achten Sie in den kommenden Tagen mal darauf, wie häufig Sie suchen, wie häufig Sie sich ärgern oder gegenüber Besuchern ein ungutes Gefühl haben. Achten Sie darauf, wie wohl *Sie* sich fühlen in Ihrer Umgebung.

Kreative Chaoten sind ausgesprochene Ästheten. Sie lieben ein schönes Ambiente und optische Ruhe. Der Unterschied zu den Systematikern ist lediglich, dass sie diese Energie durch Aufräumen gewinnen, während kreative Chaoten Energie investieren.

Seien Sie ehrlich sich selbst gegenüber: Können bei Ihnen Ideen frei sprudeln, wenn Sie in einem Büro hausen, dessen Weg zum Schreibtisch durch kniehohe Stapel von Zeitschriften, Videokassetten, CD-Hüllen und offenen Kartons mit undefinierbarem Inhalt führt, in dem ein Ficus mit staubigen Blättern um ein wenig Luft kämpft und aus dessen Schreibtischschubladen eine uralte Zahnbürste, verklebte Hustenbonbons, Batterien, verbogene Büroklammern, diverse Nasensprays sowie eine Fünf-Minuten-Terrine mit Verfallsdatum September 2001 quellen?

Nehmen Sie Stress, Sucherei und Streit aus dem Thema Ordnung, indem Sie für sich und Ihr Team (damit meine ich auch die Familie) ehrlich entscheiden, wie ordentlich Sie und die anderen es brauchen, um gut leben und arbeiten zu können. Finden Sie den Grad an Ordnung, der zu Ihnen passt und Ihnen das Leben erleichtert. Lösen Sie sich unter Umständen von bequemen Ausreden (»Das war schon so, als ich in diesem Büro angefangen habe«, »Ich brauche das kreative Chaos«). Machen Sie den Begriff Ordnung messbar, damit Sie überhaupt erkennen, dass Ihr gewünschter Ordnungsgrad erreicht ist. Wann gilt Ihr Schreibtisch (Ihre Wohnung) als ordentlich? Wenn Sie nichts suchen müssen und deshalb ohne Zeitverluste arbeiten können? Wenn es Ihnen gefällt, was Sie sehen? Wenn Sie jederzeit Besuch empfangen können, ohne sich zu schämen? Hören Sie dabei in Ihren Hoheitsbereichen (Ihrem Schrank, Ihren Schreibtischschubladen) auf Ihr eigenes Wohlfühlbarometer.

Das Vorurteil der Leertischler

Trennen Sie sich vom Vorurteil, dass Leertischler – also Menschen, die einen komplett leeren Schreibtisch haben, auf dem nur der aktuelle Vorgang liegt – besonders erfolgreich sind. Warum sollte das so sein? Wenn Sie als kreativer Chaot an mehreren Dingen parallel arbeiten – und deshalb viele offene Projekte, Unterlagen, Bücher und Papiere auf dem Tisch haben –, dann können Sie ebenfalls sehr erfolgreich sein. Auch der Traum vom papierlosen Büro ist eine Schimäre. Natürlich können wir (und das tun auch viele Berufstätige) wichtige Papiere scannen und in einem elektronischen Archiv ablegen. Aber viele kreative Chaoten sind kinästhetisch veranlagt, das heißt, sie müssen Dinge wirklich in die Hand nehmen können, um gut damit zu arbeiten. Und deshalb drucken sie lieber zu viel als zu wenig aus und haben lieber echte Ordner als virtuelle.

Dennoch haben die meisten Berufstätigen ein schlechtes Gewissen, wenn sie Volltischler sind. Sie auch? Ruhig Blut, vielleicht sind Sie ja ein sogenannter Quartals-Chaot oder Volltischler mit periodisch leeren Phasen. Sie brauchen (oder dulden) das Durcheinander, solange sie an einem Projekt arbeiten? Danach machen Sie Tabula rasa und bringen Büro und Wohnung auf Vordermann? Wer diese Stoßzeiten akzeptiert, der mindert seinen täglichen Aufräumdruck erheblich. Sie haben gerade ein komplexes Projekt zu leiten und deshalb keinen Nerv, aufzuräumen? In Ordnung. Investieren Sie momentan als Quartals-Chaot weniger Zeit und holen Sie alles nach, wenn das Projekt erfolgreich abgeschlossen ist.

Eine super Motivation für eine Aufräumaktion ist bei den meisten Menschen übrigens Besuch. Da feiern sie dann gleich zwei positive Effekte: nette gemeinsame Stunden und eine ordentliche Wohnung.

71 Prozent der Frauen räumen vor dem ersten Date gründlich auf, hat eine Umfrage im Auftrag der Zeitschrift *Playboy* ergeben. Warum nur 71 Prozent? Klar, bei den anderen ist es grundsätzlich picobello. Bei den Männern sind es 81 Prozent, die ihre Wohnung vor einem Date in Schuss bringen und Socken vor dem Bett, leere Chipstüten vor dem Fernseher und Comic-Stapel neben dem Klo wegräumen.[59]

Klären Sie im Büro, inwiefern eine Clean Desk Policy (abends einen leeren Schreibtisch hinterlassen) helfen kann, den Ansprüchen nach Ordnung auf die Sprünge zu helfen, oder ob der abendliche Aufräumzwang eher zu viel Druck erzeugt. Suchen Sie Wege, um mit solchen Vorgaben klarzukommen. Räumen Sie in einem Sideboard ein komplettes Fach frei, in das Sie jeden Abend Ihre aktuellen Stapel legen. Dann ist ruckzuck auf dem Schreibtisch Ordnung, und doch haben Sie am nächsten Tag mit einem Griff alle Stapel wieder parat. Oder wandeln Sie diese Regel ab.

BEISPIEL

Ina arbeitet mit zwei Tischen. »Der kleine Tisch wird zugepackt – allerdings ordentlich gestapelt und sortiert – und am großen, leeren Tisch arbeite ich, indem ich mir kleine ›Häppchen‹ herübernehme. Was abgearbeitet ist, wird weggeräumt. Ich finde es überschaubarer, am leeren Tisch zu arbeiten. Außerdem sehe ich nicht den Berg, der noch vor mir liegt. Der volle Tisch hilft mir, nichts zu vergessen. Fertig bin ich, wenn der kleine Tisch leer ist.«

Machen Sie sich klar, wie viele Stunden Sie täglich, wöchentlich oder monatlich investieren wollen, um den von Ihnen gewünschten Zustand zu erreichen und zu erhalten. Natürlich kostet Aufräumen Zeit, und je wichtiger Ihnen ein aufgeräumtes Umfeld ist, desto mehr Zeit investieren Sie oder desto besser müssen Sie die Aufräumarbeiten delegieren.

Ausmisten: Kleine Schritte bitte!

Machen Sie heute den ersten Schritt zu weniger Besitz. Trennen Sie sich von allem, was Sie belastet, und gewinnen Sie das herrliche Gefühl, dass Sie Ihren Besitz beherrschen (und nicht umgekehrt). So schaffen Sie sich Freiraum zum Atmen und Wohlfühlen.

Aber stopp! Nehmen Sie sich jetzt nicht das ganze Büro oder das komplette Bad vor. Gerade als kreativer Chaot brauchen Sie viele Erfolgserlebnisse, um am Ball zu bleiben. Und Hauruck-Aktionen enden meist nur im Frust,

- weil Ihnen während des Ausmistens die Zeit davonläuft und Sie nicht im gewünschten Zeitrahmen fertig werden;
- weil Ihnen unterwegs die Lust vergeht;
- weil es trotz emsigen Eifers nach einigen Stunden plötzlich wie ein Fass ohne Boden aussieht;
- weil der Berg an Arbeit Sie erschlägt – und Sie gar nicht erst anfangen.

Nehmen Sie sich ein Beispiel an den Bezwingern des Mount Everest. Die düsen auch nicht im Eiltempo auf den Gipfel, sondern arbeiten sich langsam und gemächlich über Zwischenstationen an ihr Ziel heran. Und sie gönnen sich in den Zwischencamps Erholungspausen.

Schlagen auch Sie solche Zwischencamps auf – indem Sie Ihr Ziel, das Büro auszumisten oder das Bad endlich aufzuräumen, in kleine überschaubare Zwischenziele aufteilen: heute kurz vor Feierabend die oberste Schreibtischschublade ausmisten, morgen im Nachmittagstief die zweite. Morgen früh nach dem Zähneputzen die Badablage von fast leeren und alten Kosmetika entmüllen (Dauer: drei Minuten), abends nach dem Duschen die Handtücher durchsehen und verschlissene wegräumen.

Suchen Sie gerade zu Beginn kleine Einheiten, die schnell erledigt werden können. Schnelle Erfolge beflügeln und Sie können sich zwischendurch selbst belohnen (Lob, kleines Geschenk). Freuen Sie sich, dass Sie einen ersten Schritt gegangen sind, und lassen Sie sich Zeit mit dem Ausmisten. Ihr Besitz hatte Monate und Jahre Zeit, Ihre vier Wände und das Büro zu okkupieren – seien Sie darum auch geduldig, wenn er diese Orte wieder verlässt.

Hier ein paar Ideen, wie Sie schnell sichtbar klar Schiff machen können:

1. Tu's gleich! Jetzt! Sofort! Wo befinden Sie sich gerade? Im Büro? Im Wohnzimmer? Im Bett? Sehen Sie sich um und fragen Sie sich: Welcher Gegenstand hat mich in diesem Raum schon immer genervt? Stehen Sie auf und werfen Sie diesen Gegenstand jetzt, sofort in den Mülleimer oder stecken Sie ihn in Ihre Verschenkkiste. Fragen Sie sich in den kommenden Tagen, wenn Sie einen Raum betreten: Gibt es in diesem Raum benutztes Geschirr, kaputte Maschinen, vertrocknete Blumensträuße oder -töpfe, defekte Stühle oder halb leere Kartons? Raus damit, und zwar jetzt sofort!

2. Nebenbei ausmisten Zerlegen Sie größere Aufräumziele in viele Mini-Abschnitte und erledigen Sie sie, wenn gerade Leerlauf ist, beispielsweise beim Warten auf einen Rückruf oder als Routine (als ersten Handgriff in der Früh oder nach dem Mittagessen). Mini-Aktionen summieren sich im Laufe der Zeit zu einem sehr deutlich sichtbaren Ergebnis.

3. Eine größere Aktion Sie wollen gerne mal richtig was wegschaffen? Dann kommen Sie mal an einem Samstag ins Büro und entrümpeln Sie fünf Stunden am Stück oder verkrümeln Sie sich für fünf Stunden in Ihre vollgestellte Garage. Das reicht! Verabreden Sie sich für Samstagabend mit netten Menschen, mit denen Sie auf Ihre erfolgreiche Räumaktion anstoßen können. (Tipp: Lassen Sie sich am Büro, an der Garage abholen und führen Sie Ihr Ergebnis gleich vor, das spornt tagsüber an!) Sie brauchen das Lob, verzichten Sie nicht darauf. Denn während ein logischer Ordner sich schon von einem ordentlichen Schreibtisch oder der akkurat aufgeräumten Garage belohnt genug fühlt, braucht ein kreativer Chaot Lob und Belohnung in Hülle und Fülle, um am Ball zu bleiben.

Nehmen Sie in jedem Fall am Sonntag frei und planen Sie einen schönen Ausflug oder Ähnliches, denn sonst werden Sie erleben, dass Sie sich am Samstag ganz gemütlich an die Arbeit machen, in Ruhe die Akten durchblättern oder einzelne Werkzeuge in der Garage perfekt auf Hochglanz polieren, dass Sie sich festlesen und viel zu oft nicht zwischen Wegwerfen oder Behalten entscheiden können. Sie verschieben die Entscheidungen auf morgen – und am Sonntag haben Sie überhaupt keine Lust mehr weiterzuräumen. Dann haben Sie nicht nur die bisherige Unordnung, sondern ein richtiges Chaos, weil Sie die angefangene Arbeit einfach wieder in die Schränke zurückstopfen und zur Tagesordnung übergehen. Was bleibt, ist der schale Geschmack von »Ich habe es mal wieder nicht geschafft ...«.

Denken Sie daran: Eine Aufgabe braucht so viel Zeit, wie Sie ihr geben (Parkinson-Effekt, siehe Abschnitt »Reisende To-do-Sammlung«). Also beschränken Sie sich auf überschaubare und realistische Zeitfenster und spornen Sie so Ihre Entscheidungsfreudigkeit an.

Denken Sie während Ihrer Ausmistzeiten an Puffer für Essen und Kreativphasen und lassen Sie sich nicht stören. Sie erledigen gerade eine für Sie momentan sehr wichtige A-Aufgabe!

BEISPIEL

Christin macht bei ihren Aufräumaktionen im Büro immer zuerst die Tür zu, damit keiner mehr hereinkommt. »Danach leite ich die Telefonate um, so bleibe ich von Anrufen verschont. Und dann räume ich auf, ordne und schmeiße weg. Danach hole ich einen Eimer mit warmem Wasser und Spüli und wische alles so richtig schön ab: meinen PC, meine Arbeitsplatte. Und zum Abschluss spitze ich sogar meine Bleistifte. Meine Kollegen merken das sofort und loben mich. Das dauert ungefähr eine halbe bis eine Stunde – je nachdem, wie mein Arbeitsplatz ausschaut.«

Lassen Sie bei größeren Aufräumaktionen in Ihrer Wohnung kleinere Kinder außer Haus betreuen. Denn sonst artet eine auf zwei Stunden angesetzte Keller-Ausmistaktion schnell in ein tagesfüllendes Programm aus, weil Sie ständig unterbrechen müssen, um »kurz« ein Wurstbrot zu machen, den Kassettenrecorder zu starten, zu erklären, wofür man eine Bohrmaschine braucht, Windeln zu wechseln, den verschütteten Saft unter dem Kellerregal aufzuwischen und so weiter. Oder planen Sie gleich das Mehrfache an Zeit ein und sehen Sie es als gemeinsame Familienaktion, bei der die Kinder bewusst mit einbezogen werden.

Abschied mit dem magischen Viereck

Erleichtern Sie sich das Ausmisten, indem Sie sich immer ganze Einheiten vornehmen (Ablagebrett, Schublade, Tasche) und diese komplett aufräumen. Leeren Sie dazu die Einheit aus und legen Sie den Inhalt auf den Boden. Manchmal kann es helfen, mit dem Inhalt in ein

Nebenzimmer zu gehen, wo Sie sich in neutraler Atmosphäre leichter von einigen Dingen trennen können.

Sortieren Sie die Dinge aus Ihrer Einheit mit dem magischen Viereck. Teilen Sie dazu Ihren Fußboden (oder eine andere große Ablagefläche) in vier Eckpunkte ein und legen Sie die Dinge jeweils in die passende Ecke:

1. Wunderbar – behalten In diese Ecke kommt alles, was wirklich gut und funktionsfähig ist, was Sie häufig benutzen oder was einen sehr hohen emotionalen Wert für Sie hat. Seien Sie hier sehr kritisch: Brauche ich es wirklich? Wann habe ich es das letzte Mal benutzt? Behalten Sie nur Dinge, die Ihren Alltag wirklich erleichtern oder verschönern.

2. Echter Müll – weg damit Legen Sie in diese Ecke alles, was kaputt oder überflüssig ist. Am besten stellen Sie in diese Ecke gleich einen großen Mülleimer, eine Kiste für Altpapier, eine Kiste für Verpackungsmüll oder Altglas hin, dann können Sie den Müll gezielt in die richtige Tonne donnern (was für ein wunderbares Geräusch!) und müssen die Teile gar nicht mehr in die Hand nehmen. Hier landen alte Telefonbücher, blinde Gläser, vertrocknete Kleber, Nummer 2 und 3 der Bleistiftspitzer, uralte Visitenkarten, alte Rezepte, Gebrauchsanleitungen von Geräten, die es längst nicht mehr gibt etc. Bringen Sie die gefüllten Kisten gleich vor die Tür und sorgen Sie für einen zügigen Abtransport.

Werfen Sie vor allem alles weg, was Sie sich schnell anderweitig besorgen können. Die Telefonauskunft im Internet (www.telefonbuch.de) oder per Telefon ist schneller und aktueller als dicke Papierverzeichnisse. Für fast jede Zeitschrift oder Zeitung finden Sie interessante Artikel schneller, als wenn Sie regelmäßig – getrieben vom schlechten Gewissen – den meterhohen Stapeln neben Wohn- oder Schreibtisch mit Schere und Klebstoff zu Leibe rücken und Ihr Archiv anlegen. Holen Sie sich aktuelle und alte Medienbeiträge unter www.gbi.de. Das kostet zwar ein paar Euro, aber spart enorm Zeit!

3. Weiterleiten Legen Sie hier hin, was Sie nicht mehr benutzen wollen oder was Sie seit mindestens einem Jahr nicht mehr benutzt haben, was aber anderen Menschen noch Freude bereiten kann. Stellen Sie hier mehrere Kisten auf, um gleich in einem Schwung vorzusortieren: Kiste 1: sofort gezielt an Freunde verschenken, Kiste 2: zur Wertstoffbörse fahren, Kiste 3: auf dem Flohmarkt oder in Internetaktionen verkaufen, Kiste 4: aufheben in meinem Geschenkefach. Überlegen Sie, wohin Sie noch gut erhaltene Gegenstände, die Ihnen zu schade zum Wegwerfen sind, schnell hinbringen können. Ist Ihnen der Aufwand, die Sachen selbst zu verkaufen, zu hoch, hören Sie sich um, wer für andere Menschen Sachen im Internet vertickt (Schwester eines Freundes holt Sachen für ihr Buchantiquariat, Mutter eines Kindergartenkindes versteigert auf Provision bei Ebay).

4. Fragezeichen Hier landet alles, bei dem Sie noch schwanken: aufheben oder weggeben? Packen Sie am Ende Ihrer Aktion diese Dinge in einen Karton, schreiben Sie ein »Verfallsdatum« darauf (Räumtag + 1 Jahr) und stellen Sie sie in den Keller oder Speicher. Nach einem Jahr werfen Sie den Karton komplett weg. Falls Sie das nicht übers Herz bringen, sortieren Sie den Inhalt des Kartons wieder mit dem magischen Viereck – und Sie werden sehen, wie leicht Sie sich jetzt trennen. Bedingung dabei ist dann aber, dass das Feld »Fragezeichen« nicht mehr belegt werden darf! Also Dinge weggeben, wegwerfen oder als Schatz wieder in Ihren Alltag aufnehmen.

Wischen Sie dann Ihre noch leere Einheit feucht aus und freuen Sie sich, Ihre Schätze aus dem »Behalten«-Eck wieder einzuräumen. Nehmen Sie bewusst jedes Teil in die Hand und fragen Sie sich: Ist hier wirklich ein guter Platz für diesen Gegenstand oder kommt er besser woanders hin? Wo sollte dieser Gegenstand sein Zuhause haben, damit ich ihn sofort wiederfinde und er ausreichend Platz hat?

Nutzen Sie die Gelegenheit Ihrer Ausmistaktion, um großzügig Platz für Ihre Sachen zu schaffen. Wer mit Ach und Krach 20 Bettbezüge in ein Regalfach presst, der lässt den 21. Bezug, der gerade frisch gebügelt ist, garantiert tagelang draußen liegen, weil das Einräumen ein Kraftakt ist und die schön geplättete Wäsche total zerknautscht. Als Resultat schauen Sie mit wachsendem schlechten Gewissen auf den Wäschekorb, hadern mit sich, dass Sie die Wäsche noch einräumen müssen, und leiden schnell an Aufschieberitis. Sie entscheiden sich dafür, alle 21 Bezüge zu behalten? Dann misten Sie dafür eben ein zusätzliches Regalfach aus und werfen andere Dinge weg.

Krönender Abschluss der Ausmistaktion: Belohnung

Nachdem Sie Ihre Einheit wieder eingeräumt und den Müll weggebracht haben, belohnen Sie sich. Loben Sie sich selbst oder lassen Sie sich von anderen loben. Schmücken Sie die aufgeräumte Kommode oder den ordentlichen Schreibtisch mit einem frischen Blumenstrauß und machen Sie bei größeren Aktionen eine Flasche Sekt auf. Gehen Sie nach einer umfassenden Aufräumaktion (ganze Garage, Kellerabteil, Büroschränke) feierlich essen, gehen Sie schwimmen oder gönnen Sie sich eine wohlverdiente Massage. Tun Sie, was immer Ihnen guttut. Das wirkt doppelt: Es spornt Sie während des Aufräumens an, weil Sie sich auf etwas Schönes freuen können, und es motiviert auch künftig, wieder neue Einheiten anzupacken.

Diskutieren Sie Ihr Lob- und Belohnungssystem nicht mit strukturierten Ordnern! Denn für diese reicht ja, wie Sie bereits wissen, als Belohnung, wenn es ordentlich ist, und sie können solche »albernen Eigenbestechungsversuche« nicht verstehen. Müssen sie auch nicht.

Wenn es Ihnen hilft, Ordnung zu schaffen, dann tun Sie es! Alles andere ist hier für Sie nicht wichtig!

Machen Sie sich keinen Stress

Nehmen Sie sich in den kommenden Tagen immer neue Abschnitte vor, planen Sie dafür je nach Umfang ausreichend Zeit ein.

Sie werden feststellen, dass Sie in den kommenden Wochen immer schneller räumen und ausmisten. Zum einen, weil Sie langsam Routine bekommen, und zum anderen, weil Sie – wenn Sie das befreiende Gefühl des Abschieds kennen – es nicht mehr missen möchten und sich immer leichter trennen.

Machen Sie sich aber keinen Stress mit Ihren Entrümpelungsaktionen. Sie müssen nicht alles und immer radikal ausmisten. Bei vielen Menschen habe ich nämlich beobachtet, wie diese vermeintliche Vereinfachung plötzlich selbst wieder für eine Menge Stress sorgte, weil sie der Gedanke an den ganzen Plunder, der immer noch im Haus ist, ganz unglücklich machte und sie plötzlich nichts mehr unternehmen wollten, bis sie nicht jeden Raum und jeden Schrank komplett durchforstet hatten. Doch es ist ein einfaches Gesetz, dass, wenn wir den letzten Schrank entrümpelt haben, sich in den ersten fünf schon wieder alles türmt; zwar nicht mehr so chaotisch wie früher, aber mit dem Grad an Ordnung wächst auch häufig der Anspruch an uns selbst.

Ziehen Sie rechtzeitig die Notbremse, bevor die »Räumeritis« Sie gefangen nimmt, und finden Sie Ihren ganz persönlichen Wohlfühlgrad an Ordnung. Gewöhnen Sie sich an den Gedanken: Bei kreativen Chaoten wird immer etwas herumliegen, weil wir wissen, dass das Leben zu schön ist, um es ständig mit Aufräumen zu verbringen.

16 Tipps für langfristige optische Ruhe

Nachdem Sie eine schöne Grundordnung geschaffen haben, gönnen Sie sich jetzt ein paar Strukturen, mit denen Sie spielerisch und wie nebenbei Ordnung auch auf Dauer halten können. Denn warum schaut es bei den meisten kreativen Chaoten häufig unordentlicher aus, als sie es wollen? Weil Aufräumen Arbeit ist und zu wenig Spaß bringt. Weil man gar nicht weiß, wohin mit seinem Zeug. Weil es eine Sisyphusarbeit ist. Weil wir Dinge oder Arbeitsvorgänge, die wir weggeräumt haben, komplett vergessen.

Mit den folgenden 16 Tipps können Sie Spaß in das tägliche Aufräumen bringen. Erhalten Sie sich Ihre schöne optische Ruhe und besinnen Sie sich dabei auf Ihre Stärken.

Ein kreativer Chaot:

- will schnelle Resultate sehen
- hat ein hohes ästhetisches Empfinden
- liebt Wertvolles
- liebt das Spielerische
- liebt es bunt
- hat ein bildhaftes Gedächtnis
- braucht Anerkennung und Wertschätzung
- belohnt sich gerne
- liebt die Abwechslung

Tipp 1: Geben Sie den Dingen ein Zuhause Als ersten Schritt sollten Sie Ihren Dingen ein Zuhause geben, denn was fliegt meist in der Gegend herum, sodass Sie ständig darüberfallen? Es sind die Gegenstände, die kein eigenes Zuhause haben: die Aktentasche, die nach Feierabend mitten im Flur landet. Die Skistiefel, die seit dem letzten Skiurlaub an der WG-Zimmertür stehen und als nächtliche Stolperfalle fungieren. Die Kartoffeln, die in der Küchenecke liegen. Die Papiere, die sich auf einem Beistelltischchen stapeln – gut beschwert von einem afrikanischen Holzkrokodil, damit der Stapel nicht ins Rutschen gerät.

Warum räumen wir es nicht gleich weg? Weil wir nicht wissen, wohin damit. Oder weil der eigentliche Platz schon so voll ist, dass wir nur mit Mühe hier noch etwas hineinpressen können. Doch die meisten kreativen Chaoten berichten, dass zu viel Durcheinander und Vollgestopftheit ihren ästhetischen Sinn stören.

BEISPIEL

Tjalda hat das Maß an Ordnung, das sie einhält, beim Segeln gelernt. »Alles, was auf einem kleinen Boot keinen festen Platz hat, fliegt einem bei einem Sturm um die Ohren und geht kaputt. Einfach zu schade, zu teuer und zu stressig.«

Behandeln Sie die Sachen, die Ihre Ausmistaktion überstanden haben und bei Ihnen bleiben dürfen, wie wertvolle Teile, die Ihnen im alltäglichen Sturm nicht kaputt gehen soll. Geben Sie jedem Ding einen festen Platz mit ausreichend Luft, damit nichts knautscht. Schaffen Sie ein schönes Zuhause für die Aktentasche (Haken oder Brett im Flur anbringen), für die Skischuhe (in ein Fach über der Tür) oder für die Kartoffeln (in ein Hängenetz). Entstapeln Sie Ihre Papiere. Besorgen Sie sich für Ihren Arbeitsplatz Hängemappen in verschiedenen Farben und platzieren Sie ein Mappengestell (Mappenwagen) neben den Schreibtisch. Hier können Sie auf einen Griff lose Papiere zu Vorgängen zusammenfassen, ohne erst lochen oder einen Ordner aufmachen und umblättern zu müssen. Zu jeder Mappe gibt es Reiter, die Sie schnell mit Bleistift beschriften können. So haben Sie in Sekundenschnelle alles weggräumt und können es trotzdem mit einem Griff wiederfinden. Ist das Projekt abgeschlossen oder platzt die Hängemappe aus allen Nähten, dann heften Sie die Unterlagen in einen Ordner um oder lassen die komplette Mappe in einem Archiv im Schrank verschwinden.

Eine riesige Zeitersparnis, da ich nun weniger Zeit mit Suchen verbringe, und das Gefühl, alle Aufgaben und Termine im Griff zu haben, brachten mir zwei Pultordner. Ich habe einen roten für die Tage 1–31 und einen grünen für die Monate 1–12. Hier lege ich – gebündelt in einer Klarsichthülle – alle Papiere hinein, die ein Projekt an diesem Tag betreffen. Für ein Seminar am 29. September sammelte ich beispielsweise lange Zeit unter »29« die Teilnehmerliste, die Flugbestätigung, das bereits geschriebene Handout und so weiter. Alles, was dieses Seminar betraf, fand ich mit einem Handgriff und konnte ohne weiteres Suchen weitere Papiere dazulegen. Projekte und Papiere für die kommenden Monate liegen im grünen Monatsordner und wandern um den 25. eines Monats in die Tagesmappe. Sollte Ihre Planung umfangreicher sein und mehr Platz benötigen, legen Sie sich eine bunte Hängeregistratur neben Ihrem Schreibtisch zu.

Tipp 2: Finden Sie logische Plätze Suchen Sie sich Plätze für die Dinge, die logisch und – je öfter Sie einen Gegenstand benutzen – in greifbarer Nähe sind. Wo ist Ihre Aktentasche am besten aufgehoben? An einem Haken neben der Garderobe? Oder in einem Fach im Schrank? Welcher Platz ist für die Prospekthüllen, die seit der Lieferung in der Kiste neben Ihrem Schreibtisch stehen, am besten geeignet? Brechen Sie ruhig mit Ihren bisherigen Gewohnheiten, wenn andere Plätze einfach heute besser für Sie sind und Ihnen Wege ersparen. Die Sport-Duschhandtücher waren bislang im Badschrank? Bringen Sie sie künftig im Flurschrank neben den Sporttaschen unter.

Mit logischen Plätzen entkommen Sie übrigens ganz leicht der Marathonfalle – einem Top-Ten-Zeitfresser. Ein Marathon geht über 42,125 Kilometer. In einem Haus oder einem Bürogebäude laufen Sie das pro Woche ganz schnell. Wenn Sie es als Ihr persönliches Fitnessprogramm betrachten – prima! Bleiben Sie dabei. Wenn Sie aber Ihre wertvolle Lebenszeit nicht mit langen Wegen vertun wollen, denken Sie um. Deponieren Sie ruhig gleiche Ausstattungen in jedem Stockwerk (Besen, Staubsauger, Stifte, Telefon) und legen Sie sich häufig benötigtes Büromaterial direkt an den Arbeitsplatz (Klarsichthüllen, Briefmarken). Beobachten Sie sich, wo Ihre Geräte am besten stehen. Mit welcher Anordnung kommen Sie am besten in Fluss?

Beobachten Sie auch eine Zeit lang, wo Sie Dinge in der Regel zuerst ablegen würden, wenn Sie zur Haus- oder Bürotür hereinkommen, und die Sie dann später suchen. Der beste Platz für einen Schlüssel ist in der Regel direkt neben der Eingangstür. Schlagen Sie also ruhig einen Nagel in den Türpfosten oder kaufen Sie sich einen witzigen Schlüsselhalter. Sie wollen den Schlüssel lieber legen? Dann kaufen Sie sich eine Schale und stellen sie in den Eingangsbereich, zum Beispiel auf eine Kommode.

Gehen Sie bei Gegenständen oder Akten, die nur Sie benutzen, ruhig nach Ihrer ganz eigenen Logik vor. Wenn nur Sie das Teil finden und wieder aufräumen müssen, dann kann es für Sie wesentlich besser und freudvoller sein, Ihre eigenen logischen Gedankenverbindungen auszuleben.

Bei Gegenständen oder Akten, auf die mehrere Menschen zugreifen, halten Sie sich aber lieber an eine gängige Logik, zum Beispiel aktuelle Notizen immer oben in einem Ordner (Wirtschaftsordnung) statt hinten einheften (Behördenordnung) oder alphabetisch einsortieren. Lassen Sie von den Dingen anderer Menschen aber die Finger.

BEISPIEL

Lisa wollte Ihrem Sohn einen Gefallen tun und hat seine Studentenbude aufgeräumt. Bei dieser Gelegenheit hat sie auch alle irrlichternden Zettel in einen Ordner abgeheftet. Statt Dank verspürt Gerhard aber nur Zorn – seit der Räumaktion findet er überhaupt nichts mehr. So braucht er zum Beispiel dringend die Bescheinigung des Turnvereins, um die Mitgliedschaft zu kündigen (bisher im Stapel zwischen Heizung und Schreibtisch). Er schaut unter »T« wie Turnverein im Ordner – nichts. Er schaut unter »V« wie Verein – nichts. Er schaut unter »B« wie Badminton – nichts. Er ruft seine Mutter an. »Die Bescheinigung ist natürlich unter »S«, weil doch Tante Sieglinde dort im Verein Sekretärin ist«, meint seine Mutter ganz selbstverständlich.

Manche Stammplätze können Sie ganz schnell schaffen, für andere brauchen Sie vielleicht ein bisschen mehr Zeit und Zubehör. Notieren Sie diese Aktionen auf Ihrer To-do-Liste mit Termin und bauen Sie regelmäßig in Ihren Alltag Home-Finding-Sessions ein. Genießen Sie es, so achtsam mit Ihren schönen Sachen umzugehen, und genießen Sie die Zeit, entsprechende Accessoires zu kaufen. Kreative Chaoten haben hier einen weiteren großen Vorteil gegenüber den strukturierten Ordnern. Denn wenn diese einkaufen gehen, dann ist das oftmals nur lästige Pflicht, für kreative Chaoten ist Einkaufen jedoch Vergnügen, bei dem man eine Menge Anregungen sammeln kann.

Bleiben Sie entspannt: Sie müssen nicht zwanghaft für jedes Teil in Ihrem Büro oder Haushalt einen eigenen Platz finden. Bewahren Sie sich ruhig Chaosecken oder Kramboxen, in denen Zeug durcheinanderfliegen darf. Das ist ein guter Ausgleich für die Ordnung an anderen Stellen und befriedigt Ihren Drang nach Chaos.

Tipp 3: Investieren Sie in wertvolle Aufbewahrungsplätze Kreative Chaoten haben ein hohes ästhetisches Empfinden. Gut, bislang haben Sie Ihre Socken in einer alten Schuhschachtel und Ihre Fotos in den Entwicklungstüten aufbewahrt, weil Ihnen das alles nicht so wichtig war. Nun, da Sie sich von all dem unnützen Plunder in Ihrem Umfeld befreit haben, gönnen Sie es sich, Ihre wertvollen Habseligkeiten auch schön zu präsentieren. Legen Sie sich wertvolle Aufbewahrungsplätze zu. Geben Sie ruhig ein paar Euro mehr für schöne Ordner mit Orangen-, Delfin- oder Karibik-Design aus. Kaufen oder basteln Sie schöne Boxen für Ihre Socken und Fotos. Investieren Sie in ein edles Glasregal statt der Holzbrett-Ziegelstein-Lösung aus Studienzeiten.

Warum? Bei wertvollen Aufbewahrungsplätzen knausern Sie automatisch mit dem, was Sie darin aufbewahren. Unbewusst ziehen Sie die Zügel an und müllen diese teuren Plätze nicht mehr mit jedem Mist zu. Lassen Sie Ihrer Kreativität freien Lauf – wertvoll muss nicht teuer bedeuten, sondern kann auch emotional wertvoll sein, weil Sie etwas selbst gestaltet haben. Was immer Ihnen hilft, Ordnung zu halten: Gönnen Sie es sich.

Tipp 4: Sorgen Sie für Sichtbarkeit Kreative Chaoten sind sehr visuelle Menschen. Und was passiert deshalb meist, wenn wir Sachen wegräumen, abheften, in die Schränke räumen? Wir vergessen sie!

Kaufen oder bauen Sie sich deshalb möglichst Aufbewahrungsplätze, die durchsichtig sind: Boxen aus (farbigem) Klarplastik, Klarsichthüllen oder Glastüren vor Ihren Schränken. Es gibt auch Schubladen, die nur eine halbhohe Front haben, wodurch Sie einen Blick auf den Inhalt haben, oder Schubladenkästchen, die Sie mit durchsichtigen Schüben ergänzen können. Bewahren Sie sich einen Blick auf Ihre Dinge. Dann bleiben sie auch im Gedächtnis!

Tipp 5: Weniger ist mehr Beschränken Sie die Zahl und die Größe Ihrer Aufbewahrungseinheiten. Stellen Sie lieber weniger Regale und Schränke auf, als Sie meinen zu brauchen. Natürlich sollen Ihre Sachen ihren Platz finden. Aber je mehr Stauraum Sie haben, desto mehr schreien diese Plätze danach, gefüllt zu werden, und Sie sammeln im Laufe der Jahre mehr Zeug an, als Sie wirklich brauchen. Wie oft haben Sie schon Pärchen beobachtet, die im Möbelhaus einen neuen Kleiderschrank für den Keller kaufen, weil der Schrank im Schlafzimmer aus allen Nähten platzt? Und was glauben Sie, wie schnell auch dieser Schrank wieder zu klein wird? Misten Sie lieber aus und reduzieren Sie Stauraum. Denn mit weniger Sachen lässt es sich leichter Ordnung halten.

Reduzieren Sie auch horizontale Ablagen, denn alles, wo man etwas abstellen kann, füllt sich fast magisch mit Zeug. Brauchen Sie den Abstelltisch im Flur wirklich? Brauchen Sie wirklich fünf Regalbretter neben Ihrem Schreibtisch?

Tipp 6: Sorgen Sie für gutes Handwerkszeug In der Regel haben wir für die Tätigkeiten, die wir ohnehin nicht mögen, auch noch das schlechteste Handwerkszeug. Und so kostet uns manche Aktivität nicht nur subjektiv viel Zeit, sondern auch objektiv.

Wir vergeuden viel Zeit, wenn wir mit einem alten klemmenden Locher lochen, den wir immer wieder freiklopfen müssen, weil die Stanzer sich verhängt haben. Wenn die ausgeleierten grauen Pappordner nur mühselig auf- und zugehen, wenn der billige Abroller das Tesafilm-Ende immer wieder an die Rolle zurückschnappen lässt und Sie jedes Mal mit spitzen Fingernägeln den Anfang freiknibbeln müssen, wenn das alte Fensterleder bröselige Spuren auf dem Fenster hinterlässt etc.

Billiges und schlechtes Handwerkszeug kostet Zeit und Nerven. Kaufen Sie lieber wenige, aber dafür hochwertige Helfer, die zuverlässig funktionieren. Gutes und hochwertiges Handwerkszeug hilft Ihnen dreifach: Erstens drücken Sie sich selbst und Ihrer Arbeit gegenüber Wertschätzung aus. Und wer sich wertgeschätzt fühlt, der arbeitet doppelt motiviert und die Arbeit geht leichter von der Hand. Zweitens führt gutes Gerät schneller zu guten Ergebnissen. Drittens: Sind hochwertige Wundergeräte im Haus, dann wollen auch die anderen ganz schnell mit diesen arbeiten – und Sie können viele Arbeiten ohne große Diskussionen delegieren.

BEISPIEL

Anke hasst bügeln und Schuheputzen. »Viele Jahre habe ich mich mit einem einfachen Bügeleisen abgemüht und Schuhe nur im äußersten Notfall geputzt. Seit ich mit Gregor verheiratet bin, war das nicht mehr so möglich. Er braucht ständig frische Hemden fürs Büro und liebt blitzblanke Schuhe. Da er meine Abneigung gegen diese Tätigkeiten kannte, brachte er zwei tolle Neuerungen ins Haus: eine Dampf-Bügelstation, mit der die Hemden in Minuten glatt sind. Und einen Schuhputzautomaten, wie sie in den Hotels immer stehen. Der Vorteil: Gregor findet die Teile so klasse, dass er meist selbst seine Hemden bügelt, und seine Schuhe poliert er mit einem Knopfdruck in der Früh, bevor er außer Haus geht.«

Tipp 7: Lernen Sie von Profis und spielen Sie selbst Profi Lassen Sie sich inspirieren von den zahlreichen schönen Aufbewahrungsmöglichkeiten und Wundergeräten für Haus und Büro. Schauen Sie dabei auch mal den Profis über die Schulter: Wie bringen Sterne-Köche ihre Sachen unter? Wie und womit strukturiert eine Chefsekretärin den eigenen Arbeitsplatz und den des Chefs? Holen Sie sich Anregungen, indem Sie diese Profis fragen und am Arbeitsplatz besuchen, oder stöbern Sie mal in Profi-Ausstattungskatalogen oder -geschäften. Und dann: Spielen Sie Profi. Tun Sie so, als seien Sie selbst Chefsekretärin, und räumen Sie Ihren Arbeitsplatz neu ein. Spielen Sie Sterne-Koch, der für eine TV-Sendung seine Utensilien bereitlegt und nach der Sendung seine Sachen wieder aufräumt. Erklären Sie als TV-Presenter, wie man mit diesem tollen Wunder-Wischwerkzeug ruckzuck die Fenster putzt – streifenfrei. Während Sie Treppen und die Böden feucht wischen (mit einem Profi-Wischstab, nicht mit einem ollen Lappen!), hören Sie fetzige Musik, ziehen Turnschuhe an und spielen Fitness-Coach, der gerade sein Fitnessprogramm absolviert. Fortgeschrittene ziehen dazu sogar noch Gewichtsmanschetten an die Füße, um den Trainingseffekt zu steigern. Suchen Sie sich für Ihre jeweils anfallende Aufgabe eine Rolle, die Sie Lust haben zu spielen, und geben Sie als Profi Ihr Bestes.

Tipp 8: Beschriften Sie die Aufbewahrungsplätze – mit einer Prise Humor Wer Aufbewahrungsplätze beschriftet, der spart fünffach Zeit.

- Sie wissen immer, wo das Teil zu finden ist.
- Wenn andere Menschen etwas suchen, dann müssen Sie nicht mehr aufstehen und suchen helfen. Es genügt der Hinweis: hinter der Schranktür, auf der »Druckerpatronen« steht.
- Wenn Sie ein Teil entnommen haben, dann funktioniert die Beschriftung wie ein Reserviert-Täfelchen und Sie (oder jemand anders) wird an diesen Platz nicht etwas Falsches stellen. Damit bleibt der Platz frei und Sie erleichtern sich das Aufräumen.
- Wenn andere Menschen für Sie aufräumen, dann wissen auch diese, wo die Dinge hinkommen, und ersparen sich eine anschließende Großfahndung. Interessant ist dabei, dass, sobald Stammplätze beschriftet sind, der Wunsch der anderen steigt, das Teil tatsächlich wieder dorthin zurückzulegen.
- Besonders bei Verbrauchsmaterialien fällt auf diese Weise sofort auf, wenn das letzte Teil entnommen wird, und so kann problemlos rechtzeitig nachbestellt werden. Extra-Tipp: Kleben Sie auf den Boden des Regals oder der Schublade einen Zettel mit der Bestellnummer und Bestelladresse. Dann sparen Sie sich weitere Zeit, diese Infos mühsam herauszusuchen.

Bringen Sie dabei unbedingt etwas Spielerisches und Leichtes in die Beschriftung und peppen Sie das bislang dröge und trockene Thema Aufräumen und Ablage nach Ihren Vorstellungen auf.

Wählen Sie beispielsweise eine Fremdsprache, die Sie besser lernen wollen, und schreiben Sie statt »Kuchengabeln« »pastry forks« oder statt »Locher« »perforador« (spanisch). Damit tun Sie zwei Dinge gleichzeitig (Aufräumen und Lernen) und Parallelarbeiten sind ja eine Lieblingstätigkeit des kreativen Chaoten. Kleben Sie auf Aufbewahrungsplätze oder auch auf bestimmte Gegenstände in Ihrer Wohnung oder in Ihrem Büro Post-its mit den entsprechenden Vokabeln und sprechen Sie das Wort laut aus, wenn Ihr Blick darauf fällt.

Markieren Sie Stammplätze mit lustigen Bezeichnungen statt der trockenen Fakten (»Eis-Knutscher« statt »Winterreifen«). Besonders gut geht das bei Ordnern oder anderen Ablagetools. Schreiben Sie lieber »Hier winkt ein neues Geschäft« statt »Akquise«, »Bezahl mich!«

statt »Offene Rechnungen« oder »Her mit dem Vergnügen!« statt »Posteingang«.

Natürlich sind solche Etiketten zunächst ein bisschen mehr Arbeit – aber Sie werden tausendfach dafür entlohnt, wenn Sie beim Ausdenken und Basteln und später bei jedem Griff zum Stammplatz schmunzeln müssen.

Das gilt natürlich auch für Ordner und Dateien auf Ihrem Rechner. Wählen Sie in jedem Fall aussagekräftige und konkrete Bezeichnungen.

Verzichten Sie auf Behördendeutsch und sperrige Bezeichnungen. Die haben an Ihrem Arbeitsplatz nichts verloren, denn schließlich wollen wir ja, dass die Arbeit Spaß macht. Organisation und Ordnung mögen zwar manchmal etwas mit Disziplin zu tun haben – aber nichts mit Druck oder freudlosen Stunden.

Tipp 9: Kennzeichnen Sie Ihre Dinge mit Bildern Kreative Chaoten können Bilder wesentlich schneller entschlüsseln als Buchstaben. Kleben Sie deshalb statt einem getippten Label »Druckerpatronen« ein Bild der Verpackung oder einen Teil der Verpackung an deren Zuhause. Damit erkennt Ihr Gehirn sofort, wo etwas liegt, und ohne viel Nachdenken finden Sie, was Sie suchen. Kleben Sie Fotos der Eigentümer auf Kisten für die Wintersachen, über den Zahnputzbecher oder – das klappt auch im Büro – über die Garderobehaken.

Vereinfachen Sie sich mit Bildern oder Icons auch die Suche nach Ordnern und Dateien auf Ihrem Rechner. Microsoft bietet beispielsweise die Möglichkeit, in der Dateiübersicht statt dem üblichen Ordnersymbol bunte Icons zuzuordnen. Mein Ordner »Cordula 2012« hat einen grünen Baum, mein Unterordner für dieses Buch zwei Köpfe und der Unterordner für meine Seminare bunte Bauklötze.

Und so richten Sie das ein:

Klicken Sie den Ordner, dem Sie ein neues Bild geben wollen, an. Gehen Sie im Explorer auf den Menüpunkt »Ansicht« und dann auf »Ordner anpassen«. Klicken Sie im untersten Schaltfeld »Ordnersymbole« auf »Anderes Symbol« und weisen Sie Ihrem Ordner ein Icon zu. Fertig.

Manche Mitarbeiter oder Partner finden das Bebildern von Ordnern oder Regalfächern am Anfang etwas befremdlich oder spießig. Spätestens wenn sie aber merken, wie sehr es das Zusammenleben erleichtert und welchen Spaß es machen kann, hier seine Kreativität auszutoben, ist auch der letzte Skeptiker überzeugt. Sehen Sie es spielerisch!

Besonders bei Kindern funktioniert das Bebildern super. Sie können mit Bildern (oder aufgeklebten Legosteinen, Spielzeugautos ...) sehr gut und dauerhaft Ordnung halten. Voraussetzung dafür: Die Eltern schaffen gemeinsam mit den Kindern entsprechende Strukturen und Farbwelten. Ich habe als Zeit-Coach im privaten Alltag viele Kinderzimmer erlebt. Und kaum eines, in dem die Eltern über das Chaos klagten, hatte Strukturen, die es dem Kind erleichtern, aufzuräumen. Gemeinsam mit den Kindern (dabei ist ihre Logik wichtig, nicht die der Eltern oder meine!) bestimmten wir feste Zuhause für ihre Sachen: Die Rennautos bekamen eine Garage in einer großen Holzkiste, wobei die wertvolleren Autos eine Abtrennung mit einem festen Karton und einer Samteinlage erhielten. Die Musik- und Hörspielkassetten passten – nachdem das Kind freiwillig die Hälfte aussortiert hatte – in ein rotes Reiseköfferchen usw. Zum Abschluss bekam jedes Zuhause noch ein Namensschild. Für die Garage schnitt ein Junge ein Bild von seinem Lieblingsauto aus und klebte es auf die Vorderseite der Kiste. Den Koffer bemalte er mit Musiknoten, auf die Box mit den Lego-Sachen klebte er vorne einen echten gelben Legostein auf.

Bei unserem Sohn haben wir das auch so gemacht. Und was passierte? Als er mal wieder sein Zeug herumliegen ließ und in einem unaufgeräumten Zimmer ins Bett ging, sagten wir, er solle morgen aufräumen, weil wir sonst alles, was herumliegt, wegwerfen. Am nächsten Morgen war das Zimmer blitzblank und alle Spielsachen an ihrem richtigen Platz. Was war passiert? Mein Sohn erzählte, er habe so Angst gehabt, dass seine Spielsachen wegkommen, dass er mitten in der Nacht alleine alles aufgeräumt habe. Zum einen machte mich seine Nachtaktion stolz, weil es zeigt, wie einfach Aufräumen sein kann. Zum anderen schämte ich mich über unsere Drohung und es tat mir so leid, dass wir ihm Angst gemacht hatten. Seither verzichten wir auf solche blöden Sprüche – und es klappt trotzdem.

Tipp 10: Vereinfachen Sie sich die Suche mit Bildercollagen Denken Sie auch in größeren Dimensionen, wie Ihnen Bilder oder Bildercollagen das Suchen und Finden erleichtern können.

Simon zerschnitt ein Riesenposter in 200 Teile und klebte diese auf die Ordnerrücken in seiner Schrankwand. »Damit finde ich jetzt alles viel schneller: neue Aufträge – stehen am Strandkorb. Buchhaltung – hängt in der Palme. Auf diese Weise ist meine Ordnerschrankwand zum Riesenposter geworden, das dem Raum zudem eine gute Stimmung gibt. Und ich habe beim Zurückstellen der Ordner den Spaß eines ›Riesenpuzzles‹ und sehe auf einen Blick, wo was hinkommt.«

Möchten Sie solche Bildercollagen nicht selbst basteln, dann können Sie fertige mehrteilige Ordnerrückenschilder mit verschiedenen Motiven kaufen (Schafherde, Leuchtturm, Kuh, Spitzwegs »Der einsame Poet«; Bezugtipps unter www.Kreative-Chaoten.com).

Tipp 11: Seien Sie perfekt unperfekt Überlegen Sie für sich und mit Ihrem Team, welche Plätze überhaupt beschriftet werden sollen. Seien Sie ruhig detailliert, wenn es das Suchen und Finden erleichtert (Klarsichthüllen rot, Klarsichthüllen grün …), aber bremsen Sie den Perfektionisten in sich. Wenn es nämlich zu detailliert wird, dann kostet es Sie eine Unmenge an Zeit, diese Beschriftungen anzubringen, und vor allem, sie aktuell zu halten. Denn wer hat schon Lust, ständig Etiketten abzulösen und neue anzubringen, nur weil Sie neue Dinge kaufen und alte wegwerfen?

Setzen Sie auf perfekte Unvollkommenheit besonders bei der Beschriftung von Ordnerrücken: Ja, es schaut super aus, wenn diese am PC mit Ihrem Logo und aufgedruckten Inhalten einheitlich gestaltet sind. Wenn Sie aber jedes Mal, wenn Sie einen neuen Vorgang einheften, diesen auf den Rücken drucken wollen, dann werden Sie ganz schnell die Lust am Einheften verlieren – und die Papiere flattern munter quer im Büro herum. Ein neues Etikett zu schreiben, das alte abzulösen, das neue aufzukleben – das kostet im normalen Alltag viel zu viel Zeit. Legen Sie diese Ordnerrücken in einer Grobstruktur an, notieren Sie zusätzliche Vorgänge handschriftlich und drucken Sie neue Etiketten, wenn der Ordner voll ist.

Finden Sie eine Balance zwischen Zeit- und Energieaufwand zum Beschriften und dem damit erlebten Erfolg in Form von Zeit- und Energieersparnis. Denn manch gut gemeinte Aktion schießt ab einem gewissen Punkt einfach übers Ziel hinaus.

Tipp 12: Treiben Sie es bunt! Kreative Chaoten haben die Begabung, Farben schneller zu lesen als Buchstaben, und es reicht ihnen nicht, Ordner lediglich sauber zu beschriften. Deshalb fruchten auch zum Beispiel Aufräumaktionen von Profi-Büroorganisatoren nicht, wenn diese Ihnen eine wunderschön einheitliche Schrankwand mit lauter weißen Ordnern und kleinen Etiketten hinterlassen. Organisieren Sie Ihre Aufbewahrungsplätze bunt, damit Sie blitzschnell den richtigen Platz finden, wo etwas hingehört.

Kaufen Sie bewusst Boxen, Hängemappen und Ordner in verschiedenen Farben oder kleben Sie auf die Rückseiten der Ordner zumindest farbige Punkte, wenn die CI Ihres Unternehmens keine bunten Ordner zulässt.

Kreieren Sie Ihre eigenen Farbwelten, indem Sie bestimmten Themen oder Personen bestimmte Farben zuordnen.

Peter ist Vermögensberater und hat in seinem Büro eigene thematische Farbwelten eingeführt. »Damit weiß ich immer, wenn ich einen Ordner oder eine Hängemappe suche, in welcher Farbe sie sein muss. Seitdem ich mit diesem System arbeite, muss ich kaum noch suchen. Meine Farben sind: rot (laufende Kundenprojekte), grün (Akquise), gelb (Verwaltungskram), weiß (private Unterlagen), Ordner mit Orangenmotiv (Presse- und Öffentlichkeitsarbeit, die Früchte tragen soll), Ordner mit Meeresmotiven (Buchhaltung, damit ich bald im Geld schwimme). Auch zu Hause haben wir Farbwelten nach und nach umgesetzt. Jetzt hat die zweijährige Tochter eine rote Garderobenleiste und eine rote Holzbox für Handschuhe, Mützen, Käppis. Unser vierjähriger Sohn hat im Eingangsbereich alles in Blau, ich habe die Box in Grün, meine Frau in Weiß. Besonders für die Kinder war das praktisch, da sie ja noch nicht lesen können. So aber wissen sie immer, wo ihre eigenen Sachen hingehören, oder konnten auch mir mal meine Handschuhe mitbringen.

Tipp 13: Belohnen Sie sich Und da sind wir schon wieder bei meinem Lieblingsthema: Belohnen Sie sich, wenn Sie neue Strukturen geschaffen haben. Natürlich ist der Anblick der neuen Bilder-Puzzle-Ordnerrücken schon eine Freude. Belohnen Sie sich zusätzlich: Genießen Sie einen Milchkaffee vor der Schrankwand, machen Sie eine Viertelstunde früher Feierabend, stellen Sie eine Blume auf den frisch entrümpelten Schreibtisch – lassen Sie sich etwas einfallen.

Denken Sie auch daran, solche Strukturen einzuführen, bei deren Gebrauch Sie bereits eine Belohnung erleben.

- Etiketten bringen Sie zum Schmunzeln.
- Eine Klangschale, in die der Autoschlüssel kommt, belohnt mit einem schönen Klang beim Hineinlegen.
- Ein Mini-Basketballkorb, der am Rand des Papierkorbs eingehängt wird: Immer wenn ein zerknülltes Papier durch den Ring fliegt, ertönt Applaus.
- Eine mit Samt ausgeschlagene Schublade belohnt mit sanften Streicheleinheiten, wenn Sie Ihre Stifte hineinlegen.
- Eine fetzige Musik oder eine Duftlampe mit Orangenaroma hebt die Stimmung beim Putzen.

Überlegen Sie sich Belohnungen, die bei der Benutzung alle Ihre Sinne ansprechen. Welche Belohnung können Sie sehen, welche hören, welche fühlen, riechen oder schmecken?

Bauen Sie bewusst solche Belohnungen ein, denn dann haben Sie wesentlich mehr Freude am Aufräumen und Ordnunghalten. Pfeifen Sie dabei auf die ironischen Bemerkungen logischer Ordner. Ich habe schon viele Menschen erlebt, die zunächst gewitzelt haben – und dann selbst Ideen gesponnen und umgesetzt haben.

Tipp 14: Schaffen Sie sich Glückskick-Gewohnheiten Verschaffen Sie sich regelmäßig Glücksmomente mit neuen Gewohnheiten. Hier ein paar Ideen.

- 30-Sekunden-Regel: Gewöhnen Sie sich die 30-Sekunden-Regel an und erledigen Sie Handgriffe, die weniger als 30-Sekunden dauern, sofort: Mantel an den Haken statt über die Stuhllehne, Flaschenöffner zurück in die Schublade, Tacker zurückstellen etc.
- Volle-Hände-Übung: Gehen Sie niemals mit leeren Händen aus dem Haus, die Treppe hinauf etc. Deponieren Sie Dinge, die außer Haus oder in ein anderes Stockwerk kommen, so zentral, dass Sie in jedem Fall daran vorbeikommen, und nehmen Sie dann die Sachen mit. So sparen Sie sich zusätzliche Laufwege.

BEISPIEL

Erika hat diese Idee für ihre Familie perfektioniert. »Wir sammeln Dinge, die in den ersten Stock kommen, immer am Rande der unteren Treppenstufen im Erdgeschoss. Jedes Mal, wenn jemand hochgeht, nimmt er was mit. Das Ergebnis war, dass sich die Sachen dann im ersten Stock wieder »gestaut« haben, weil das Zeug ja auf die Kinderzimmer, Schlafzimmer oder das Büro zu verteilen war. Das wollte der Träger nicht auch noch machen und so hatten wir die Häufchen im ersten Stock. Jetzt haben wir an die unteren Treppenstufen Fotos von uns geklebt: den Sohn auf die zweite Treppenstufe, die Tochter auf die dritte, das Büro auf die vierte, meinen Mann auf die fünfte. So ist super vorsortiert, und wer die Sachen mit hochnimmt, kann es gleich ins richtige Zimmer legen. Dort ist der Eigentümer dann für das endgültige Aufräumen zuständig.«

Tipp 15: Beschränken Sie den Zustrom von neuen Dingen Seien Sie kritisch, was Sie alles in Ihre vier Wände lassen. Denn je mehr Zeug hineinkommt, desto mehr müssen Sie (in Form von Müll) auch wieder hinausschleppen. Hier ein paar Anregungen:

1. Packen Sie die Infoflut bei der Wurzel: Kündigen Sie Abos von kaum gelesenen Magazinen, Zeitungen und uninteressanten elektronischen Newslettern. Lassen Sie sich aus Verteilern streichen, deren Infos für Sie kaum von Interesse sind. Ich weiß, dass viele Menschen aus Angst, etwas zu verpassen, viel zu viele Unterlagen erhalten und horten. Dann wächst auf dem Boden neben dem Schreibtisch der Stapel ungelesener Zeitungen und Fachzeitschrif-

ten – Hand in Hand mit dem schlechten Gewissen. Besonders Menschen, die dann noch mit der Schere in der Hand lesen, also interessante Artikel ausschneiden und abheften wollen, brauchen sich über die Aufschieberitis nicht zu wundern, denn mit dem Lesen hängt ja viel zu viel Folgearbeit (Archivieren) zusammen.

2. Überlegen Sie sich, wo Sie die Informationen unter Umständen schnell anderweitig bekommen. Nutzen Sie zum Beispiel Online-Archive oder Online-Datenbanken. Greifen Sie auf Abstracts und Clippings zurück oder vereinbaren Sie im Büro, dass jeweils einer für alle liest und eine Zusammenfassung oder ein Clipping der besten Artikel macht. Finden Sie Ihre Balance zwischen »auf dem Laufenden sein« und »erschlagen werden von den Papierbergen«.
3. Bremsen Sie Ihre Einkaufslust und fragen Sie sich bereits im Geschäft, wo Sie den Neuerwerb überhaupt hinstellen wollen und ob Sie Lust haben, ihn zu benutzen und abzustauben.
4. Schicken Sie unerwünschte Werbepost mit dem Vermerk »Annahme verweigert« an den Adressaten zurück. Da dies den Werbetreibenden viel Geld kostet, fliegen Sie umgehend aus dem Verteiler.
5. Wünschen Sie sich zu Geburtstagen Verbrauchsgegenstände oder gemeinsame Unternehmungen statt Staubfänger.

Tipp 16: Misten Sie regelmäßig aus Sorgen Sie dafür, dass alte Sachen (schnell) Ihr Haus oder Ihr Büro verlassen. Ausmisten und Ordnunghalten gehen kinderleicht und ohne zusätzlichen Zeitaufwand mit folgenden Methoden:

- Der Dreizack: Wenn Sie in einem Schrank, einer Schublade, einer Tasche oder einem Ordner etwas suchen, lassen Sie den Dreizack zustechen. Nehmen Sie drei Gegenstände oder Papiere heraus, die Sie nicht mehr brauchen.
- Das Hotel: Betrachten Sie Ihre Kleidung und Wohnungsausstattung als Touristen, die nach einiger Zeit wieder in die große weite Welt hinaus wollen. Lassen Sie jedes Mal, wenn ein neues Stück in Ihr Hotel einzieht, einen älteren »Gast« ausziehen.
- Der TaTü-Effekt: Die meisten Menschen benutzen Taschentücher

(TaTü) nur einmal und werfen sie dann weg. Machen Sie das Gleiche mit Ihren Papieren: Wenn Sie ein Stück Papier anfassen, sollten Sie es immer einen Schritt näher in Richtung Erledigung bringen. Viele Menschen haben es sich am Arbeitsplatz angewöhnt, alles nur einmal in die Hand zu nehmen. Können Sie einen Vorgang innerhalb von vier Minuten erledigen, dann machen Sie es gleich! Werfen Sie alles andere weg oder legen Sie es an dem Platz ab, wo es wirklich hingehört.

- Das Duett: Räumen Sie, während Sie Aufgaben erledigen, bei denen Sie sich nicht konzentrieren müssen und beide Hände frei haben, eine zuvor ausgewählte Einheit auf. Beispiel: Ordner entschlacken, während Sie am Telefon in der Warteschleife sind.
- Der Abschiedsgruß: Sortieren Sie Kassenzettel und Garantieurkunden in Kisten oder Ordnern nach »Wegwerfjahren«, ab denen sie abgelaufen sind, und schreiben Sie dieses Datum außen sichtbar hin: »Weg am 31.12.2015«. Zum entsprechenden Datum werfen Sie mit einem Handgriff unnötigen Ballast ab.
- Das Sackhüpfen: Nehmen Sie einen Müllsack und gehen Sie durch Ihr Haus. Werfen Sie innerhalb von fünf Minuten 27 kaputte oder überflüssige Teile in den Sack, schließen Sie ihn und werfen Sie ihn weg. Hören Sie nicht auf, bevor Sie 27 Gegenstände haben. Nehmen Sie dann einen neuen Sack (oder einen Karton) und sammeln Sie innerhalb von weiteren fünf Minuten 27 Gegenstände, die Sie weggeben können. Wenn Sie fertig sind, bringen Sie die Kiste ins Auto und geben Sie bei der nächsten Fahrt die Dinge dort ab, wo sie hin sollen (Altkleidersammlung, Wertstoffhof, Freunde). Immer wenn Sie das Sackhüpfen gemacht haben, werden Sie sich erleichtert fühlen und nach und nach Ihr Haus leerer bekommen.
- Das »Little Six Sigma«: Übernehmen Sie Optimierungsideen aus professionellen Programmen, wie beispielsweise der Qualitätsmanagementmethodik Six Sigma, und passen Sie sie an Ihre Bedürfnisse an.

BEISPIEL

Seit einer Six-Sigma-Ausbildung wendet Achim, Projektmanager im Inhouse Consulting, immer mal wieder eine abgespeckte Version des »5S« an.

»Ein ›S‹ davon ist ›Sort‹ und bedeutet ›alles Überflüssige weg‹. Dazu gibt es ein witziges Tool: Auf alles, was so herumliegt, klebe ich einen roten Punkt. Wenn man etwas davon benutzt, entfernt man den roten Punkt. Was nach einigen Wochen noch einen roten Punkt hat, kann man tendenziell wegschmeißen oder aus dem Sichtfeld räumen.«

Eine Abwandlung der Idee für Ihre Kleidung geht so: Drehen Sie im Kleiderschrank die Bügel der Kleiderbügel nach hinten (also Einhängen von hinten nach vorn möglich). Tragen Sie ein Kleidungsstück, dann drehen Sie den entsprechenden Haken um (also Einhängen von vorn nach hinten möglich). Nach einem Jahr können Sie die Kleidungsstücke, die immer noch auf »Hinten-Haken« hängen, getrost aussortieren. Sie haben sie ein Jahr lang nicht gebraucht!

Immer ein gutes Gefühl mit dem 20-Minuten-Morgenlauf

Nehmen Sie den 20-Minuten-Morgenlauf in Ihren Tagesablauf auf. Seit ich – angeregt von einer Bekannten, die dies in ähnlicher Form macht – dieses Ritual in meinem Buch *Familien-Alltag sicher im Griff* präsentiert habe, erhalte ich regelmäßig E-Mails von begeisterten Lesern und Leserinnen, welche die kleine Einlage nicht mehr missen möchten.

Denn Sie sorgen damit dafür, dass Sie schon morgens ein vorzeigbares Haus haben und mit wenigen Handgriffen den ordentlichen Zustand Ihres Heims aufrechterhalten. Nach der morgendlichen Wirbelrunde fühlen Sie sich vor unangemeldetem Besuch oder dem Paketboten, der in den Flur kommt, als guter Familienboss, der seinen Laden im Griff hat. Sie gehen abends nach der Arbeit lieber und zügiger nach Hause, weil es kein Tohuwabohu gibt, das Ihnen »Du faule Nuss« entgegenschreit, sondern eine schöne optische Ruhe, die Sie begrüßt.

Und so funktioniert der 20-Minuten-Morgenlauf:

1. Nehmen Sie sich pro Raum maximal fünf Minuten Zeit.

2. Arbeiten Sie von »oben nach unten« oder – nach dem Motto: Was sieht ein Besucher zuerst? – »von vorne nach hinten«, also von der Haustür weg in die Tiefen der Wohnung.
3. Die Küche gehört nicht zum 20-Minuten-Morgenlauf und bekommt extra Zeit.
4. Räumen Sie in den einzelnen Zimmern herumliegende Sachen (Spielsachen, Kleidung, Bücher) in die Schränke und Regale. Hängen Sie Handtücher auf, werfen Sie Abfall weg, sammeln Sie Schmutzwäsche ein. Machen Sie die Betten.
5. Wischen Sie verschmutzte Oberflächen mit einem feuchten Lappen ab, wischen Sie die Waschbecken mit dem benutzten Waschlappen aus.
6. Putzen Sie nicht zu gründlich. Wenn Sie bemerken, dass die Dusche entkalkt oder die Fenster geputzt gehören, notieren Sie es auf Ihrer To-do-Liste und vertrösten Sie Ihren perfektionistischen Anspruch auf später.

Fertig. Der 20-Minuten-Morgenlauf reicht völlig aus, um Ihr Haus oder Ihr Büro optisch ordentlich wirken zu lassen, und geht umso schneller, je höher Ihre Grundordnung ist.

TIPP

Sie haben keine 20 Minuten en bloc Zeit? Dann machen Sie diese kleinen Handgriffe jeweils in dem Raum, in dem Sie zum Beispiel während des morgendlichen Fertigmachens sind: nach dem Aufstehen Bett machen und Klamotten wegräumen. Im Bad drei Minuten aufräumen etc. Solche Mini-Einheiten schaffen Sie auch mit kleinen Kindern.

Durchhänger meistern – am Ball bleiben

Es ist ganz normal, dass Ihnen nach einiger Zeit vielleicht die Lust vergeht, Strukturen zu schaffen oder die neu eingerichteten zu nutzen. Denn Sie wissen ja: Kreative Chaoten hassen Routinen und lieben die Abwechslung. Also nehmen Sie es sportlich, und wenn Sie merken, dass der alte Schlendrian mal wieder an die Tür klopft, dann gönnen

Sie sich Abwechslung. Und diese Veränderungen müssen überhaupt nicht groß sein, um zu wirken.

- Peter (siehe Abschnitt »16 Tipps für langfristige optische Ruhe«) könnte die Meerestierordner für seine Buchhaltung (damit er bald im Geld schwimmt) gegen Ordner mit einem Kaffeebohnenmotiv auswechseln (das Koffein für eine Kasse).
- Sie können sich neue Sofortbelohnungen ausdenken. Statt Samt in der Stifteschublade belohnt Sie beispielsweise ein Duft beim Öffnen.
- Sie können ganze Belohnungsprogramme starten: zum Beispiel pro Teeküche aufräumen einen Smiley-Aufkleber, bei zehn Aufklebern ein Geschenk. Was bei Kindern bestens funktioniert, klappt bei kreativen Chaoten auch hervorragend.
- Denken Sie sich »Strafen« aus, die dem Team zugutekommen (zum Beispiel 2 Euro pro Teil, das herumliegt, in eine Ausflugskasse).

Die beste Strategie: Tun Sie es einfach. Ja, hadern Sie nicht, dass Sie keine Lust haben, aufzuräumen, oder hören Sie auf, sich über herumliegende Sachen zu ärgern. Die beste Strategie gegen temporäre Unlust oder Ärger ist, das Hirn auszuschalten und einfach anzufangen. Nehmen Sie die Leidenschaft aus dem Thema, es ist nur Papier, das abgeheftet werden soll. Es ist nur die Spülmaschine, die Sie ausräumen wollen. Es sind nur die Spielsachen der Kinder oder die Kaffeetassen der Kollegen, die Ihnen ins Auge springen. Sparen Sie sich Ihre Energie für wertvolle Tätigkeiten auf und ärgern Sie sich nicht über unbedeutenden Kleinkram. Dafür ist das Leben einfach zu kurz und zu schön.

Vielleicht denken Sie jetzt, bei mir im Hause Nussbaum sei alles perfekt beschriftet und aufgeräumt, und Sie befürchten, Sie bekommen alle diese Tipps nie so leicht hin, wie es in diesem Kapitel klingt. Keine Angst. Bei uns ist nicht alles penibel sortiert und beschriftet, das wäre ja furchtbar. Wir wenden diese Tipps bei Dingen an, die wir häufig suchen oder die in der Gegend herumfliegen. Und ansonsten sieht jeder Besucher auf den ersten Blick: Wir wohnen hier!

Strategie 4: Wie Delegieren leichtfällt und effizienter macht

»Wer selbst arbeitet, verliert den Überblick.«

Kroatisches Sprichwort.

Kreative Chaoten lieben es, den Überblick zu haben. Entsprechend dürften sie – siehe obiges Sprichwort – selbst nicht oder kaum noch arbeiten, nicht wahr? Um dennoch Erfolge und Ergebnisse vorweisen zu können, heißt die beste Lösung Delegieren.

Doch was so einfach klingt, hat im Alltag seine Tücken. Kaum ein anderes Thema wird so häufig in Führungskräftetrainings und Coachings bearbeitet wie die Klage, dass Delegieren nicht klappt. Kein Wunder, denn beim Delegieren treffen immer mindestens zwei Personen aufeinander. Und weil wir alle unterschiedlich ticken, unterschiedliche Fähigkeiten und Erfahrungen mitbringen, *kann* Delegieren gar nicht auf Anhieb klappen.

Warum Delegieren so häufig nicht klappt

Der erste Hemmschuh beim Delegieren ist in der Regel bereits die Person, die eine Aufgabe abgeben soll. Ja, ich sage bewusst nicht »will«, denn genau das ist häufig schon das Problem: Viele Führungskräfte *wollen* im tiefsten Inneren gar keine Aufgaben abgeben.

Da haben wir zunächst mal Herrn Wichtig. Er hat Angst, wenn er Aufgaben abgibt, dass er dann nicht mehr wichtig ist, dass der Mitarbeiter die Aufgabe besser erfüllt als er selbst, und dann wäre er – der Chef – ja überflüssig. Herr Kümmerer – mit einer starken Tendenz zum Unterstützer – will seine Mitarbeiter nicht überfordern, er macht lieber selbst Überstunden, als die Kollegen mit einer Aufgabe »zu belästigen«, und ackert so bis an den Rand der eigenen Leistungsfähigkeit. Manchmal glaubt Herr Kümmerer auch, dass er Arbeiten, die er selbst nicht mag, nicht anderen Menschen aufs Auge drücken darf, und erledigt aus diesem Grunde alles selbst.

Herr Blendax hingegen würde es als persönliche Niederlage empfinden, nicht alles mit links zu schaffen und auf die Hilfe anderer angewiesen zu sein. Deshalb schuftet Herr Blendax lieber Tag und Nacht persönlich und mimt nach außen hin, alles im Griff zu haben.

Herr Wichtig gibt manchmal vordergründig noch Aufgaben ab, »vergisst« dann aber, wesentliche Informationen mitzugeben, Ziele genauer zu definieren oder konkrete Deadlines zu nennen. Das Ergebnis: Es klappt natürlich überhaupt nichts und Herr Wichtig kann dann in die Bresche springen, die Kastanien aus dem Feuer holen und ist mal wieder in seiner Meinung bestätigt, dass nichts klappt, wenn man nicht alles selbst macht.

Eine häufige Variante von Herrn Wichtig ist der Stress-Blender. Er findet sich häufig in der Chefetage, aber auch auf völlig unbedeutenden Stellen. Und genau das ist der Grund, warum er seine Arbeit so aufblasen muss, alles immer lange liegen lässt und ja keine Aufgaben abgibt. Denn dann kann er jeden Tag guten Gewissens den anderen Menschen gegenüber behaupten, wie sehr er unter Zeitdruck stehe, dass ohne ihn gar nichts ginge, dass er ja wirklich erst heute in einer Nachtschicht die Zeit für eine ganz wichtige Aufgabe finde, so beschäftigt wie er ist. Der Stress-Blender produziert sich seinen Stress selbst. Es ist sein Lebenselixier und kein Ratgeber der Welt würde ihn ändern können. Erst wenn der Stress-Blender seine Zufriedenheit aus anderen Bereichen zieht, kann er getrost auf dieses Theater verzichten und Aufgaben abgeben.

Herr Kümmerer und Herr Blendax hingegen sind meist die netten Chefs, denen manchmal die Mitarbeiter (oder die eigenen Kinder) lustig auf der Nase herumtanzen und die nur schwer Grenzen ziehen und halten können. Manchmal fressen sie ihren Frust in sich hinein, manchmal halten sie damit aber – an anderen Stellen – nicht hinter dem Berg. Weil Delegieren nicht richtig klappt, weiden sich viele Berufstätige (aber auch Ehefrauen) an der Unfähigkeit der anderen, verbringen Stunden über Stunden in der Kantine, am Kneipentisch oder beim Kaffeekränzchen damit, zu erzählen, wie stark sie selbst eingespannt seien, aber dass eben an ein Abgeben der Aufgaben nicht zu denken sei: weil »die anderen ja keine Ahnung haben, wie der Kunde das haben will«, weil »ich ja schon mal Aufgaben abgegeben habe, aber die Ergebnisse katastrophal waren«, weil »keiner außer mir weiß, wie das geht«, weil »bis ich das jemandem erklärt habe, ich es schon selbst gemacht habe«, weil »hier auf keinen Fall Fehler passieren dürfen, und wenn ich es nicht selbst mache, es garantiert schiefgeht« oder weil »ich niemanden habe, dem ich diese Aufgaben übertragen kann«.

Auch wenn viele Führungskräfte meinen, ihre »Opferrolle« und ihr »wahnsinniges Engagement für die Firma« seien der Schlüssel zur nächsten Beförderung oder Gehaltserhöhung, ist dies falsch gedacht.

Nicht delegieren zu können wird als Führungsschwäche gesehen und verhindert einen weiteren Aufstieg. Es zeugt nämlich davon, dass der Mitarbeiter Ressourcen (Geld und Zeit) verschwendet, wenn er Arbeiten ausführt, die ein geringer bezahlter Mitarbeiter ebenso gut erledigen könnte. Und es demotiviert die anderen Mitarbeiter, da ihnen nichts zugetraut wird. Sie fühlen sich als »Sklaven zu Hofe« und nicht als ernst genommene Mitarbeiter.

Delegieren ist wie ein Orchester dirigieren

Schlüpfen Sie in die Rolle des Dirigenten eines Orchesters. Verteilen Sie die Aufgaben und leiten Sie mit sicherer Hand Ihre Spieler. Kein Dirigent würde je auf die Idee kommen, alle Instrumente selbst zu spielen, also tun Sie es auch nicht.

Lernen Sie die Vorteile des Dirigierens kennen. Wer gekonnt Aufgaben an andere Menschen abgibt, der zeigt, dass er anderen Menschen vertraut. Er demonstriert Stärke und Souveränität und nutzt bewusst die Stärken, Talente und Präferenzen der anderen Menschen. Damit können auch diese ihr Potenzial ausleben. Sie werden effizienter und glücklicher und sichern damit das bestmögliche Ergebnis für das gesamte Team und das Unternehmen.

Gute »Dirigenten« denken in größeren Zusammenhängen und blicken in die Zukunft, sie fördern und fordern andere Menschen, damit diese sich langfristig entwickeln und somit zufrieden arbeiten können. Weil sie abgeben können, sind sie ist ein Vorbild für einen kompetenten Umgang mit Aufgaben und Zeit. Sie schaffen sich Freiräume für die wichtigen Chefaufgaben und sichern somit langfristig die Arbeitsplätze der Mitarbeiter. Wer erfolgreich delegiert, der hat im Berufs-, aber auch im Privatleben auf einen Schlag deutlich mehr Zeit für das Wesentliche. Er empfindet weniger Stress und kann ausgewogener entscheiden, bessere Ideen und neue Dinge entwickeln. Wer delegiert, erlebt mehr Spaß und Zufriedenheit und vereinfacht sein Leben.

Neun Taktstöcke für den perfekten Dirigenten

Ergreifen Sie den Taktstock und sorgen Sie mit folgenden Kniffen dafür, dass Sie als Dirigent und Ihr Orchester Konzertreife erlangen.

Taktstock Nummer 1: Aufgaben auswählen Nicht alle Aufgaben, die auf Ihrem Schreibtisch landen, eignen sich zum Delegieren. Zum einen sollten Sie in jedem Fall Ihre Unbedingt-Aufgaben (A-Aufgaben, siehe Abschnitt »Den Aufgabendschungel lichten …«) selbst erledigen. Denn für diese sind Sie ja eingestellt worden beziehungsweise sind dies Ihre Chefaufgaben als Selbstständiger. Auch bei komplexeren Aufgaben, die nur einmal zu erledigen sind, macht es selten Sinn, einen Mitarbeiter oder Kollegen lange einzuarbeiten. Und vertrauliche Angelegenheiten sind selbstverständlich auch »Chefsache«.

Leicht delegierbar sind vor allem:

- häufig wiederkehrende Routineaufgaben
- Aufgaben, deren Einzelschritte zum Beispiel in einem Ablaufplan oder einer Checkliste erfasst sind und leicht nachgemacht werden können
- Spezialistentätigkeiten, bei denen ein hohes Expertenwissen gefragt ist und die daher besser an einen Experten gegeben werden, bevor man sich selbst mühsam einarbeitet und dann nur mittelprächtige Ergebnisse erhält
- Aufgaben ohne viel Abstimmungsbedarf

- Aufgaben, die Sie zu einem eigenständigen Arbeitsfeld entwickeln und komplett delegieren wollen

Taktstock Nummer 2: Fähigkeiten sicherstellen Bevor Sie Aufgaben an eine andere Person delegieren, überzeugen Sie sich, dass diese wirklich die dafür nötigen Fähigkeiten besitzt. Das klingt jetzt banal, und besonders wenn Sie Mitarbeiter eingestellt haben, dann haben Sie ja in den Zeugnissen gesehen, was sie können. Doch leider sagt Papier nur die halbe Wahrheit.

So haben Chefs Sekretärinnen erlebt, die in Excel Daten händisch gesucht und sortiert haben. Da haben Agenturen Web-Designer eingestellt, die nur mit uralter Software programmieren konnten und keine Ahnung von Suchmaschinen-Marketing hatten. Da haben Frauen Haushälterinnen eingestellt, die nicht kochen konnten.

Klären Sie vor dem Delegieren, ob der andere tatsächlich das nötige Wissen und die Fähigkeit hat, diese Aufgabe überhaupt gut auszuführen. Falls nicht, schulen Sie ihn – oder Finger weg.

Machen Sie sich klar, dass Sie nicht auf allen Gebieten gleich gut sein können und müssen. Es gibt immer Tätigkeiten, die andere einfach besser können als Sie. Und es gibt Tätigkeiten, in denen Sie die Nase weit vorne haben. Nutzen Sie diese Unterschiede, denn so können Sie durch Delegieren viel bessere Arbeitsergebnisse erzielen. Halten Sie sich immer wieder den folgenden Satz vor Augen: Erfolgreiche Chefs arbeiten an ihrem Unternehmen und nicht in ihrem Unternehmen.

Taktstock Nummer 3: Präferenzen beachten Suchen Sie Ihre Partner, an die Sie Aufgaben delegieren, am besten danach aus, welche Arbeitspräferenzen diese haben. Sie brauchen kreative Ideen für einen Kunden-Event? Am meisten Spaß daran und vermutlich die besten Ideen entwickeln die kreativen Chaoten in Ihrem Team. Sie brauchen eine detaillierte Übersicht über die Ausgaben der Feste in den vergangenen Jahren? Ein logischer Ordner wird Ihnen am besten die korrekten Zahlen ermitteln und übersichtlich darstellen können. Sie möchten eine Kunden-Hotline einrichten? Beauftragen Sie mit dem Einrichten des Call-Centers einen logischen Ordner, damit Sie im Zeit- und Kostenplan bleiben, aber setzen Sie dann am besten die kreativen Chaoten mit Tendenz zum Unterstützer ans Telefon. Denn die haben ein Händchen für die Sorgen anderer Menschen, hören zu und helfen gerne.

Finden Sie mithilfe eines Team- und Führungsworkshops sowie einer fundierten Denkstilanalyse heraus (Infos unter www.Kreative-Chaoten.com), wer in Ihrem Team wie tickt, und sorgen Sie dafür, dass Ihre Mitarbeiter und Kollegen einen Großteil ihrer Arbeitszeit Tätigkeiten aus ihrem Präferenzbereich ausüben dürfen. Damit entschärfen Sie auch die Denkfalle, die einem sagt, dass man keinen habe, an den man delegieren könne. Hierarchisch mag es ja stimmen, dass Ihnen keiner »untersteht«. Denken Sie jedoch daran, dass jeder Mensch seine Präferenzen hat und dass Sie eine der berühmten Win-Win-Situationen herstellen, wenn Sie Aufgaben im Team so verteilen, dass jeder möglichst häufig seine Präferenzen ausleben kann. Koppeln Sie Teams zusammen, die sich in ihren Präferenzen ergänzen, also einen logischen Ordner mit einem kreativen Chaoten. Das mag bislang nicht funktioniert haben, weil die sich mehr bekämpft als gestützt haben. Aber ab sofort kann es funktionieren. Sprechen Sie die verschiedenen Aufgaben durch, die auf einer bestimmten Stelle zu erledigen sind, und verteilen Sie sie neu. Damit erzielen Sie für das Team und das Unternehmen die besten Ergebnisse – entsprechende Fähigkeiten und fachliches Wissen bei den Einzelnen vorausgesetzt!

Taktstock Nummer 4: Entsprechend den Präferenzen briefen Häufig klappt das Delegieren nicht, weil die beiden Partner einfach nicht »die gleiche Sprache sprechen«. Und dann ist es kein Wunder, dass nicht die gewünschten Ergebnisse herauskommen.

BEISPIEL

Peter möchte, dass der neue Mitarbeiter einen Newsletter entwirft, der künftig monatlich an die Kunden gemailt werden kann und die Kunden an seinen Weinhandel bindet. Er sagt: »Tom, entwirf mir doch bitte mal ein Konzept für einen monatlichen Newsletter und zeige es mir so bald wie möglich.« Nichts passiert. Drei Monate später denkt Peter zufällig mal wieder an seinen »Auftrag« und fragt – etwas angefressen – bei Tom nach. Dieser sagt, den habe er noch nicht, er bräuchte dazu noch weitere Angaben. Peter ist genervt, denn mehr Angaben hat er ja auch nicht. Er will eben einen guten Newsletter, der die Kunden bindet – und fertig. Drei Wochen später liefert Tom einen Entwurf, der Peter überhaupt nicht gefällt. »Wo ist denn da der Kundennutzen? Und wo die Hinweise auf unsere Produkte?«, fragt er. Tom sagt: »Das hast du mir nicht gesagt, dass das hinein soll.« »Aber das ist doch klar, sonst macht es doch keinen Sinn«, meint Peter.

Das Problem? In meinen Teamworkshops wird immer wieder deutlich, dass kreative Chaoten und logische Ordner völlig andere Bedürfnisse haben, wenn sie delegieren und wenn sie Aufgaben empfangen. Aus diesem Grunde führen sie Aufgaben dann auch anders aus beziehungsweise gar nicht, wenn sie mit den gelieferten Informationen nichts anfangen können.

Die unterschiedlichen Erwartungen kreativer Chaoten und logischer Ordner beim Delegieren und dem Entgegennehmen von Aufgaben zeigt die folgende Gegenüberstellung.

Wenn der *logische Ordner* Aufgaben *annimmt*, dann	**Wenn der *kreative Chaot* Aufgaben *abgibt*, dann**
• will er *konkrete* Vorgaben und maximal viele Parameter geliefert bekommen. Ohne diese Angaben (Details und Termine) fängt er die Aufgabe nicht oder nur zögerlich an, liefert entsprechend nicht »pünktlich« und wirkt unzuverlässig.	• liefert er eine *vage* Vorstellung und geht davon aus, dass der andere sich die nötigen Infos selbst besorgt. Er baut auf die Eigeninititative und das Mitdenken des anderen.
• will er genau wissen, welches Endziel er erreichen soll (in Euro, Einheiten …).	• soll das Ergebnis gut oder sogar perfekt sein, aber er liefert keine weiteren Angaben, was das bedeutet. Endzielangaben sind relativ und können sich ändern, wenn der andere ein Ergebnis liefert, das auch wichtig ist.
• will er genaue Angaben, bis wann geliefert werden soll.	• will er das Ergebnis so schnell wie möglich haben, aber er nennt keine exakte Deadline, weil er darauf vertraut, dass der andere das weiß und sofort anfängt.

• möchte er Angaben zu den einzelnen Schritten und welche Teilziele er erreichen soll.	• sind ihm Einzelschritte oder Teilziele nicht wichtig.
• möchte er umsetzen und jederzeit weitere Details nachfragen können.	• wünscht er sich eine Umsetzung, ohne dass der andere nach Details rückfragt.
	• Dem Unterstützer ist zudem wichtig, dass – der andere sich mit der Aufgabe gut fühlt, – er ausgiebig erklären darf (wortreich (bildhaft), – er den Prozess der Umsetzung begleitet (ohne mit Details belästigt zu werden).
• gibt er die Einzelschritte bis zum Ziel vor.	• will er bestimmen, wie das Ziel erreicht wird.
• will er exakt das vorgegebene Ziel in der vorgegebenen Art erfüllt bekommen.	• will er Raum für Kreativität und eigene Ideen haben.
• behält er die Kontrolle.	• will er, dass der andere ihm vertraut und die Verantwortung übergibt.
• liefert er maximal viele Parameter, wie alles gemacht wird.	• will er Spielraum und Freiheit sowohl in der Umsetzung als auch im Endziel (er will keine Detailvorgaben).
• behält er oftmals Teilverantwortungen.	• will er eine klare Zuweisung der Verantwortung bei der Umsetzung.
• bessert er Details nach oder kommentiert das Ergebnis.	• will er nach Erledigung nicht erklärt bekommen, wie es besser gewesen wäre.
	• Dem Unterstützer ist zudem wichtig, dass – er sich mit den Aufgaben wohlfühlt, die er bekommt, – er ein gutes Gefühl bei der Umsetzung hat, – er es hinterfragen und aus seiner Sicht erklären kann (Wiederholung), – die anderen wahrnehmen, dass er gerne Aufgaben übernimmt.

Behalten Sie besonders als kreativer Chaot immer die Möglichkeit des Delegierens im Hinterkopf, auch wenn es zunächst nach viel Detailarbeit aussieht. Wenn Sie einem kreativen Chaoten eine Aufgabe übergeben, dann reichen in der Regel tatsächlich wenige Angaben und Sie werden ein gutes oder sogar perfektes Ergebnis nach Ihrem Geschmack bekommen.

Wenn Sie an einen logischen Ordner delegieren, dann denken Sie daran, dass dieser keine Gedanken lesen kann und dass er sich genaue und konkrete Angaben wünscht, was er tun soll. Und denken Sie daran, dass diese Vorgaben dann für ihn bindend sind, auch wenn eine andere Lösung eigentlich viel besser gewesen wäre.

BEISPIEL

Cornelia und Julius möchten sich ein Haus zusammen kaufen. Da Cornelia die »geborene Organisatorin« ist, hat sie die Aufgabe der Vorauswahl übernommen, sondiert die Angebote und sortiert unpassende aus. Die gemeinsamen Vorgaben waren: im Stadtbereich, bis 500 000 Euro, Garten. Cornelia hat ein Traumhaus gefunden, aber weil es 550 000 Euro kostet Julius gar nicht gezeigt. Für sie sind 500 000 eine klare Vorgabe. Punkt. Als sie nachträglich doch Julius davon erzählt, sagt er: »Aber die 500 000 sind doch nur ein ungefährer Richtwert. Wenn das Haus wirklich so toll ist, dann werden wir die weiteren 50 000 Euro schon noch aufbringen. Oder wir können den Verkäufer herunterhandeln. Oder wir vermieten dann unter. Oder ...«

Kreative Chaoten schrecken davor zurück, funktionierende Checklisten zu erstellen und Leute genau zu briefen. »Wenn ich es so genau erklären soll, dann kann ich es ja gleich selbst machen«, sagen sie. Hinzu kommt, dass die kreativen Chaoten selbst nicht genau wissen, welches Ergebnis sie konkret erwarten, weil sie den Verlauf eines Projektes immer erst beim Tun erleben und ihre Projekte erst im Laufe der Zeit und während der Umsetzung konkrete Formen annehmen.

Ein logischer Ordner hat sein Ziel und arbeitet gewissenhaft darauf hin. Der kreative Chaot hat eine Idee, arbeitet – für alle Chancen offen – vor sich hin und sieht erst, wenn die Arbeit abgeschlossen ist, wie ein konkretes Ziel hätte lauten können.

Aus diesem Grunde haben die beiden Denkstile die größten Probleme, wenn es um das Thema Delegieren geht. Wenn der eine nicht weiß, was der andere will, und der andere nicht zufrieden ist, was der eine liefert, dann ist das keine böse Absicht, es hat nichts damit zu tun, dass man den anderen ärgern will oder dass man keine Ahnung hat. Es hat damit zu tun, dass einfach jedem etwas anderes wichtig ist.

Achten Sie deshalb genau darauf, wenn Sie Arbeiten delegieren, wie der andere tickt, und geben Sie ihm die Infos und Rahmendaten, die er braucht. Sprechen Sie im Team darüber, was sich jeder wünscht, wenn er delegiert und wenn an ihn Aufgaben delegiert werden.

Taktstock Nummer 5: Faustregel der Denkstile beachten Wenn Sie an einen kreativen Chaoten delegieren:

- Nennen Sie einen groben Rahmen.
- Nennen Sie das gewünschte Ziel beziehungsweise den Zielrahmen.
- Überprüfen Sie, ob er das Ziel (beziehungsweise die dahinterliegende Absicht) wirklich verstanden hat.
- Lassen Sie genügend Zeit für die Umsetzung.
- Vereinbaren Sie Zwischenfeedbacks. Erklären Sie, dass Sie dem kreativen Chaoten vertrauen und diese Zwischenfeedbacks für Sie wertvolle Impulse sind. Vermeiden Sie, dass eine Kontrollhaltung vermutet wird. Der kreative Chaot mag diese Zwischennachfragen überhaupt nicht, also verpacken Sie sie geschickt!
- Halten Sie Ihre Vereinbarung schriftlich fest, das verhindert Missverständnisse, falls der kreative Chaot schon während des Briefings angefangen hat, Ideen zu spinnen, und die Hälfte nicht mehr mitbekommen hat. Dieses Papier sollten Sie verfassen.
- Lassen Sie dem anderen die Freiheit, eigene Wege zu suchen.
- Geben Sie kreativen Chaoten keine Checklisten, außer zum Einarbeiten von Neulingen.
- Geben Sie den Freiraum, unter Umständen ein Ziel zu optimieren. Womöglich hat der kreative Chaot gute Ideen, wie Sie Ihre eigentliche Absicht noch besser realisieren können. Achten Sie in diesem

Fall besonders darauf, dass er das nötige Fachwissen hat, sonst erhalten Sie lauter »super Ideen«, die aber in der Praxis absolut untauglich sind.

- Bessern Sie keine Details nach.
- Würdigen Sie das Gesamtergebnis.
- Wenn fixe Rahmendaten wirklich und unbedingt eingehalten werden müssen, dann erklären Sie das bitte deutlich und nennen Sie Gründe. Das Warum ist für einen kreativen Chaoten unglaublich wichtig. Verzichten Sie dabei auf Argumente wie »Das haben wir schon immer so gemacht!« oder »Das hat sich bewährt!«. Solche Aussagen fordern den kreativen Chaoten geradezu zu neuen Ideen heraus.
- Zeigen Sie die Bedeutung der Aufgabe für künftige Entwicklungen auf.
- Geben Sie so viel Verantwortung wie möglich ab.
- Lassen Sie so oft wie möglich auch verrückte Ideen zu.
- Loben Sie die kreativen Ideen.
- Falls Sie Routinen an einen kreativen Chaoten delegieren, loben Sie ihn ganz besonders für die rechtzeitige Umsetzung.
- Lassen Sie Routinen, falls möglich, immer mal wieder neu erfinden.
- Loben Sie den kreativen Chaoten für das Erreichen von nicht messbaren Zielen, zum Beispiel für seine gute Art, mit anderen Menschen umzugehen. Denn diese weichen Faktoren gehen im Alltag häufig unter und gelobt werden nur die harten Fakten. Das frustriert vor allem die kreativen Chaoten.

Wenn Sie an einen logischen Ordner delegieren:

- Geben Sie so viele Fakten und Rahmendaten wie möglich.
- Werden Sie sehr konkret mit Zahlen, Daten und Terminen. Wenn Sie das nicht können, weil Sie selbst diese Daten nicht kennen, dann sagen Sie das deutlich.
- Sprechen Sie erlaubte Abweichungen an: Die Assistentin soll zum Beispiel den letzten Abendflug von Münster nach München buchen. Sagen Sie ihr, dass es erlaubt ist, einen früheren Flug zu buchen, wenn dies ein Direktflug ist. Sonst schickt sie Sie von Müns-

ter nach Frankfurt und dann erst nach München, weil »dies ja der letzte Abendflug ist!«.

- Fragen Sie nach, ob der andere sich ein klares Bild machen und die Aufgabe mit diesen Vorgaben ausführen kann.
- Fragen Sie, welche Angaben der andere braucht, und nennen Sie gegebenenfalls Quellen, wo er sich diese beschaffen kann.
- Übergeben Sie den kompletten Vorgang mit allen Unterlagen.
- Gewünschte Qualität und Termin müssen genau festgelegt sein.
- Weisen Sie auch darauf hin, bei welchen Bereichen nicht in voller Tiefe auf Details zu achten ist, sonst verliert sich der logische Ordner darin und erledigt in gutem Glauben zeitraubende Detailaufgaben, die absolut unwichtig sind.
- Geben Sie Zwischenschritte vor, die sich bewährt haben. Ein sehr gutes Hilfsmittel sind Checklisten!
- Erledigen Sie komplexe Aufgaben zu Beginn gemeinsam, dann lernt der andere durchs Beobachten.
- Bauen Sie Zwischenfeedbacks ein, bei denen der logische Ordner weitere Vorgaben von Ihnen beziehungsweise Korrekturen oder Lob für seine bisherigen Schritte bekommt.
- Vermitteln Sie ihm, dass Sie seinen Sinn für Details und sein Qualitätsstreben schätzen. Zeigen Sie aber auch deutlich, wann zu viele Details das Projekt aufhalten könnten, und weisen Sie auf den Termin X hin.
- Zeigen Sie die Bedeutung der Aufgabe im Projektzusammenhang. Das erleichtert, dass der Mitarbeiter über den berühmten Tellerrand hinausschaut. Erwarten Sie diesen Blick nicht automatisch.
- Zeigen Sie die messbare Bedeutung der Aufgabe für derzeitige Situationen auf. Fakten beflügeln den logischen Ordner.

Wenn Sie der Aufgabenempfänger sind, sagen Sie dem anderen deutlich, auf welche Art Sie sich seine Angaben und Vorgaben wünschen, damit Sie möglichst gut arbeiten können.

Taktstock Nummer 6: Verantwortung abgeben Geben Sie beim Delegieren in jedem Fall so viel Verantwortung wie möglich ab. Viele delegierte Aufträge scheitern, weil sich der andere nur als »Depp vom Dienst« fühlt und als Handlanger.

Aus diesem Grunde klappt es zum Beispiel auch in den eigenen vier Wänden so schlecht, dass alle Familienmitglieder zusammenhelfen. Denn in der Regel delegieren die Haushaltsvorstände lediglich Hilfsjobs wie den Müll raustragen oder abspülen.

Delegieren Sie lieber verantwortungsvolle Jobs, das motiviert und bringt Spaß. Bestimmen Sie in jedem Fall einen Vertreter für den Fall, dass der Delegierpartner die Aufgabe nicht ausführen kann, weil er krank oder im Urlaub ist. Der Notnagel müssen nicht Sie sein!

Achten Sie auch darauf, dass Aufgaben nicht klammheimlich wieder an Sie zurückdelegiert werden. Kenneth Blanchard beschreibt in seinem Buch *Der Ein-Minuten-Manager und der Klammeraffe*[60] sehr anschaulich, dass jede Aufgabe, die Sie sich aufhalsen (lassen), wie ein Klammeraffe auf Ihrer Schulter sitzt. Delegieren Sie eine Aufgabe, wechselt der Klammeraffe zum Aufgabenempfänger. Und wenn Sie sich nicht vorsehen – zack –, dann hüpft das Vieh wieder auf Ihre Schulter zurück. Kein Wunder, dass Sie unter dem Gewicht der Klammeraffen dann irgendwann in die Knie gehen.

Taktstock Nummer 7: Ergebnisse akzeptieren Sie haben – je nach Präferenz – so gut wie möglich eine Aufgabe erklärt, vorgemacht oder anhand von Checklisten, Manuals oder Bildern gezeigt, wie das gewünschte Ergebnis aussehen soll. Lassen Sie den anderen nun machen, wie er es für richtig hält, und akzeptieren Sie ein Ergebnis, das gut ist. Lassen Sie ihm Zeit, dieses Ergebnis selbst zu perfektionieren oder es einfach auf seine Art und in seinem Rhythmus zu machen. Natürlich hätten Sie es anders gemacht – Sie sind ja auch ein anderer Mensch.

Möchten Sie dennoch unbedingt Verbesserungen, dann kritisieren Sie konstruktiv. Loben Sie, was schon gut ist, und geben Sie Anregungen, was auf welche Art besser gemacht werden könnte.

Auf keinen Fall sollten Sie tadeln oder selbst (vielleicht sogar mit vorwurfsvollem Blick) nacharbeiten. Das ist der Sargnagel für jegliche Motivation für künftige Arbeiten.

Taktstock Nummer 8: Loben, loben, loben Lob ist der beste Motivator. Setzen Sie es großzügig ein, denn motivierte Mitarbeiter arbeiten einfach besser, und das spart Ihnen viel Zeit, um Dinge zu erklären oder nachbessern zu lassen.

Gewöhnen Sie sich an, immer ein konkretes Feedback zu geben. Sagen Sie nicht nur »Das haben Sie gut gemacht«, sondern loben Sie Details wie: »Ihre Idee für das Kunden-Event fand ich sehr gut, weil ich glaube, damit treffen wir genau den Nerv der Kunden ...« Oder: »Die letzte Quartalsübersicht fand ich sehr gut, weil mir die Farben die Orientierung erleichtert haben.«

Etablieren Sie eine Lobkultur in Ihrem Unternehmen und Ihrer Familie. Kreative Chaoten sind in puncto Loben wie kleine Kinder und lieben Belohnungssysteme: Leuchtsterne zum Aufkleben, wenn ein Ziel erreicht wurde, kleine Geschenke bei außergewöhnlichen Aktionen, ein toller Ausflug, wenn ein großes Projekt fertig ist, oder Lob vor versammelter Mannschaft.

Jeder Mensch hat eine bevorzugte Form, Lob entgegenzunehmen. Loben Sie daher Ihre Mitmenschen in deren bevorzugtem Wahrnehmungskanal. Manche möchten am liebsten das Lob hören: »Das hast du gut gemacht.« Andere mögen ihr Lob sehen und in den Händen halten, zum Beispiel Aufkleber, ein Geschenk oder einen Blumenstrauß. Manche bevorzugen als Lob eine gemeinsame Unternehmung: gemeinsam essen zu gehen oder Sekt zu trinken. Es gibt auch Menschen, die am liebsten eine körperliche Resonanz als Lob bekommen, indem man sie umarmt oder ihnen auf die Schulter klopft.

Eine Analyse zu Ihrem bevorzugten Wahrnehmungskanal finden Sie im Erfolgsjournal unter www.Kreative-Chaoten.com.

Taktstock Nummer 9: Langfristig denken Das Delegieren und Annehmen von Aufgaben braucht eine Zeit, bis es sich eingespielt hat. Gönnen Sie sich diese Zeit – Ihr damit gewonnener Freiraum und die neue gute Stimmung im Team werden Sie für Ihre Geduld garantiert belohnen.

Strategie 5: Nein sagen. Entdecken Sie das wertvollste Wort der Welt für mehr Zeit und Zufriedenheit

Es hat vier Buchstaben. Es ist eigentlich sehr klein und wendig – und doch kommt es uns viel zu selten über die Lippen. Wollen wir es aussprechen, dann plustert es sich geschwind im Mund auf, wird eckig, sperrig und verheddert sich in zähen Gedankenfäden wie »Du stößt den anderen vor den Kopf!«, »Du bist egoistisch!«, »Dann hilft dir auch niemand mehr!« oder »Das schaffe ich schon!«. Statt ein klares Nein über unsere Lippen zu schicken, entfleucht uns häufig ein ungewolltes Ja.

In vielen Situationen wissen wir ganz genau, was wir nicht wollen: Wir wollen am Sonntagnachmittag nicht schon wieder zum Kaffeetrinken zu den Schwiegereltern, nicht schon wieder im Meeting Protokoll führen, nicht schon wieder die Mittagspause ausfallen lassen, nur weil es mal wieder »brennt«.

Doch weil sich so viele Vorurteile und Ängste um ein Nein ranken, fügen sich viele Menschen lieber zähneknirschend ins »Unvermeidliche« – und ärgern sich danach gewaltig über sich selbst, dass sie sich wieder mal haben breitschlagen lassen.

Warum kreative Chaoten eher Ja als Nein sagen

Warum wir häufig Ja sagen, obwohl ein Nein viel sinnvoller wäre, hängt auch davon ab, wie wir ticken. Kreative Chaoten sind hilfsbereite Menschen, und je mehr ihre Tendenz zum Unterstützer ausgeprägt ist, desto eher kümmern sie sich lieber um die anderen Menschen als um sich selbst. Das ist einerseits ein sehr schöner zwischenmenschlicher Zug, aber es kann eine fatale Wirkung haben. Dann nämlich, wenn Sie permanent die eigene Arbeit liegen lassen und dadurch selbst zu spät fertig werden oder ständig Überstunden machen.

BEISPIEL

Michael ist Ausbilder in einem Pharmakonzern. Sein Chef hat ihn für ein Zeitmanagement-Seminar angemeldet. Michael denkt, dass er das eigentlich nicht braucht. Ja, es stimmt, er wird mit seinen Aufgaben nicht immer pünktlich fertig und macht viele Überstunden. Doch die Qualität seiner Kurse und das Feedback der Auszubildenden sind immer gut. Michael weiß nicht, dass das Seminar seine letzte Chance ist. Wenn er nicht »besser arbeitet«, dann will sein Chef ihm kündigen. Im Seminar stellt sich heraus, dass Michael eine Seele von Mensch ist: Er repariert den Kopierer, überarbeitet Lehrkonzepte für Kollegen, kümmert sich um die Bestellung neuer Kaffeebohnen und, und, und. Sein Chef weiß von dieser Hilfsbereitschaft nichts. Um seinen Arbeitsplatz zu retten, muss Michael jetzt vor allem eines tun: seine Bürotür schließen und bei Anfragen, die nicht ihn betreffen, freundlich »Nein« sagen.

Manchmal verstecken sich unter dem Mäntelchen der Nächstenliebe ganz andere Probleme: die Angst, dass man die eigenen Aufgaben aufgrund mangelnder Fähigkeiten nicht schafft, und damit die Angst vor dem Versagen. Oder wir haben Angst vor dem eigenen Erfolg und damit vor dem Neid der anderen. Oder unsere Hilfsbereitschaft ist einfach nur ein schickes Gewand, in dem wir unsere Aufschieberitis verpacken.

Finden Sie heraus, aus welchem Grund Sie so hilfsbereit sind und ständig Ihre kräftemäßigen Grenzen überschreiten, und lösen Sie diesen Grundkonflikt zuerst.

Der kreative Chaot mit Tendenz zum Ideen-Sprudler sagt aus ganz anderen Gründen viel zu selten Nein. Der Ideen-Sprudler ist ein Überflieger. Er ist ständig daran interessiert, etwas Neues anzupacken, und ist voller Selbstvertrauen, es mit links zu schaffen. Man kann nicht auf mehreren Hochzeiten gleichzeitig tanzen? Aber klar! In den meisten Fällen reihen sich die vielen Aktivitäten wie Perlen auf einer Schnur. Und der Überflieger schmückt sich damit, wie lässig er von Event zu Event hüpft.

Doch in vielen Fällen übernimmt er sich damit, und sobald dann die Deadline naht oder auch sobald Routine bei einem neuen Projekt einkehrt, ist es vorbei mit dem Enthusiasmus – und die Arbeit bleibt liegen – falls sie nicht auf den letzten Drücker an einen Unterstützer delegiert werden kann.

Der Überflieger nimmt aus vier Gründen mehr Aufgaben an, als er realistisch schaffen kann:

- weil alles so spannend klingt, er so viel wie möglich erleben will und ihn viele Aktivitäten beflügeln
- weil er seine eigenen Ressourcen (Zeit und Energie) maßlos überschätzt
- weil er den Zeitaufwand für die Umsetzung eines Projektes oft unterschätzt
- weil er vergessen hat, dass er zum fraglichen Termin bereits andere Aktivitäten zugesagt hatte und Überschneidungen zu spät erkennt

Ein schnell ausgesprochenes Ja kann also völlig unterschiedliche Beweggründe haben. Deshalb brauchen Sie auch unterschiedliche Strategien, um Ihre Aktivitäten auf ein gesundes Maß – bei dem Sie voller Energie und Freude arbeiten – einzupendeln. Finden Sie als Unterstützer heraus, wie Sie künftig voll Selbstbewusstsein Nein sagen können. Legen Sie das schlechte Gewissen ab, das Ihnen bislang ein Nein vergällt hat, und erleben Sie, wie Sie ein Nein verdaulicher machen können. Geben Sie sich als Überflieger die Chance, aus Ihrem Muster, sich jeder neuen spannenden Sache anzunehmen, auszusteigen.

Adlerflug über das Ja

Entdecken Sie Ihre typischen Situationen, in denen Sie sich um ein Nein drücken, in denen Sie vorschnell Ja sagen oder in denen Sie quasi automatisch funktionieren. Auf diese Weise können Sie ganz schnell entlarven, wann Sie sich manipulieren lassen. Denn jeder von uns hat bestimmte Knöpfe, bei deren Bedienung wir sofort reagieren.

BEISPIEL

Jutta, freie Werbetexterin, bekommt nachmittags um 16 Uhr einen Anruf eines guten Kunden. »Jutta, Sie sind meine letzte Hoffnung. Ich weiß ja, wie schnell und flexibel Sie arbeiten und wie gut Sie alle unsere Produkte kennen. Da ist es für Sie doch sicherlich ein Klacks, unsere Broschüre, die wir morgen in Druck geben, nochmals schnell ein wenig aufzupolieren. Wenn eine das bis morgen schaffen kann, dann Sie!« Jutta schafft es und opfert zähneknirschend ihre Nacht dafür.

Fragen Sie sich, wann es Ihnen schwerfällt, eine Bitte abzulehnen. Ist es, wenn Sie eine Aufgabe, die nicht in Ordnung ist, einem Mitarbeiter zurückzugeben müssen? Oder bei der Frage an die Runde »Wer von Ihnen kann das übernehmen?« nicht die Hand zu heben? Oder können Sie bei direkten Anfragen von bestimmten Leuten nicht standhaft bleiben?

Viele Menschen können Geschenke und Gefälligkeiten nicht annehmen, ohne eine Gegenleistung erbringen zu wollen. Manche Organisationen nutzen dies aus. Sie verschicken Spendenappelle mit kleinen persönlichen Geschenken (zum Beispiel Adressaufkleber) und bringen Sie dadurch in Zugzwang, als Gegenleistung Geld zu geben.

Auch die Einladung eines charmanten Mannes in ein nobles Restaurant heißt nicht automatisch, dass Sie für den Rest des Abends ihm gehören, nur weil er ein teures Essen spendiert hat. Lassen Sie sich nicht manipulieren. Niemand ist gezwungen, Ihnen etwas zu schenken! Erkennen Sie solche Maschen und sagen Sie einfach: »Danke!«

Lassen Sie frühere Situationen Revue passieren:

- Warum habe ich diese Aufgabe übernommen?
- Was war mein Vorteil von diesem Ja (neue Erfahrung, Pluspunkte sammeln …)?
- Welche Nachteile hat es mir gebracht?
- Was konnte ich aus diesem Grund nicht machen, auf welche Aktivitäten musste ich deshalb verzichten?
- Was wäre passiert, wenn ich abgelehnt hätte?
- Wie hätte ich mich elegant aus der Affäre ziehen können?

Lassen Sie diese Erfahrungen sacken und stärken Sie sich damit den Rücken, künftig nicht mehr in die Ja-Falle zu tappen. Das heißt jetzt bitte nicht, dass Sie sich erneut darüber ärgern und hadern, wenn Sie sich haben breitschlagen lassen. Wir können die Vergangenheit nicht ändern. Aber wir können unsere Erfahrungen bewusst dazu nutzen, in der Zukunft cooler zu reagieren. Haben Sie Ihre typischen Verhaltensmuster erkannt, dann können Sie in Ruhe Gegenstrategien austüfteln und verhindern, dass Sie künftig wieder und wieder kalt erwischt werden.

Jutta hat erkannt, dass das Lob, sie sei so flexibel und »die allerletzte Hoffnung«, ihren Ehrgeiz geweckt hatte und sie das Bild, das der Kunde von ihr hatte, nicht enttäuschen wollte. Sie fühlte sich jedoch durch die (absichtliche oder unabsichtliche) Formulierung auch manipuliert. Und sie entschied, dass der Knopf »Sie sind ja so flexibel« künftig nicht mehr automatisch ein Ja auslösen würde, sondern sie zu einer der Strategien für ein elegantes Nein greifen wird (siehe Abschnitt »Ein Nein elegant verpacken«).

Die negativen Folgen von Ja und der wahre Wert von Nein

Haben Sie schon einmal darüber nachgedacht, was passiert, wenn Sie Ja sagen, obwohl Sie Nein meinen? Wenn Sie zähneknirschend eine Aufgabe übernehmen, die Sie gar nicht machen wollen? Wenn Sie zu Terminen gehen, die Ihnen im Grunde Ihres Herzens einerlei sind? Wenn Sie keine Erholungszeiten mehr haben, weil Sie von dem Wunsch getrieben sind, es immer allen recht zu machen? Oder weil Sie, von der Lust auf Neues verführt, mehr Projekte angenommen haben, als Ihnen guttut?

Sie werden diese Aufgabe oder diesen Termin nicht so gut erledigen, wie Sie es gewöhnlich tun würden! Natürlich liefern Sie immer noch ein ziemlich gutes Ergebnis ab, denn wenn Sie etwas zusagen, kann man sich auf Sie (meistens) verlassen.

Aber seien Sie ehrlich, wann ist Ihr Ergebnis besser: Wenn Sie mit Ruhe, aus vollem Herzen und mit Leidenschaft bei der Sache sind? Oder wenn Sie sich über den anderen (und besonders über sich selbst) ärgern, dass Sie sich wieder haben breitschlagen lassen oder dass Sie vor lauter Optimismus Ihre Ressourcen überschätzt haben? Wer zur rechten Zeit Nein sagt – oder schweigt –, der kann in bestimmten Situationen mehr Zeit gewinnen als mit allen in diesem Buch versammelten Tipps zusammen. Möchten Sie das Amt des Elternbeirats in der Schule der Tochter übernehmen? Nein! Glückwunsch. Sie haben sich soeben rund 90 Stunden Arbeitseinsatz fürs Ehrenamt gespart. Wer kann für die Abwesenden eine Zusammenfassung des Meetings schreiben? Lassen Sie Ihren Finger unten (auch wenn er zuckt)! Glückwunsch. Sie haben soeben rund zwei Stunden für das Abtippen, Formatieren und Verteilen des Protokolls gespart.

Wir denken immer, wer Ja sagt und überall mitmischt, sei beliebt und gefragt. Das Gegenteil ist der Fall. Es ist die Ironie des Schicksals: Oft sagen wir Ja, weil wir uns beliebt machen und Konflikten aus dem Weg gehen wollen. Aber wenn wir (übermüdet und überlastet) diese Aufgabe halbherzig, nachlässig oder sogar gar nicht erledigen, erwecken wir den Eindruck, wir seien unzuverlässig, achtlos oder sogar unfähig. Und dann haben wir erst recht einen Konflikt provoziert.

Studien haben gezeigt, dass selbstbewusste Menschen die beliebtesten sind. Und zu Selbstbewusstsein gehört auch, klar dazu zu stehen, was ich will und was ich nicht will. Menschen, die Nein sagen und Grenzen setzen, werden von ihren Mitmenschen mehr respektiert. Menschen, die sich hingegen alles aufbürden lassen, werden im Laufe der Zeit als die immer bereiten braven Helferlein gerne ausgebeutet.

Zudem macht ein bewusstes Nein Ihre Zusagen in anderen Situationen wertvoller. Ihre Mitmenschen wissen, wenn Sie Ja sagen, dass Sie auch voll dahinterstehen und sie sich auf Sie verlassen können. Menschen, die klare An- und Absagen machen, werden mehr geachtet, weil sie besser einschätzbar sind. Menschen, die Nein sagen, zeigen einen verantwortungsbewussten Umgang mit ihren Ressourcen und sind ein Vorbild. Wer unattraktive Anfragen ablehnt, hat mehr Zeit und Energie für die wichtigen Menschen und Aufgaben. Wer sich Auszeiten nimmt und seine Batterien auflädt, kann mit mehr Elan für die anderen da sein. Wer sich hingegen aus Pflichtbewusstsein immerzu aufopfert, der wird ein übermüdeter, übellauniger Zeitgenosse, der für die anderen Menschen eher eine Zumutung ist als eine wertvolle Stütze.

Interessanterweise können Menschen, die sich trauen, Nein zu sagen, selbst andere Menschen besser um einen Gefallen bitten. Denn sie wissen, dass auch der andere ein Recht auf Ablehnung hat, und das hilft über das Gefühl hinweg, dem anderen nicht zur Last fallen zu wollen. Sie können dem anderen nicht zur Last fallen – denn es ist seine Entscheidung, selbstbewusst Ja oder Nein zu sagen! Damit schaffen Sie eine gute Basis, um Aufgaben zu delegieren und dadurch zusätzliche Zeitinseln für Ihre wirklich wichtigen Aktivitäten zu schaffen.

Betrachten Sie sich und Ihre wertvolle Lebenszeit als Schatzkästchen – und legen Sie mit jedem sinnvollen Nein zur rechten Zeit ein Goldstück hinein. Sie werden sehen, wie reich Sie plötzlich leben.

Mit Neinsagen sich selbst etwas Gutes tun

In der Hektik des Alltags bleiben bei den meisten Menschen die schönen Aktivitäten – Zeit für Hobbys, Zeit mit der Familie, Schlafen – auf der Strecke. Natürlich gibt es Phasen, da geht es nicht anders und das private Vergnügen muss zurückstehen. Und oft fühlen wir uns ja auch von Stress beflügelt und schweben auf einer Aktiv-Wolke dahin. Dieser sogenannte Eustress motiviert uns und treibt uns an. Besonders kreative Chaoten wirken oft so, als hätten sie einen eingebauten Akku, der sich automatisch auflädt. Sie wirken voller Energie, haben ein hohes Lebens- und Arbeitstempo und ihnen geht meist alles leicht von der Hand. Andere Menschen bewundern häufig, wie sie das alles schaffen, und bestaunen sie als Wunderkinder.

Dennoch sollten Sie sich auch bei positivem Stress regelmäßig Auszeiten nehmen. Wenn Eustress länger anhält, wird er zum Disstress und zermürbt Ihren Körper. Geben Sie Pausen und Erholung deshalb oberste Priorität. Und das bedeutet, zu Angeboten Nein zu sagen, die mit Ihrer persönlichen Freizeit kollidieren.

Viele kreative Chaoten wollen zwar theoretisch sich und ihrem Körper etwas Gutes tun. Doch dann macht ihnen ihre Hilfsbereitschaft (»Ich kann doch nicht zum Sport gehen, wenn die Kollegin mit ihrem Projekt hängt. Da muss ich helfen.«) oder das schlechte Gewissen (»Alle arbeiten und ich lasse es mir gut gehen?«) einen Strich durch die Rechnung. Manchmal lassen sie sich aber auch so sehr von ihren zahlreichen Projekten in Beschlag nehmen, weil ja alles wichtig ist und alles Spaß macht, dass damit der Kalender so vollgestopft ist, dass gar keine Zeit mehr für Auszeiten bleibt.

Viele Freiberufler, Unternehmer oder Führungskräfte sagen zudem, dass sie nicht weg könnten, da ohne sie alles zusammenbrechen würde. Vermutlich kennen Sie diese Aussage auch von Müttern. Machen Sie sich klar: Wenn der Laden nicht ohne Sie läuft, sind Sie der Sklave Ihrer Firma und nicht der Boss. Gute Chefs setzen ihre Leute so ein, dass es auch – eine Zeit lang – ohne sie klappt.

Setzen Sie Auszeiten auf die oberste Stufe Ihrer persönlichen Prioritäten und holen Sie sich Rückenstärkung bei anderen Berufstätigen, Führungskräften und Unternehmern, die einen hervorragenden Job machen und Zeit für sich und die Familie haben. Wenn die es schaffen, dann schaffen Sie es auch! Nehmen Sie sich positive Beispiele als Maßstab und lachen Sie über den gesellschaftlichen Irrglauben, dass Stress von Wichtigkeit zeuge. Nein. Wer dauerhaft gestresst ist, dem fehlen die Weisheit und das Charisma, den Dingen die Zeit zu schenken, die sie wirklich wert sind.

Sagen Sie auch am Feierabend bewusst Nein zur Arbeit und ziehen Sie einen Schlussstrich unter den Tag. Besonders für die Heimarbeiter ist das schwer. Zu nah liegt das Büro am privaten Alltag und verführt schnell dazu, noch mal E-Mails zu checken oder eine kleine Arbeit fertigzumachen. Trennen Sie in diesem Fall Ihr Home-Office optisch vom Rest der Wohnung. Wenn Sie kein eigenes Zimmer dafür haben, hängen Sie einen Vorhang auf oder stellen Sie einen Paravent vor den Schreibtisch. Trainieren Sie feste Bürozeiten (mit den für kreative Chaoten nötigen Gleitzeiten) und halten Sie sich so oft wie möglich daran. Drehen Sie nach Feierabend eine Runde um den Block – das ist quasi Ihr Heimweg vom Büro, und gewinnen Sie so Abstand zum Berufsalltag. Manche Freelancer schwören auch darauf, sich zum Feierabendauftakt umzuziehen (vom Business- in den Gammellook) oder bewusst das Zimmer zuzusperren und den Schlüssel abzuziehen.

Sagen Sie in Ihren Auszeiten stopp zu Ihrem Gedankenkarussell. Jeder Mensch erholt sich auf eine andere Art und Weise. Finden Sie heraus, welche Form der Erholung Ihnen guttut: Action-Ausflüge oder Malkurs? Meditation oder Marathon? Probieren Sie es aus! Es kann sein, dass Sie Ihre Hobbys häufig wechseln müssen, um Ihren Kopf immer wieder frei zu bekommen. Wer zum dritten Mal durch den gleichen Hochseilgarten klettert, der kennt die Strecke wie im Traum und braucht sich nicht mehr zu konzentrieren. Und schwupps – sind die Gedanken wieder da. Suchen Sie sich regelmäßig neue Aktivitäten, die Sie mental reizen und Ihre volle Konzentration fordern.

Ausreichend schlafen

Kreative Chaoten sind häufig ausgesprochene Nachtmenschen. Sie gehen gerne spät ins Bett, schlafen gerne aus und kommen erst im Laufe des Tages in Schwung. Haben Sie einen Beruf, bei dem Sie Ihren Rhythmus ausleben können – prima. Ansonsten laufen Sie schnell Gefahr, die Nacht zum Tag zu machen und trotzdem tagsüber in unserer eher linkshirnigen Kultur fit sein zu müssen. Die Folge: Wer mehrere Tage lang zu wenig schläft, der handelt wie ein Betrunkener. Sie reagieren langsam, können keine objektiven Urteile mehr fällen und keine Probleme mehr lösen. Wer 17 Stunden auf den Beinen ist (zum Beispiel von 6 Uhr morgens bis 23 Uhr abends), schneidet in Leistungstest so schlecht ab, als hätte er 0,5 Promille Alkohol im Blut. »Müde Manager handeln wie Betrunkene«, titelte der *Harvard Business Manager* entsprechend (Ausgabe 12/06).

Finden Sie Ihre optimale Schlafdauer heraus und sagen Sie Nein zu Aktivitäten, die Ihnen den Schlaf rauben, weil Sie abends zu lange unterwegs sind und dann effektiv zu kurz schlafen. Lösen Sie Probleme, die Sie nachts grübelnd wach halten, lieber heute als morgen. Klären Sie Konflikte, um wieder ruhig schlafen zu können.

Im Schnitt schlafen die Deutschen mittlerweile 7,3 Stunden pro Nacht. Das ist eine Stunde weniger als noch vor 50 Jahren. Damit haben wir zwar eine ganze Stunde mehr Zeit zur Verfügung – aber wenn wir die halb besoffen erleben, dann ist es auch nicht das Wahre, oder?

Der Ja-Falle entgehen

Das Wichtigste, um selbstbewusst Ja oder eben Nein sagen zu können, ist Zeit. Lassen Sie sich von Anfragen nicht mehr überrumpeln, sondern nehmen Sie sich die Zeit zum Nachdenken.

Sagen Sie: »Darüber möchte ich gerne nachdenken. Ich melde mich in einer Stunde (morgen …) wieder.« Oder: »Das möchte ich mit meinem Kalender abgleichen (mit meinem Partner besprechen …). Ich melde mich gleich wieder.«

Allein dadurch gewinnen Sie das Gefühl, selbstbestimmt zu agieren und nicht fremdbestimmt zu reagieren. Und Sie schaffen sich den nötigen Freiraum, in dem Sie sich in Ruhe fragen können:

- Will ich diese Aufgabe wirklich übernehmen?
- Was ist mein Gewinn?
- Was ist mein Einsatz?
- Welche anderen Aktivitäten kann ich dann nicht mehr wahrnehmen, was muss ich dafür zurückstellen?
- Was könnte schlimmstenfalls passieren, wenn ich ablehne?
- Was würde ich von einer anderen Person denken, die in derselben Situation Nein sagt?
- Wie würde XY (ein Vorbild von Ihnen, zum Beispiel Pippi Langstrumpf, Kollegin Müller …) entscheiden?

Rufen Sie zurück und sagen Sie gegebenenfalls Nein zu diesem Projekt. Dies und Ihr Nachdenken zeigen dem Auftraggeber, dass Sie zuverlässig sind und dass ein Nein anscheinend wirklich unausweichlich ist. Und wenn Sie zusagen, dann wird dies für den anderen einen umso höheren Wert haben, weil es wohldurchdacht klingt. Prima, oder?

Vermeiden Sie vorauseilenden Gehorsam mit Nachdenken. Ihre Hand zuckt, um sich für einen Sonderdienst zu melden? Denken Sie nach: Was würde passieren, wenn ich mich jetzt nicht freiwillig melde? Seminarteilnehmer sagen hier häufig, dass sie so oder so diesen Job aufgedrückt bekommen, weil sich ja ohnehin keiner sonst meldet. Ja, natürlich! Warum sollte sich auch jemand melden, wenn

Sie immer in die Bresche springen? Sparen Sie sich Ihren vorauseilenden Gehorsam, melden Sie sich nicht, und wenn es heißt: »Mach du das, du machst es doch immer!«, dann lehnen Sie mit einer geschickten Formulierung ab (Beispiele im nächsten Abschnitt). Ein Nein, das aus Überzeugung ausgesprochen wird, akzeptieren die Mitmenschen in der Regel sehr gut.

Ein Nein elegant verpacken

Wählen Sie gedanklich ein schönes Geschenkpapier, mit dem Sie künftig ein Nein elegant verpacken. Manche Menschen brauchen das nicht, denn sie haben kein Problem damit, einfach Nein zu sagen. Und viele Mitmenschen wären froh, wenn sie das auch könnten. Wägen Sie ab, in welchen Fällen ein knappes, klares Nein die beste Lösung ist und wann diese »Kaltschnäuzigkeit« einen eher sensiblen Menschen vielleicht verletzt. Denn dann kann es sein, dass Sie Tage und Wochen danach Zeit investieren müssen, um die Scherben zu kitten. Das kostet Sie in solch einem Fall mehr Zeit, als wenn Sie unter Umständen gleich Ja zu einer Anfrage gesagt hätten.

Geschenkpapier Nummer 1 Vertrösten Sie den Fragesteller, dass es »im Augenblick leider nicht geht«. Diese Formulierung stellt viele zufrieden, denn sie zeigt, dass Sie gern für den anderen da sind, aber dass es eben im Moment oder die kommenden Tage (Wochen) nicht möglich ist. Falls er hartnäckig nachfragt, wann Sie wieder Zeit haben, erwidern Sie: »Das kann ich momentan noch nicht abschätzen.«

Wenn Sie aber generell mit diesem Menschen nichts (mehr) zu tun haben wollen, ist es besser, Klartext zu reden und deutlich zu machen, dass sich Ihre Prioritäten verändert haben. Natürlich kann das zunächst für Probleme sorgen, vor allem wenn Sie langjährige Freundschaften oder Geschäftsbeziehungen beenden. Aber lieber ein Ende mit Schrecken als ein Schrecken ohne Ende. Bedanken Sie sich für die schöne gemeinsame Zeit und gehen Sie im Guten auseinander.

Geschenkpapier Nummer 2 Grundsatzerklärungen sind ein gutes Mittel, um Anfragen elegant abzubiegen. Antworten wie »Ich verleihe grundsätzlich kein Geld« oder »Wir machen grundsätzlich keine Geschäfte an der Haustür. Danke, dass Sie da waren!« zeigen, dass Sie nachgedacht und eine klare Haltung entwickelt haben. Solche Neins sind leicht von den anderen zu akzeptieren, weil sie nichts mit ihrer Person zu tun haben.

Geschenkpapier Nummer 3 Mein Lieblingstipp zum eleganten Neinsagen ist, sich dumm zu stellen. Kein Mensch zwingt sie, den Wink mit dem Zaunpfahl bei Äußerungen wie den Folgenden zu verstehen: »Och, ich habe noch diesen Bericht zu machen, den du neulich so schnell hinbekommen hast …« »Ah, ich müsste mal wieder so dringend zum Sport, aber ich habe keinen, der Mittwochabend auf die Kinder aufpasst.« Selbst wenn eine ganze Holzhandlung winkt – stellen Sie sich dumm und springen Sie nicht in diese aufgestellte Zeitfalle. Wenn der andere sich nicht traut, geradeaus um Ihre Hilfe zu fragen – sein Problem! Zudem kann es auch gut sein, dass der Kollege oder die Freundin Sie ja gar nicht um einen Gefallen bitten wollte, sondern nur laut gedacht hat. Und erst wenn Sie von selbst Ihre Unterstützung anbieten, eröffnet sich ihm oder ihr diese Möglichkeit. Bleiben Sie in Ihrer Antwort bei der Sache: »Den Bericht schaffst du schon.« »Ja, das kenne ich, wenn der gute Sportwille so ausgebremst wird.«

Geschenkpapier Nummer 4 Verpacken Sie das Nein in einem Ja. Häufig kommen Vorgesetzte, Kollegen oder Kunden auf den letzten Drücker mit »ganz besonders wichtigen Aufgaben« an. Und Sie dürfen dann diplomatisch den Drahtseilakt bewältigen, ihnen zu vermitteln, dass die Welt nicht untergeht, wenn sie die Übersetzung (den Artikel, den Bericht, die Information) erst morgen und nicht gleich bekommen. Bleiben Sie entspannt und formulieren Sie Ihr Nein positiv. Beantworten Sie die Frage »Können Sie das für mich gleich noch erledigen?« nicht wie vermutlich bisher mit einem zähneknirschenden Ja oder mit: »Nein, das schaffe ich beim besten Willen heute nicht mehr, das geht erst morgen.«

Sagen Sie lieber: »Ja, ich kann die Übersetzung für Sie gleich morgen einschieben, dann haben Sie sie bereits gegen 16 Uhr.« Damit zeigen Sie, dass Sie dem anderen wirklich helfen wollen, und betonen zudem Ihre Eigeninitiative und einen kompetenten Umgang mit Ihrer Zeit. Sie glauben, der andere würde insistieren und sagen: »Nein, ich brauche es gleich«? Probieren Sie es aus – meist sind die Leute mit Ihrem Lösungsvorschlag auf Anhieb einverstanden. Falls nicht, dann haben Sie Hilfsbereitschaft signalisiert und haben drei Möglichkeiten:

1. Ist es ein »echter« Notfall, dann zeigen Sie sich hilfsbereit. Sagen Sie, dass Sie eine schnelle Bearbeitung ausnahmsweise für ihn möglich machen, und nutzen Sie Ihre Zeitpuffer des Tages oder verschieben Sie andere Aufgaben.
2. Sind solche Last-Minute-Aktionen eine Dauermasche des anderen, dann bleiben Sie bei Ihrem Nein und erziehen Sie den anderen ein Stück weit zu frühzeitigem Denken und Delegieren. Nur weil der andere ein Chaot ist, müssen Sie nicht immer ins Schleudern geraten. Und Sie wissen ja: Ausgenutzt werden die, die sich ausnutzen lassen.
3. Sie wissen, der andere kommt regelmäßig auf den letzten Drücker, und weil es Ihr Chef, ein guter Kunde oder ein wichtiger Geschäftspartner ist, den Sie nicht erziehen können (oder wollen), dann planen Sie zu den »verdächtigen« Zeiten, zu denen er üblicherweise anfragt, Freiräume ein. Kommt der Last-Minute-Auftrag, haben Sie ein Zeitfenster offen. Kommt er nicht, dann nutzen Sie die Zeit für kreative Aufgaben, Routinearbeiten oder gehen einfach früher heim. Oder machen Sie daraus sogar einen Service, indem Sie einige Tage vor dem verdächtigen Zeitpunkt selbst anfragen, ob etwas ansteht.

Geschenkpapier Nummer 5 Sorgen Sie von vornherein dafür, dass ein Nein gar nicht erst ausgesprochen werden muss. Eine Möglichkeit dazu sind Prinzipien, die Sie schaffen und an die Sie sich konsequent halten: »Ich kaufe niemals Süßigkeiten an der Supermarktkasse.« »In unserer Firma darf prinzipiell niemand länger als drei Wochen am

Stück in Urlaub gehen.« Solche festen Regeln erziehen Ihre Mitmenschen dazu, gar nicht erst zu fragen. Und falls doch, können Sie mit Ihrer Grundsatzerklärung antworten.

Schaffen Sie sich ansonsten Freiräume, in denen Sie für Anfragen gar nicht erst erreichbar sind. Manchmal hilft es dabei, Informationen über Ihre Zeitplanung zurückzuhalten und sich mithilfe des Anrufbeantworters abzuschotten. Sie machen Urlaub auf Balkonien? Das müssen Ihre Kollegen nicht wissen, denn sonst rufen die womöglich an, dass es in der Firma brennt, und meinen, Sie könnten ja schnell vorbeischauen, da Sie ja ohnehin zu Hause sind. Sie wollen sich einen faulen Abend in der Badewanne machen? Tragen Sie in den (unter Umständen offen zugänglichen) Firmenkalender einen festen Termin ein, dann sieht jeder auf einen Blick, dass Sie bereits verplant sind, und fragt gar nicht erst an.

Diskussionen vorbeugen

Mit den folgenden Techniken können Sie ebenfalls ein »schroffes« Nein und daraus resultierende Diskussionen umgehen.

Klare Vorgaben

Machen Sie Schluss mit dem Stress, der von zu hoch geschraubten Erwartungen der anderen herrührt. Sorgen Sie von Anfang an dafür, dass Ihre Mitmenschen genau wissen, welche Leistung Sie in welchem Tempo bewerkstelligen können und wollen. Wenn andere zu hohe Erwartungen an Sie stellen, dann nur, weil Sie nicht klipp und klar gesagt haben, was sie erwarten dürfen.

Logischerweise fordern Mitmenschen dann von Ihnen höchste Leistung in kürzester Zeit. Sicherlich machen Sie das genauso. Wollen Sie beispielsweise Ihr Auto zum Check geben, dann soll das vielleicht am liebsten gleich geschehen, weil Sie es heute und morgen ohnehin nicht brauchen. Dementsprechend werden Sie auch die Anfrage an die Werkstatt stellen. Wenn Sie aber ein paar mal die Erfahrung gemacht haben, dass Inspektionstermine grundsätzlich immer rund eine Woche Vorlauf haben, dann werden Sie sich darauf einstellen und deshalb nicht sauer sein, oder? Im Gegenteil, es wäre sogar seltsam, wenn Sie immer sofort einen Termin bekämen. Denn das hieße ja, dass die Werkstatt nicht ausgelastet ist, ergo nicht gut sein kann. Eine Ausnahme wäre, wenn die Inspektionen ohne Termin das Geschäftsmodell sind.

Wer klare Vorgaben und sich selbst auch mal rar macht, der erhöht seine Wertschätzung und damit meist auch seinen Preis.

Steilvorlagen vermeiden

Viele Menschen meinen, sie würden Nein sagen, aber die anderen würden es einfach nicht respektieren. Ist das bei Ihnen der Fall, dann hören Sie sich selbst einmal bewusst beim Neinsagen zu und beobachten Sie sich neutral. Oftmals liefern wir nämlich extrem gute Steilvorlagen und sabotieren damit ungewollt unser Nein.

Das klingt dann so: »Also eigentlich wollte ich heute pünktlich gehen.« »Ich würde, glaube ich, lieber zum Italiener statt zum Chinesen.« »Mein Honorar ist normalerweise nicht verhandelbar.« Begriffe wie »eigentlich«, »würde«, »glaube ich« oder »normalerweise« sind Killerphrasen, die Ihren Erfolg torpedieren. Sie stoßen damit Ihrem Gegenüber ein riesiges Scheunentor auf, um sich fangen zu lassen. Verzichten Sie auf diese Floskeln und Ihr Nein erhält Gewicht.

Sie ziehen beim Neinsagen die Schultern ein und weichen dem Blick des anderen aus? Auch das signalisiert dem anderen, dass Sie schwanken und ganz sicher nicht bei Ihrem Nein bleiben. Stellen Sie sich lieber stabil auf beide Beine, stehen Sie gerade und blicken Sie dem anderen in die Augen. Sagen Sie dann Nein – und genießen Sie die absolut selbstsichere Wirkung.

Vermeiden Sie auch Steilvorlagen in Form von Rechtfertigungen. Liefern Sie keine zu detaillierten Gründe, warum Sie eine Anfrage ablehnen wollen. Denn in der Regel können diese Gründe den gnadenlosen Nachfragen eines verbissenen Ja-Erringers nicht standhalten und Sie werden zu einem Ja gezwungen.

BEISPIEL

Möchtest du Elternbeirat werden? – Nein, ich habe beruflich so viel um die Ohren und da kann ich mich dann nicht so einbringen, wie ich es gerne tun möchte. – Ach, wir sind alle beruflich total eingespannt und arbeiten viel. Und du hast auch gar nicht so viel Zeitaufwand mit diesem Amt. Wir schaffen das ja auch ...

Üben Sie das souveräne Neinsagen zunächst in belanglosen Situationen. Beim Metzger: Darf es ein bisschen mehr sein? Nein! Am Bahnhof: Haste mal 'nen Euro für mich? Nein! Spielen Sie in Gedanken Situationen mehrfach durch, in denen Sie künftig Nein sagen möchten, oder gehen Sie kurz vor einem Gespräch, in dem Sie Nein sagen wollen, in den Waschraum und sagen Sie es dort zu Ihrem Spiegelbild. Dann fällt es Ihnen in der Realität wesentlich leichter.

Erinnern Sie sich immer wieder an Ihr gutes Gefühl in Situationen, in denen Sie Nein gesagt haben und Erfolg hatten. Erfolgserlebnisse stärken Ihr Selbstvertrauen für weitere Ablehnungen.

Schlagfertigkeit siegt

Trainieren Sie für überraschende oder dreiste Anfragen Ihre Schlagfertigkeit. Ich habe schon oft festgestellt, dass ich eine Menge Zeit hätte sparen können, wenn ich nicht so auf dem Schlauch gestanden hätte. Überlegen Sie sich zwei bis drei Methoden, die Ihnen als Abwehrrhetorik gute Dienste leisten können.

In seinem Buch *Die Peperoni-Strategie* empfiehlt der Autor Jens Weidner bei besonders dreisten Anfragen, ein Nein mit dem Nachsatz zu ergänzen: »Nein. Und denken Sie auch mal genau darüber nach, warum Nein!« Selbst wenn Ihnen beim besten Willen kein Argument einfällt – der andere wird so perplex sein, dass er gar nicht nachfragt.[61]

BEISPIEL

Michael hat diesen Tipp ausprobiert und berichtet: »Kurz nach meinem Seminar kam Kollege Horst bei mir hereingestürmt und sagte: ›Michael, der Kopierer spinnt schon wieder. Kannst du bitte schauen ...‹ Ich habe ihn angeschaut und geantwortet: ›Nein!‹ Horst war verdutzt. Er sagte: ›Aber du machst das immer so schnell und profimäßig, ohne dich wären wir hier ja alle aufgeschmissen.‹ Ich hob den Blick: ›Nein. Und du weißt auch, warum.‹ Horst ging irritiert nach draußen – und füllte Papier nach. Das war alles! Mir war heiß, meine Hände waren verschwitzt, aber ich war sehr stolz auf mich. Und besonders freut mich, dass seither die Kollegen alle selbst den Kopierer wieder in Gang bringen.«

Hartnäckige Anfragen entschärfen Sie auch wunderbar mit einem herzhaften Lachen, einem Augenzwinkern und dem Satz: »Strengen Sie sich nicht an, Sie erweichen mich nicht.«

Störungen vermeiden

Neinsagen heißt auch, dass Sie Störungen, die Sie aus Ihrer Arbeit reißen, so gut wie möglich vermeiden. Nach aktuellen Studien kosten Störungen rund 28 Prozent der täglichen Arbeitszeit. Das New Yorker Forschungsunternehmen Basex fand heraus, dass Angestellte rund vier bis acht Minuten brauchen, um nach einer Störung wieder konzentriert arbeiten zu können. Bis wir also nach einer Unterbrechung den roten Faden wiederfinden, rinnen uns täglich rund zwei Stunden an Produktivität durch die Finger. Wahnsinn, oder? Und hier ist die Zeit, in der wir die Störung bearbeiten (dem Kollegen eine Information heraussuchen, dem Anrufer eine Auskunft geben), gar nicht eingerechnet. Im Schnitt können wir eh nur elf Minuten ohne Unterbrechung arbeiten, dann werden wir wieder aus unserer Arbeit gerissen.[62]

Störungen gelten bei den meisten Menschen als Zeitfresser Nummer eins. Störungen vermeiden und sich zeitweise für wichtige Arbeiten abzuschotten ist demnach eines der wertvollsten Zeitgeschenke in unserem hektischen Alltag.

Wie können Sie sich im beruflichen Alltag abschotten, ohne zu brüsk zu wirken und ohne sich vom Flurfunk komplett zu entfernen? Die Lösung heißt, Zeitinseln für ruhiges und konzentriertes Arbeiten zu schaffen und danach wieder für die anderen da zu sein. Sprechen Sie in Ihrem Team dieses Thema an, denn es betrifft alle: vom Vorstandsvorsitzenden über die Führungskräfte bis hin zum Sachbearbeiter. Suchen Sie nach Lösungen, wie Sie sich zeitweise abschotten können – zum Wohle aller.

Arbeiten Sie alleine im Büro (Home-Office), genießen Sie die Freiheit, sich Ihre Ruheinseln jederzeit schaffen zu können. Und reden Sie Ihrem inneren Schweinehund gut zu, nicht bei jedem Klingeln ans Telefon springen zu müssen.

Hier ein paar Ideen, wie andere Personen und Firmen »Bitte nicht stören«-Lösungen für sich umgesetzt haben.

Out-of-Office Hilde hat ein Home-Office und zwei Telefonanschlüsse: Privat- und Geschäftstelefon sind getrennt und während ihrer Arbeitszeit geht sie nicht ans Privattelefon, nach Feierabend und am Wochenende nicht ans Geschäftstelefon.

Mickey-Mouse Im Großraumbüro einer Pariser Tageszeitung setzen die Redakteure rote Schallschutzkopfhörer (sogenannte »Mickey-Mäuse«) als deutliches Zeichen auf, wenn sie nicht gestört werden wollen. Eine Hamburger Werbeagentur hat grüne Mickey-Mäuse besorgt.

Halbmast In einem Großraumbüro haben die Angestellten Fähnchen neben den Bildschirmen stehen. Ist die Fahne auf Halbmast, heißt das Ruhe. Bei einem Druckerhersteller sitzen Teddybären neben dem PC. Schaut der Teddy zur Wand, signalisiert er Ruhe. Schaut er freundlich in den Raum, dann ist Sprechzeit.

Tür zu In vielen Firmen gilt die Offene-Tür-Politik immer noch als Zeichen für besonders guten Führungsstil. Thorsten, Geschäftsführer eines Großmarktes, hat das jetzt abgeschafft und schließt seine Tür bewusst mehrere Stunden pro Tag. »Seither kommen die Mitarbeiter wirklich nur noch mit sinnvollen Anfragen und nicht mehr mit jeder Lappalie. Ein schöner Nebeneffekt ist, dass ich jetzt mehr Ruhe zum Arbeiten habe und dass auch die Mitarbeiter sich nicht mehr so leicht stören lassen und sogar mehr Eigeninitiative entwickelt haben.«

»Außer Betrieb« In einer Münchner Software-Schmiede heften sich die Mitarbeiter neonfarbene Klammern mit der Aufschrift »Außer Betrieb« an die Kleidung. Das ist für sie vor allem praktisch, wenn sie nur mal schnell einen Kaffee holen wollen. Denn auf diese Weise wissen die Kollegen, wer gerade Muße und den Kopf frei hat für einen Plausch und wer lieber in Ruhe gelassen werden will.

Sprechzeiten Ein Berliner Büro hat auf seinem Anrufbeantworter die Ansage, dass das Büro ab neun Uhr besetzt ist und dann zurückgerufen wird. Die Mitarbeiter kommen aber alle bereits um 8 Uhr und haben somit eine ruhige Stunde zum Tagesauftakt. In dieser Zeit können sie die »Drei Goldenen Nüsse« knacken (siehe Abschnitt »Vom Großen zum Kleinen denken«) oder sich wichtigen Tagesaufgaben widmen.

Schweigen Tina, Abteilungsleiterin eines IT-Konzerns, hat ihren Mitarbeitern früher immer angeboten, jederzeit mit Problemen zu ihr zu kommen, und gab dafür auch ihre Privatnummer her. Die Mitarbeiter nutzten das – auch bei Problemen, die locker bis zur Dienstzeit hätten warten können. Jetzt schützt Tina ihre private Zeit – einfach indem sie das »jederzeit« nicht mehr anbietet.

Machen Sie sich klar, dass zum Stören immer zwei gehören: derjenige, der stört, und der, der sich stören lässt. Wer signalisiert, dass er jederzeit ansprechbar und hilfsbereit ist, der wird auch permanent angesprochen. Setzen Sie bewusst Grenzen und bleiben Sie dann konsequent. Es nützt nichts, zum Beispiel feste Telefonzeiten einzurichten und dann doch um 8.45 Uhr ans Telefon zu gehen. So skurril es klingt: Wir können unsere Mitmenschen ein Stück weit erziehen. Nutzen Sie diese Chance!

Ärgern Sie sich nicht mehr über Situationen, in denen Sie früher besser hätten Nein sagen sollen. Streichen Sie den Glaubenssatz »Ich kann nicht Nein sagen« sofort aus Ihrem Kopf. Ändern Sie Ihre Einstellung zu einem Nein und ersetzen Sie Ihren hemmenden Glaubenssatz lieber durch den motivierenden Satz: »Ich kann gut Nein sagen, wenn es mir wichtig ist.«

Die Betonung liegt auf »wenn es mir wichtig ist«. Denn natürlich sollen Sie nicht plötzlich mauern und mit einem dicken Mit-mir-nicht-Balken vor der Stirn durch die Gegend laufen. Finden Sie eine gesunde Balance, auf der einen Seite für die anderen und auf der anderen Seite für sich selbst da zu sein. Lernen Sie, Ihre tägliche Leistungsfähigkeit realistisch einzuschätzen und lieber weniger als zu viele Aktivitäten auf den Tagesplan zu setzen, die Sie ohnehin nicht schaffen können.

Teil 3

Auf dem Weg zum genialen Querdenker

»Wenn du immer wieder das tust,
was du schon immer getan hast,
dann wirst du immer wieder das bekommen,
was du schon immer bekommen hast.
Wenn du etwas anderes haben willst,
musst du etwas anderes tun!
Und wenn das, was du tust, dich nicht weiterbringt,
dann tu etwas völlig anderes –
statt mehr vom gleichen Falschen!

Paul Watzlawick

4

Ihr ganzes Potenzial nutzen

Wie viele unterschiedliche Wege nutzen Sie, um jeden Tag zu Ihrer Arbeit zu fahren?

Einen? Und einen Schleichweg, falls dort Stau ist?

Was schätzen Sie, wie viele unterschiedliche Wege tatsächlich zu Ihrem Ziel führen? Die Sie noch gar nicht kennen, weil es natürlich bequemer ist, die bekannten Routen zu nehmen.

Ähnlich ist es mit unserem Gehirn.

Wir nutzen immer wieder dieselben Denkwege und lösen Probleme oder Fragen, indem wir unseren bereits gut ausgebauten Denkautobahnen folgen. Wir nehmen keine neuen Blickwinkel ein und versuchen zu selten, neue Lösungen zu finden. Dabei schlummert in unseren grauen Zellen ein unglaubliches Potenzial, das nur darauf wartet, losfeuern zu können.

Unsere Art zu denken ist, wie bereits erwähnt, eine Mischung aus angeboren und antrainiert. Und das bedeutet, dass wir sowohl unsere starken als auch unsere schwächeren Hirnareale trainieren können, damit sich die dort angesiedelten Talente zu echten Stärken entwickeln können. Wir können die gesamte Kraft unserer Gehirnzellen nutzen und damit in vielen Situationen wesentlich bessere Ergebnisse erzielen. Stellen Sie sich vor, wie Sie Ihr eigenes Dream-Team mit der geballten Kraft des jeweiligen Denkansatzes zusammenstellen – und das in Ihrem eigenen Kopf.

Das heißt nicht, dass Sie an Ihren Schwächen herumdoktern sollen. Nein, Sie haben eine bevorzugte Denkweise, das ist Ihre Stärke. Diese können Sie mit ein wenig Gehirnjogging ausbauen.

Und Sie haben in der weniger bevorzugten Denkweise eine Menge schlummerndes Potenzial, das Sie wecken und dann immer, wann es Ihnen sinnvoll erscheint, nutzen können.

Viele Seminarteilnehmer und Vortragszuhörer fragten mich, wie sie die Leistung der jeweiligen Areale konkret verbessern können. Im Folgenden habe ich Ihnen Übungen zusammengestellt, mit denen kreative Chaoten ihre systematische Seite stärken, und solche, mit denen logische Ordner ihre kreative Seite fördern können.

Je besser wir uns verstehen, desto leichter wird das Miteinander. Ermutigen Sie deshalb als kreativer Chaot ruhig die Systematiker, neue Wege in ihrem Kopf zu entdecken und gezielt (und systematisch) ihre Kreativität zu fördern. Wenn Sie als systematischer Ordner dieses Buch gelesen haben und mehr Anerkennung und Wertschätzung für Ihre Art zu denken wecken möchten, dann bringen Sie einem eher kreativen Menschen die Übungen für mehr Struktur näher.

Aber denken Sie daran, dass wir andere Menschen nicht ändern können. Nie! Wir können nur uns selbst ändern und die Wertschätzung füreinander – einfach indem wir uns auch mal auf die Denkweise des anderen einlassen und dessen Welt entdecken. Dabei können wir uns die Genialität unseres Gehirns zunutze machen und gezielt unser Lernen verbessern. Einfach indem wir uns beispielsweise auch »gehirngerecht« ernähren – also mit Nüssen, viel Wasser und anderen leckeren Nahrungsmitteln Denkbenzin zuführen. Bringen Sie immer wieder mit Lernen Ihre Synapsen zum Jubeln und erhalten Sie sich mit viel Lachen und einer positiven Lebenseinstellung die »Plastizität« Ihres Gehirns.

Entdecken und trainieren Sie Ihre stiefmütterlichen Areale und werden Sie zum genialen Querdenker. Viel Spaß dabei!

Übung 1: Die Denkweise des anderen verstehen lernen

Suchen Sie sich eine Person, die mit Sicherheit ganz anders tickt als Sie. Setzen Sie sich gemütlich zusammen und erzählen Sie sich gegenseitig, wie Sie Ihre Zeit wahrnehmen, welche Tätigkeiten Sie stressen und was Ihnen jeweils bezüglich Arbeit und Privatleben in puncto Zeitmanagement gefällt. Sammeln Sie die Eindrücke und machen Sie sich immer wieder klar: Es gibt kein »richtig« oder »falsch«. Es gibt nur ein »anders«. Suchen Sie Beispiele, in denen mal das strukturierte Vorgehen viele Vorteile bringt, und Beispiele, bei denen Sie mit einer flexiblen, unorthodoxen Denkweise weiterkommen. Überlegen Sie, wie und bei welchen Gelegenheiten Sie sich ergänzen könnten.

Im Rahmen von Firmenseminaren ist dies ein Punkt, den wir immer sehr ausführlich behandeln und den die Teilnehmer lieben. Denn oftmals haben sich vor dem Seminar die verschiedenen Denker nicht wirklich geschätzt und mehr über die Zicken des anderen gelästert, als dessen Vorteile zu erkennen und zu nutzen. Für das Seminar haben alle Teilnehmer eine ausführliche Denkstilanalyse gemacht, sie haben anhand des Teamreports und der Einzelprofile die Stärken schwarz auf weiß gesehen und in zahlreichen Übungen die Kraft der Unterschiede hautnah erlebt. Und schon funktioniert die Teamarbeit.

Übertragen Sie Ihre Erkenntnisse aus diesem Gespräch auf die Zusammenarbeit mit anderen (Kollegen, Ehepartner) und fragen Sie sich dabei immer, wie sich unsere Stärken ergänzen können, indem wir von der Stärke des anderen profitieren.
Sie werden erstaunt sein, wie leicht vieles plötzlich ist, wie selten Sie nur noch streiten müssen und dass Sie viel bessere Ergebnisse erzielen als früher.

Praxiseinsatz: Achten Sie in Teams darauf, dass sich Ihre Denkstile ergänzen. Suchen Sie so oft wie möglich Partner mit gegenteiligen Präferenzen. Einzelkämpfer (Ein-Mann-Unternehmen, Singles) entscheiden jeweils bewusst, mit welchem Denkstil sie wann das bessere Ergebnis erzielen.

Übung 2: Rollentausch

Trainieren Sie Ihre stiefmütterliche Seite und übernehmen Sie bewusst mal Aufgaben, die Sie eigentlich nicht mögen. Melden Sie sich beispielsweise freiwillig für die Aufgabe, die Zeit und den Ablauf während eines Meetings im Auge zu behalten. Das trainiert das strukturierte Vorgehen. Oder entwickeln Sie eine verrückte Idee mit einer Kreativitätstechnik – das öffnet die Geheimtür zu Ihrer kreativen Ader.

Übrigens sind wesentlich mehr Menschen kreativ, als man glaubt. Bei den meisten ist es nur verschüttet, weil verrückte Ideen, die wir als Kinder hatten, oft nur Tadel einbrachten. Also nur Mut – Sie werden erstaunt sein, wie Ihre Ideen plötzlich sprudeln können.

Suchen Sie sich beim Rollentausch Aufgaben, die für Sie eine echte Herausforderung sind, und falls Sie eher ausgewogen sind (Ganzhirner), verlassen Sie absichtlich Ihre Bequemlichkeitszone und üben Sie an den Extremen beider Pole. Ideen dazu finden Sie in den weiteren Übungen.

Übung 3: Handwechsel

Nutzen Sie zwischendurch immer wieder Ihre andere Hand: Rechtshänder schreiben eine Einkaufsliste mit der linken Hand, Linkshänder schreiben ihre Notizen mit der rechten Hand. Bedienen Sie die Maus eine Weile mit links (beziehungsweise rechts), putzen Sie sich die Zähne anders und schmieren Sie Ihre Brote anders.

So dauert zwar alles länger, dafür trainieren Sie aber die Koordination der beiden Gehirnhälften und machen beide wach.

Ein Handwechsel hilft übrigens auch bei Nackenverspannungen.

Übung 4: Criss-Cross

Alle Bewegungen, die über die Mitte des Körpers führen, aktivieren beide Gehirnhälften und verbinden sie besser. Das hilft zum Beispiel unglaublich gut, wenn Sie einen Vortrag halten oder Ihren Kopf in anderen wichtigen Situationen schnell hellwach bekommen wollen. Zum einen kommt bei dieser Übung Ihr Kreislauf in die Gänge, und je besser Ihr Gehirn durchblutet ist, desto fixer ist es. Zum andern öffnen Sie die Türen zu beiden Denkweisen und können – quasi auf Knopfdruck – bildhafter, punktgenauer und anschaulicher denken und formulieren.

Idee 1: Stellen Sie sich hin, Beine hüftbreit, strecken Sie den rechten Arm aus, Faust machen und der Daumen schaut nach oben. Beschreiben Sie dann von rechts nach links eine liegende »8«, wobei der Kreuzungspunkt der »8« vor Ihrer Körpermitte ist.

Machen Sie das in beide Richtungen und dann mit der anderen Hand. Werden Sie größer in Ihren Bewegungen. Eine fließende Musik bringt zusätzlichen Spaß.

Idee 2: Stellen Sie sich hin, Beine hüftbreit. Ziehen Sie das linke Knie und den rechten Ellenbogen vor Ihrem Körper zusammen, abstellen, dann rechtes Knie und linker Ellenbogen, abstellen. Machen Sie das mindestens eine Minute lang – eine fetzige Musik hebt die Laune.

Diese beiden Übungen haben eine Sofortwirkung. Sie müssen sie nicht regelmäßig trainieren, sondern können Sie einfach bei Bedarf einsetzen.

Zehn Ideen, um die systematische Gehirnhälfte zu stärken

Ihre systematische linke Gehirnhälfte hilft Ihnen, Dinge und Personen realistisch und sachlich zu beurteilen. Sie sorgt dafür, dass Sie Tätigkeiten Schritt für Schritt abarbeiten können, ohne unterwegs den Faden zu verlieren, und dass Sie wichtige Zahlen und Fakten im Blick behalten.

Trainieren Sie immer mal wieder Ihre systematische Gehirnhälfte mit folgenden Tätigkeiten:

1. Spielen Sie ein Logikspiel.
2. Bauen Sie ein Modell (Schiff, Auto, Flugzeug) nach Anleitung zusammen.
3. Denken Sie an eine Ihrer jüngsten impulsiv getroffenen Entscheidungen und rationalisieren Sie sie: Sammeln Sie harte Daten und Fakten, die Ihre Entscheidung untermauern.
4. Kommen Sie zum nächsten Meeting vier Minuten zu früh.
5. Legen Sie für die kommende Woche für jeden Tag fest, wie viel Geld Sie wofür ausgeben werden. Halten Sie sich daran.
6. Nehmen Sie einen Stapel von Ihrem Schreibtisch und sortieren Sie ihn nach Kategorien.

7. Hören Sie in der Aussage einer anderen Person ganz bewusst nur auf die Sachaussage. Was hat der andere konkret gesagt? Lassen Sie die anderen Aussagen, Körpersprache, Stimme, mögliche Hintergedanken, einmal völlig außer Acht und schauen Sie, wie das für Sie ist.
8. Machen Sie sich in exakt zehn Minuten ausgehfertig (anziehen, Tasche und Schlüssel nehmen, fertig).
9. Ordnen Sie die Karten und Papiere in Ihrem Geldbeutel, misten Sie aus.
10. Kontrollieren Sie Ihren Budgetplan der vergangenen Woche (siehe oben).

Zehn Ideen, um die kreative Gehirnhälfte zu stärken

Ihre kreative rechte Gehirnhälfte hilft Ihnen, Situationen und Menschen intuitiv zu beurteilen. Sie ermöglicht »unrealistische« Visionen und Tagträume, die der Motor für wegweisende Veränderungen sind. Mit der rechten Hälfte stellen Sie Zusammenhänge her, überblicken das große Ganze und bewerten es unter ästhetischen sowie emotionalen Gesichtspunkten.

Trainieren Sie Ihre kreative Gehirnhälfte mit folgenden Tätigkeiten:

1. Malen Sie ein Bild, das keine erkennbaren Formen oder Menschen zeigt.
2. Knipsen Sie 500 Fotos mit einer klassischen Kamera und lassen Sie die Filme entwickeln – ohne an die Kosten zu denken.
3. Tanzen Sie, ohne die Füße zu bewegen, zu einer Musik in Ihrem Kopf.
4. Schnuppern Sie zehn Minuten lang bewusst an Blumen.
5. Weinen Sie, ohne sich zu schämen.
6. Hören Sie in der Aussage einer anderen Person ganz bewusst nur auf die unterschwelligen Botschaften. Was hat der andere

mit seinen Worten gesagt? Und was sagten hingegen Körper und Stimme? Lassen Sie die anderen möglichen Aussagen (Körpersprache, Stimme, mögliche Hintergedanken) wirken und fragen Sie dann nach: »Ich habe das Gefühl, dass Sie … (traurig, nachdenklich, verletzt) sind.«

7. Loben Sie eine Person in Ihrem Umfeld bewusst und konkret.
8. Legen Sie eine zehnminütige Pause zum Tagträumen ein.
9. Achten Sie auf Ihre nonverbale Kommunikation und lächeln Sie bewusst häufiger Ihre Mitmenschen an.
10. Tun Sie heute etwas, das Sie noch nie gemacht haben.

Mehr Ideen und Kreativitätstechniken finden Sie unter www.Kreative-Chaoten.com.

Zu guter Letzt – ein Ende gibt es nicht

Eine Seminarteilnehmerin fragte mich einmal, wann damit zu rechnen sei, dass sie sich, ihre Aufgaben und Zeit endgültig so organisiert habe, dass das Thema Zeitmanagement für sie kein Thema mehr sei. Sie war zunächst schockiert, als ich sagte: »Sie werden nie an ein Ende stoßen, Zeitmanagement wird immer ein Thema für Sie sein.« Dann aber war sie glücklich, als ich erklärte, warum.

Mit Strategien und Kniffen aus dem Selbst- und Zeitmanagement betonieren Sie keinen Status quo, sondern schaffen sich eine Basis, auf der Sie zufriedener leben und arbeiten können. Das macht Ihnen den Kopf und das Herz frei, sich auf die wirklich wichtigen Menschen und Aktivitäten zu konzentrieren. Und es gibt Ihnen die nötige Ruhe, mit der Ihre Persönlichkeit wachsen kann.

Da Sie immer in Bewegung sind, neue Menschen kennenlernen und sich mit neuen Ideen beschäftigen, weil sich Ihre Interessen verschieben, kommen Sie immer wieder an einen Punkt, an dem Sie prüfen dürfen »Was ist mir momentan wichtig?« und dann entsprechend handeln. Je öfter Sie das machen, desto leichter werden Sie die Entscheidung treffen können, ob Sie Umstände, die Ihnen Stress bereiten, hinter sich lassen, ob Sie sie verändern oder ob Sie Ihre Einstellung dazu ändern. (Leave it, change it or love it!)

Natürlich werden Sie auch künftig immer mal wieder stressige Phasen erleben. Aber diese werden deutlich seltener, wenn Sie bewusster mit Ihrer Zeit und Ihren Aufgaben umgehen. Und je mehr Ihnen die Kniffe aus diesem Buch in Fleisch und Blut übergehen, können Sie Hektik und Stress gezielt sofort entschärfen.

Legen Sie los und genießen Sie Ihr Leben – mit Spaß, Erfolg und Zufriedenheit.

Danke an …

Dieses Buch ist lange in mir gereift und ich freue mich, dass mein Herzblut-Thema nun auch auf Papier einen Weg in die Herzen der kreativen Chaoten und ihrer Pendants, den logischen Ordnern, finden kann. Besonders danken möchte ich meiner Lektorin Christiane Meyer bei Campus für den Mut, zu diesem Projekt Ja zu sagen. Und meiner Lektorin Maren Wetcke für ihre Anregungen zum Inhalt – besonders an den Stellen, an denen ich so viel kürzen musste.

Einen ganz dicken Dank sage ich den Abonnenten der News-to-use, die mit ihren Querdenker-Tipps und in einer Umfrage lebensnahe Einblicke in ihren Alltag und ihre Strategien gegeben haben, und den Seminarteilnehmern, Coaching-Klienten, Vortragsgästen und Lesern der anderen Bücher, die mir so viel Input und Feedback zu meinen früheren Tipps gegeben haben.

Viele dicke Danke-Bussis bekommen mein Mann Claus für die medizinische und emotionale Betreuung während der vergangenen Monate und meine Kinder für ihre Geduld, dass Mami »nur kurz noch« was im Büro macht, und für ihren lieben Satz »Mami, dein Buch wird bestimmt ganz toll!«. Danke auch meiner Großfamilie, meinen Eltern und Schwiegereltern, dass sie mir immer wieder den Rücken frei halten.

Und natürlich danke ich Ihnen, liebe Leserin, lieber Leser, dass Sie dieses Buch gelesen haben. Ich freue mich auf Ihr Feedback an: info@Kreative-Chaoten.com.

Buch- und Webtipps

Publikationen von Cordula Nussbaum (Auswahl)

Bunte Vögel fliegen höher. Die Karriere-Geheimnisse der kreativen Chaoten. Frankfurt 2011.

Organisieren Sie noch oder leben Sie schon? Zeitmanagement für kreative Chaoten (Hörbuch). Frankfurt 2010.

Abenteuer Familien-Alltag. So meistern Sie das tägliche Chaos gelassen und souverän (Hörbuch). Bergisch Gladbach 2010.

300 Tipps für mehr Zeit. München 2007.

Die 100 häufigsten Fallen nach der Existenzgründung. 3. Auflage Freiburg i. Br. 2007.

Familien-Alltag sicher im Griff. 4. Auflage München 2008.

news-to-use, monatlicher Gratis-Online-Newsletter für mehr berufliche und private Zufriedenheit, zu bestellen unter www.Kreative-Chaoten.com

»Die Sieben Gebote für Chaoten«. In: *Das 7. Gesetz.* Hg. von Hans-Uwe Köhler, Offenbach 2007.

Zeitmanagement für Kreative Chaoten In: *Generation Erfolg* von Sabine Asgodom, München 2010.

Kreatives Zeitmanagement – Der Podcast. Abo über iTunes oder www.Kreative-Chaoten.com.

www.Kreative-Chaoten.com: die Website zum Buch mit vielen Online-Analysen, Checklisten und Downloads.

Weitere Bücher

Abrahamson, Eric/Freedman, David H.: *Das perfekte Chaos.* 2. Auflage Berlin 2007.

Becker, Irene/Meyer-Kles, Jutta: *Lieber schlampig glücklich als ordentlich gestresst.* Frankfurt 2004.

Becker, Irene: *Everybody's Darling, erverybody's Depp*. Frankfurt 2005.

Bredemeier, Karsten: *SchlagFertigkeit*. Zürich 2003.

Griessmann, B. Eugene: *Time Tactics of Very Successful People*. New York 1994.

Gulder, Angelika: *Finde den Job, der dich glücklich macht*. 2. Auflage Frankfurt 2007.

Herrmann, Ned: *Das Ganzhirn-Konzept für Führungskräfte*. Wien 1997.

Kingston, Karen: *Feng Shui gegen das Gerümpel des Alltags*. Reinbek b. Hamburg 2003.

McGee-Cooper, Ann/Trammell, Duran: *Time Management for Unmanageable People*. New York 1994.

Meinecke, Ulla: *Willkommen in Teufels Küche*. München 2007.

Mohr, Bärbel: *Bestellungen beim Universum*. 14. Auflage Aachen 2004.

Münchhausen, Marco von: *So zähmen Sie Ihren inneren Schweinehund*. 6. Auflage Frankfurt 2005.

Pascale, Richard T./Millemann, Mark/Gioja, Linda/Herrmann, Martin: *Chaos ist die Regel*. München 2002.

Pink, Daniel H.: *A Whole New Mind*. London 2006.

Sator, Günther: *Business Energy*. Zürich 2006.

Silber, Lee T.: *Organizing from the Right Side of the Brain*. New York 2004.

Silber, Lee T.: *Time Management for the Creative Person*. New York 1998.

Sommer, Luise M.: *Gutes Gedächtnis leicht gemacht*. 5. Auflage, Wien 2003.

Sutton, Robert I.: *Der Arschloch-Faktor*. München 2006.

Weidner, Jens: *Die Peperoni-Strategie*. Frankfurt 2005.

Anmerkungen

1 Vgl. Branson Richard, *Geht nicht gibt's nicht!* Books4success 2010.

2 Sarah Wiener in: »Die Rächerin der Geschmacksnerven«, Interview im *Kölner Stadtanzeiger* vom 23. Januar 2007.

3 Vgl. Beschreibungen im Fleming Museum, London (http://fleminglaboratory.wordpress.com/) und Martin Glauert: »Heilender Schimmel – die Entdeckung des Penicillins« in: *Hessisches Ärzteblatt* 4/2010, S. 230 ff.

4 Über die Entstehung des Eises am Stil gibt es mehrere Varianten, die hier präsentierte scheint nach grundlegender Recherche die plausibelste und ist die am häufigsten zitierte. Vgl. dazu: http://en.wikipedia.org/wiki/Popsicle.

5 Mary Randolph Carter, *A Perfectly Kept House is the Sign of A Misspent Life: How to Live Creatively with Collections, Clutter, Work, Kids, Pets, Art, etc ... and Stop Worrying About Everything Being Perfectly in its Place!*, Rizzoli 2010.

6 Vgl. Hall. Edward T., *The Dance of Life: The Other Dimension of Time*, Anchor Books, 1984.

7 Vgl. Florida, Richard; Tinagli, Irene »Europe in the creative Age«, http://www.creativeclass.com/rfcgdb/articles/Europe_in_the_Creative_Age_2004.pdf

8 Vgl. ebd. S. 39. Für die Schweiz liegen keine Daten vor.

9 Wolf Lotter, »Die Gestörten«, in: *Brand Eins* 05/07, S. 53.

10 Vgl. Pink, Daniel: *A whole new brain. Why right-brainers will rule the future*, Riverhead Trade; Auflage: Rep Upd (7. März 2006).

11 Vgl. N. N., »Ford Model T: Und Lizzy knattert immer noch« in: *Spiegel online* vom 31.5.2008, http://www.spiegel.de/auto/aktuell/0,1518,556285,00.html und http://einestages.spiegel.de/static/topicalbumbackground/2841/der_kleine_schwarze.html

12 Vgl. Thomas Samuel Eberle, Zeitmanagment-Experten, in: *Expertenwissen: die institutionalisierte Kompetenz zur Konstruktion von Wirklichkeit.* Hitzler, Ronald; Honer, Anne; Maeder, Christoph (Hrsg.) S. 124–145. ; Opladen: Westdt. Verl., 1994.

13 Wussten Sie beispielsweise, dass der Zeitmanagement-Tipp »Formuliere das Problem (Ziel/ Projekt) schriftlich, zerlege die Gesamtaufgabe in einzelne, kleine Teile, ordne die Teilaufgaben nach Prioritäten und (realistischen!)

Terminen, erledige alle Aktivitäten und kontrolliere das Ergebnis« auf einer Arbeit des französischen Philosophen René Descartes von 1637 basiert? Descartes' Methode ist geprägt von seiner Praxis als Mathematiker. Die vier Grundregeln der Methode sind in seinen Augen eine Anwendung der in der Mathematik üblichen Verfahren und Arbeitsmethoden. Die im *Discours de la méthode* von Descartes ausführlich formulierte philosophische Methode wird in vier Regeln zusammengefasst:
Skepsis: Nichts für wahr halten, was nicht so klar und deutlich erkannt ist, dass es nicht in Zweifel gezogen werden kann.
Analyse: Schwierige Probleme in Teilschritten erledigen.
Konstruktion: Vom Einfachen zum Schwierigen fortschreiten.
Rekursion: Stets prüfen, ob bei der Untersuchung Vollständigkeit erreicht ist. Zit. Nach Wikipedia.

14 Rühle, Hermann, *Drehbuch für ein chaotisches Zeitmanagement*, Vandenhoeck & Ruprecht, 2011, S. 19.

15 Vgl. Gehirn&Geist, 1–2/2012 Kompakt »50 Fragen – 50 Antworten«. Sonderheft *10 Jahre Gehirn & Geist.*

16 Vgl. dazu z. B. MacNeilage, Peter F., »Die zwei Seiten unseres Gehirns«, in: *Spektrum der Wisenschaft* Dossier, 2/11, S. 14 ff.

17 Gerhard Roth, in »Das Ich ist eine Einbahnstraße«, Interview mit Lakotta, Beate, und Thimm, Katja, *Spiegel* 35/2007 vom 27.8.2007, S. 124 ff.

18 Auskunft von Hermann International, Weilheim.

19 Datenbankauswertung der Stärkenanalyse auf www.Kreative-Chaoten.com vom 11. April 2011, Grundgesamtheit ca. 30 000 Teilnehmer der deutschsprachigen Analyse, Repräsentativität nicht nachgewiesen.

20 Sie finden diese Analyse in ausführlicher Form mit Sofort-Auswertung auf der Website www.Kreative-Chaoten.com

21 Vgl. Christiane Fux, »Alarmstufe Rot«, in: *Focus online* vom 9. März 2008, http://www.focus.de/gesundheit/gesundleben/stress/symptome/tid-9188/stress_aid_264617.html

22 Vgl.http://ec.europa.eu/deutschland/press/pr_releases/9767_de.htmundhttp://ec.europa.eu/social/main.jsp?langId=de&catId=89&newsId=995&furtherNews=yes

23 Vgl. *Apotheken Umschau* 1/2008.

24 Vgl. Jutta Pilgram »Meckern vertraglich untersagt« in: *Süddeutsche Zeitung* vom 27.11.2006, Karriereteil.

25 Vgl. http://www.fthenakis.de/cms/Vaterstudie_BMFSFJ_010716.pdf

26 Vgl. Margarete Hucht »Warum Väter die Elternzeit fürchten«, *Spiegel* vom 18.11.2011.

27 Vgl. Stella Bettermann, in: »Das Atlassysndrom«, *Focus* Nr. 39, vom 22.9.2003.

28 Vgl. Ursula Nuber, Die Kunst des Runterschaltens, in: *Psychologie heute*, Januar 2012.

29 Mehr dazu in Cordula Nussbaum, *Bunte Vögel fliegen höher. Die Karriere-Geheimnisse der kreativen Chaoten*, Frankfurt 2011.

30 Eine Übung zu den Werten finden Sie in Ihrem Erfolgsjournal unter www.Kreative-Chaoten.com

31 Dieses Zitat wird V. W. Burroughs (auch V. W. Burrows geschrieben) zugesprochen und hier zitiert nach Ned Herrmann, *Das Ganzhirn-Konzept für Führungskräfte*, Ueberreuther, 1996, S. 53. Leider liegen keine weiteren Angaben dazu vor, wer dieser kluge Mensch war.

32 Nadolny, Sten: *Die Entdeckung der Langsamkeit*, Piper, S. 196.

33 Vgl. Ursula Nuber, ebd. S, 23.

34 Weil dies so wichtig ist, widme ich diesem Thema viel Raum im *Buch Bunte Vögel fliegen höher. Die Karriere-Geheimnisse der kreativen Chaoten*, Frankfurt 2011.

35 Leider finde ich für diese Zahl, die mir ein Kollege vor einigen Jahren nannte, keine Quelle und auch er weiß nicht mehr, woher er sie hat. Ich nenne sie dennoch, denn sie ist für mich gefühlt richtig: Auf jeden Veränderer kommen rund vier Gegenspieler. Welche Erfahrung haben Sie gemacht?

36 Vgl. Scheddin, Monika, *Erfolgsstrategie Networking*, Bildung und Wissen Verlag, 2003, S. 16.

37 Vgl. ebd. S. 101 ff.

38 Vgl. Gruber, Thomas, *Gedächtnis*, VS Verlag für Sozialwissenschaften 2011, S. 46.

39 Parkinson, Cyril Northcote, *Parkinsons Gesetz und andere Studien über die Verwaltung* (»Parkinson's Law«). Ullstein Taschenbuchverlag, München 2001.

40 Vgl. Buzan, Tony, sowie Buzan, Barry: *Das Mind-Map-Buch – Die beste Methode zur Steigerung Ihres geistigen Potenzials*. mvg Verlag, Landsberg am Lech 2005. 5. Auflage, oder die Website des MindMap-Erfinders Tony Buzan http://www.thinkbuzan.com/de/

41 Viele gute Tipps für Merktechniken finden Sie in: Hofmann, Markus, *Hirn in Hochform – So funktioniert Ihr Gehirn*, Ueberreuter 2008, oder Sommer, Luise Maria, *Gutes Gedächtnis leicht gemacht*, m. CD-ROM, Krenn 2003.

42 Vgl. Schmitz, Gregor, »Arbeit muss beflügeln«, in: *Süddeutsche Zeitung* vom 16.5.2005.

43 Vgl. Elke Hartmann-Wolff, »Bemailt oder bekifft?« In: *Focus* 16/2007 vom 16.4.2007.

44 Vgl. http://www.eresult.de/downloads/downloads/eResult_Berufliche_Kommunikation_Maerz_2009_Busumfrage.pdf

45 Vgl. Dressel, Martina, *Der E-Mail-Knigge*, Webgold Akademie 2008.

46 Vgl. Kirsten, Nadja, »Schlafen wie im Cockpit«, in: *Wirtschaftswoche* vom 3.2.2006.

47 Vgl. Nussbaum, Cordula, *Bunte Vögel fliegen höher. Die Karriere-Geheimnisse der kreativen Chaoten*, Campus 2011, S. 173 f.

48 Vgl. »Jeder gegen jeden«, in: *Wirtschaftswoche* vom 16. November 2006.

49 Vgl. dazu beispielsweise Elke Hartmann-Wolff, »Bemailt oder bekifft?« In: *Focus* 16/2007 vom 16.4.2007.

50 Vgl. Zeigarnik, Bluma, »Über das Behalten von erledigten und unerledigten Handlungen,« *Psychologische Forschung*, 1927.

51 Gelesen im Edison-Museum in Florida, 2006.

52 Vgl. Koch, Richard, *Das 80/20 Prinzip: Mehr Erfolg mit weniger Aufwand*, Campus 1998.

53 Vgl. Abrahamson, Eric, *Das perfekte Chaos. Warum unordentliche Menschen glücklicher und effizienter sind*, Econ 2007, S. 21.

54 Vgl. »Das Leben am Griff«, in: *Die Zeit* vom 11.10.2011.

55 Vgl. »Eine Stunde mehr dank Zeitumstellung – wofür wir Zeit verplempern«, in: *Der Westen* vom 29.10.2011.

56 Vgl. beispielsweise http://www.bereuter-cie.de/menu/hausrat-versicherung.html. Laut Mikrozensus 2006 hatten die Wohnungen insgesamt eine durchschnittliche Wohnfläche von 93,9 Quadratmetern im Westen und 76,5 Quadratmetern im Osten. Das bedeutet, wir haben Hausrat im Wert von durchschnittlich 61 000 (West), bzw. 50 000 Euro (Ost) alleine in unseren privaten Wohnungen. Quelle: http://www.destatis.de/jetspeed/portal/cms/Sites/destatis/Internet/DE/Presse/pm/2008/03/PD08__089__122,templateId=renderPrint.psml

57 Siehe dazu auch ausführlich *Bunte Vögel fliegen höher. Die Karriere-Geheimnisse der kreativen Chaoten*, Frankfurt 2011.

58 Abrahamson, Eric, *Das perfekte Chaos. Warum unordentliche Menschen glücklicher und effizienter sind*, Econ 2007.

59 Vgl. *Morgenpost* vom 10.12.2006.

60 Blanchard, Kenneth, *Der Minuten-Manager und der Klammer-Affe: Wie man lernt, sich nicht zuviel aufzuhalsen*, Rowohlt 1990.

61 Weidner, Jens, *Die Peperoni-Strategie*, Campus 2005.

62 Vgl. Kulke, Ulli, »Unterbrechung – In den Klauen der Zeitfresser«, in: *Die Welt* vom 13.12.2006.

Register

20-Minuten-Morgenlauf 199 f.
30-Sekunden-Regel 133, 196
70:30-Zufriedenheitsregel 69
80 / 20-Regel 159 f.

ABC-Analyse *siehe* Eisenhower-Methode 140 ff.
Adlerflug 53 ff., 98, 139, 172 f., 218 f.
Atlas-Syndrom 66
Aufbewahrung 185 f.
- Plätze, logische 185 f.
- Stauraum 187 f.
Aufgabenblock 119 f.
Aufräumen
- Kleiderschrank 197 ff.
Aufschieberitis 153 ff., 181, 197, 217
Ausmisten, *siehe auch* Wegwerfen 175 ff., 182, 197
Auszeit 72, 124, 143, 151 f., 221 ff.

Bedenkenträger 86
Bedürfnisse 81, 150, 208
Behördenordnung 186
Bekanntenkreis 139
Belohnen 19 f., 128, 134, 167 f., 176, 181, 195, 215
Beschriftung 190, 193
Bilder 18, 82, 106 ff., 191 ff., 214
Briefing, *siehe auch* Delegieren 211
Büromaterialien 185
Büro, papierloses 174
Burroughs, V. W. 70

Chancenplaner, *siehe auch* Terminkalender 104 ff., 111 ff., 118, 121, 126, 157
Chaos 13 ff., 45 f., 171 ff.
Chaosecke 186
Chronos 166
Clean Desk Policy 175
Criss-Cross 242 f.

Deadline 52, 80, 98, 102, 111, 118 f., 130, 141, 158, 217 f.
Delegieren 111, 118, 140 f. 146, 155 ff., 202 ff., 222, 228
Denken
–, bildhaftes 18, 183
–, konzeptionelles 97
–, lineares 22, 130, 144
Denkstil 28 ff., 207 ff., 211 ff., 241
Denkstilanalyse 29, 87, 114, 207, 241
Downshifting 66
Dreizack 197
Druck 50 ff., 70, 85, 114 ff., 124, 145, 175
Durchhänger 200 f.

Edison, Thomas Alva 159
Effizienz 162f.
Eisenhower-Methode 25, 135, 140ff., 150
E-Mail 112, 122f.
E-Mail-Knigge 58, 123
Empathie 22f.
Energiequelle 60ff.
Entrümpeln *siehe* Ausmisten 158, 177
Entscheiden 149ff.
Entscheidungsmatrix 27, 151
Epperson, Frank 18
Erholung, *siehe auch* Work-Life-Balance 111, 117, 119, 123ff., 176, 220ff.
Erwartung 208, 229

Fachwissen 16, 88, 212
Farbe 106ff., 194
Feedback 119, 211, 213, 215
Feierabend 109, 111, 195, 223
Fleming, Alexander 17
Flexibilität
– »Nicht planen hält mich flexibel«-Lüge 98
Freelancer, *siehe auch* Selbstständigkeit 119, 124, 223
Fremdbestimmung 57, 110, 119f.
Führungsfunktion 66, 109
Führungskräfteworkshop 207
Führungsstil 233

Ganzhirner 36, 42, 242
Garfield, Charles 80
Gas-Effekt 103
Gehirndominanz
– Selbst-Check 31ff.
Gehirnhälften 28ff., 106, 242
Gehirnjogging 39, 99, 239
Gehorsam, vorauseilender 225f.
Gewissen, schlechtes 50, 62, 65, 85, 174, 218
Gewohnheit *siehe* Routine 125ff., 195f.
Glasorgel 62ff., 73, 143
Großhirn 28, 139
Grundsatzerklärung 227ff.

Handwerkszeug 188
Handwechsel 242
Hängeregister 185
Harmonietyp 50
Hetzkrankheit 129, 165f.
Hilfsbereitschaft 217, 222, 228
Hobby 85, 137f., 165, 170, 222, 224
Home-Finding-Session 186

Ideen- und Kreativzeitalter 22
Ideen-Sprudler 40ff., 127, 217
Ideenvielfalt 61
Informationszeitalter 22
Innerer Schweinehund 85, 115, 157, 233
Innovation 17f.

Jobnomade 51

Kairos 166f.
Kämpfertyp 50
Killerphrasen 230
Kinder 29, 65f., 117f., 138, 178, 192
Kontaktdatenpflege 90
Konzepte entwerfen 96ff.
Körper-Briefkasten 109
Kraftfresser 55f.

Kreativität 15 f., 18, 22, 114 ff., 171 f.
Kreativitätstechnik 241
Kritik, konstruktive 86, 214

Lebensmelodie 62 f.
Lebenstempo 50 f., 123
Leidenschaftsberuf 86
Leitstern 72 ff., 87 f.
- Mission 76
Linkshirner, *siehe auch* Ordner, logische 43 f., 157
Lob 113, 134, 167 f., 177, 181, 212 ff., 215

Marihuana 122
Meeting 125, 129, 148 f.
Mind Map 107 f., 121, 157
Monochronie 20 ff., 130
Motivation
- Drei Goldene Nüsse 83, 113 f., 234
- Lustbringer-Tätigkeit 69
Multitasking 144 f.
MUP (Most Unimportant Person) 90 f.

Nadolny, Sten 72
Nein sagen 43, 216 ff.
Networking 88 ff.
Neuanfang 71

Offene-Tür-Politik 233 f.
Optimismus 220
Ordner, logische, *siehe auch* Linkshirner 37 ff., 43 f., 147, 156 f., 177, 206 ff.
Ordnerrücken 193 ff.
Ordnersymbol 191
Ordnungsgrad 171 ff.
Outlook 101 f., 128

Pareto, Vilfredo 159
Pareto-Prinzip *siehe* 80 / 20-Regel 159 f.
Parkinson, Cyril Northcote 103
Parkinson'sches Gesetz 103, 119, 161, 178
Partnerschaft 31, 171
Patton, George 150
PDA (Personal Digital Assistant) 105 f.
Perfektionismus 115, 158 f., 161 f.
Perfektionismusfalle 115, 158 f.
PIDEWaWa-Methode 77, 82
Pink, Dan 23
Planung, *siehe auch* Konzepte entwerfen 96 ff., 141
- Maßnahmenplan 83 f.
Polychronie, *siehe auch* Multitasking 20 ff., 130 f.
Präferenzen 67 ff., 206 ff.
Priorität 134 ff., 223, 226
Prospect 90 f.
Protokoll 53 f., 113
Pultordner 184
Pünktlichkeit 25, 39, 127 ff., 130

Rechtshirner 43 f., 129
Rhythmus 55, 83, 117, 119, 124 f., 167, 214, 224
- Biorhythmus 111
Routine 37 f., 111, 121, 125 f., 182
- Glückskick-Gewohnheit 195 f.
Rolle 55, 146, 189
- Beobachterrolle 57
- Opferrolle 204
Rollentausch 241 f.

Ruhe 52, 97 ff., 125 ff., 140 ff., 225, 233 f.
–, optische 169 ff.

Sackhüpfen 198
Sauberkeit 171
Schlaf 51 f., 132, 224
Schlagfertigkeit 231 f.
Schreibtischordnung 24, 104 ff.
Schreibtischtypen
- Leertischler 174 f.
- Volltischler 174
Selbstbewusstsein 149, 221
Selbstdarstellung 89
Selbstmarketing 88 ff.
Selbstständigkeit, *siehe auch* Freelancer 71
Selbstzweifel 162
Shortcuts 164
Six Sigma 198 f.
Spiel 44, 84, 128, 131 f., 151, 243
Spießertum 125
Sprache, positive 52 f.
Sprechzeiten 125 f., 234
Stärken der kreativen Chaoten 13 ff., 43 ff.
Stärken der logischen Ordner 43 ff.
Störung 37, 54 ff., 115, 142, 232 ff.
Stress
- Eustress 51, 222
- Freizeitstress 52, 118
Stressabbau 47 ff.
Stress-Blender 203
Stresserkrankung 138
Stresshormon 50 ff.
Stresskiller 95
Stresslandkarte 55, 139
Stressquelle 50 ff.
Stresssituation 53, 58
Systematiker *siehe* Ordner, logische 14, 24 ff., 115, 134, 173, 240

Tagebuch 55
Talent 31 ff., 70 ff.
Terminieren 120, 141, 154
- Auswärtstermine 112
Terminkalender, *siehe auch* Chancenplaner 101, 104 f., 110
To-do-Liste 132, 134 f., 140, 186
Trödeln 117, 143

Überempfindlichkeit 24
Überflieger 217 f.
Unordnung 17 ff., 158, 172
Unpünktlichkeit 127 ff.
Unterstützer 40 ff., 75, 85, 127, 135, 149, 208 f., 216 ff.

Veränderung 58 f., 153, 172, 201, 244
Verschenkkiste 176
Verzettelungsfalle 145 f.
Viereck, magisches 178 ff.
Vier-Minuten-Prinzip 132 f.
VIP (Very Important Person) 90 f.
Vision 41, 44, 61, 76, 97, 150, 244
Vogelperspektive *siehe* Adlerflug 53
Volle-Hände-Übung 196

Wahrnehmungskanal 215
Wegwerfen, *siehe auch* Ausmisten 177 ff.
Weidner, Jens 231
Werbepost 197
Werte 25, 70 f.
Wiener, Sarah 16
Win-Win-Situation 207

Wirtschaftsordnung 186
Work-Life-Balance, *siehe auch* Erholung 64 ff.

Zeigarnik, Bluma 154
Zeitdruck *siehe* Druck 45, 114, 118, 128, 203
Zeitempfinden 130 f.
Zeitinsel 102 f., 105, 110 ff., 222, 233
Zeitmanagement-Seminar 217
Zeitmanagement-Ratgeber 25, 116
Zeitnot 50 ff., 53 ff.
Zeitpuffer 115 ff., 118 ff., 178, 228
Zeit sparen 48, 57, 165
Zeitverschiebungsspiel 151
Zeitverschwendung 131, 142
Ziel 176, 208 f., 210 ff.
Zielformulierung, *siehe auch* PIDE-WaWa-Methode
Zusatzqualifikation 147

Cordula Nussbaum
Bunte Vögel fliegen höher
Die Karriere-Geheimnisse
der kreativen Chaoten

2011. 286 Seiten
ISBN 978-3-593-39358-2

E-Book:
ISBN 978-3-593-41151-4 (ePub)
ISBN 978-3-593-41511-6 (PDF)

Kreative Chaoten auf dem Vormarsch!

»Gesucht: Angepasster Umsetzer mit linearem Lebenslauf und logisch-rationalen Qualifikationen« – so sieht in den meisten Unternehmen immer noch der Wunschangestellte aus. Doch die Wirtschaftswelt wird immer unübersichtlicher und riskanter. Mehr denn je brauchen Unternehmen visionäre Querdenker mit unkonventionellen Talenten. Sie wissen es nur noch nicht!
Jetzt beginnt die Sternstunde der kreativen Chaoten, die mit ungewöhnlichen Ideen, einem mäandernden Lebenslauf und kalkulierter Risikobereitschaft den Erfolgsturbo starten können. Erfolgsautorin Cordula Nussbaum zeigt, welch wertvolle Talente sie besitzen und mit welch außergewöhnlichen Mitteln sie diese in unschlagbare Karrierezünder verwandeln.

www.campus.de

campus
Frankfurt. New York